다문화 시대에 다시 보는 한국침례교회

침례교신학연구소 편

침례신학대학교출판부

발간사

「다문화 시대에 다시 보는 한국침례교회」를 상재 하면서

얼마 전에, "다문화 시대의 교회"라는 제하의 칼럼을 준비하면서 그동안 우리 민족이 자랑으로 간직해 온 "단일민족의 신화"는 더 이상 의미가 없어졌다는 사실을 발견했다. 2005년 통계청의 발표에 의하면 한 해 31만 6천 375건의 결혼 중 국제결혼이 4만 3천 121건에 달한다고 한다. 즉 우리 국민 결혼의 13.6퍼센트가 국제결혼인 셈이다.

1990년에서 1995년까지는 100쌍 중 한쌍이 국제결혼을 했으나 1995년 이후에는 100쌍 중 열세쌍 이상이 국제결혼을 했다. 특히, 농촌에는 신혼부부를 가진 다섯 집 중 한 집 이상이 외국인 며느리를 맞이하였다. 우리나라는 2008년 3월에는 「다문화가족지원법」을 제정하여 다른 민족에 대한 편견을 예방하고 문화적 다양성을 인정하는 데 필요한 조치를 시작했으며, 지방 자치단체로 하여금 "다문화가정교육지원센터"를 개설하여 외국인 교육, 공부방개설, 지역소개, 상담센터 등을 운영하도록 지원하기 시작했다. 우리 대학도, 특히 선교학 분야에서 일찍이 다문화와 관련된 과목을 개설하고 문화 체험행사를 주선하는 등 다문화 사회를 대비하기 시작했다.

미국 남침례교는 6 · 25 동란이 시작되던 해인 1950년부터 한반도에서 선교를 시작했다. 그러나 휴전협정이 체결된 1953년까지는 이렇다 할 성과를 거두지 못했다. 1953년에는 대전에 성경학원을 열고 부산 침례병원에서는 의료 활동을 시작했고 서울에는, 후에 교회진흥원으로 명칭을 바꾼 침례회출판사를 설립했다. 이때부터 교단에는 일꾼이 필요했으며 이 시기를 전후해서 여러 다른 교파에서 많은 목회자와 신자들이 침례교단의 문을 두드렸다. 그들은 각각 다른 교파적 배경에서 목회를 하거나 신앙생활을 해왔기 때문에 침례교회의 특징과 강조점을 교육해야 할 필요가 있었다.

한국 침례회 총회와 재한미남침례회 외국선교부는 이와 같은 필요성을 충족하기 위해 목회자를 위한 격월간 잡지 「교회행정」을 발행하는 한편, 청지기직분과 교사를 위한 서적들과 교리와 선교에 관한 정기간행물을 출판하고, 각 지역에서 강습회를 열어 침례교회의 정신과 특성을 가르치기 시작했다.

그로부터 반세기가 지난 현 시점에서 우리는 우리 교단의 정체성을 재확인해야 할 필요성을 느낀다. 1950년대의 우리 사회는 단일민족 단일문화 사회였으며, 세계 최빈국의 하나였으며, 거리에는 빈민과 실업자들이 우글거리고, 자고나면 환율이 30% 또는 40%씩 뛰어올랐다. 그러나 오늘의 한국은 경제와 군사, 기술과 무역, 문화와 스포츠 등 국가사회의 모든 면에서 세계 10위권을 넘보는 강대국으로 변신했으며, 이제 더 이상 단일민족이 아니라 다민족 다문화 사회로 변화되었다.

변화된 국가, 변화된 질서 안에서 침례교회의 고유한 정체성을 어떻게 실현해야 할 것인가 하는 것이 우리의 과제가 되었다. 한 공동체의 정체성이 바로 그 공동체의 *raison d'être*라고 볼 때 여러 교파들 가운데에서 침례교회의 존재 이유 또는 존재 목적은 과연 무엇인가. 우리 대학은 한 걸음 더 나아가 다른 교파들 사이에서의 침례교적 정체성 보다는 다문화 사회 안에서의 정체성 확립과 실현에 더 큰 관심을 가진다. 그러나 우리의 정체성을 강조하면서 우리가 경계해야 할 것은 교파주의와 독선이다. 우리 것을 존중하고 선양하는 동시에 다른 교파와 다른 문화도 존중할 줄 아는 것이 다문화 시대를 살아가는 우리의 자세가 되어야 할 것이다. 여기에 덧붙여, 어떤 문화 속에서도 변치 말아야 할 진리와 양보하고 수용해야 할 원칙에 대한 통찰력이 필요하다 하겠다.

이 책의 공동 집필자는 네 사람의 목회자와 다섯 명의 교수이다. 책을 여는 제1장, "침례교회의 역사와 정체성"을 집필한 조효훈 박사는 초창기 우리 대학 교수와 총회장을 역임한 분으로, 또 교단의 역사와 신학을 정립한 분으로 존경받아 마땅한 분이며, 다른 저자들도 모두 교단과 신학대학에서 저술가로, 설교가로 또는 학자로 오랜 세월 봉사한 이들이다. 우리 대학 신학연구소가 오랫동안 준비하고 심혈을 기울여 집필한 이 저술이, 교리적 행정적 문화적으로 혼미한 이 시대에 신약성서적 교리와 행정을 알리고 선양하는 길잡이가 되기 바라며 붓을 놓는다.

2009년, 봄

총장 도 한 호

●○● 차 례 ●○●

제1장

한국침례교회 약사와 정체성

조 효 훈 박사 | 기독교한국침례회 증경총회장

Ⅰ. 서론

2000년 이상 내려오면서 기독교는 많이 변했다. 좋게 변한 것보다는 세상을 닮은 쪽으로 변했다. 너무 변해서 오늘의 기독교에서는 원초적인 기독교의 참 모습을 찾기 힘들다. 그 책임의 소재는 역대의 목사들에게 있다. 이들이 원초적인 기독교에서 두드러지게 멀어지고 있는 몇 가지는 쉽게 지적할 수 있다.

첫째로, 이들은 예수님을 따르지 않고 유명인사들을 따르고 있다. 이것은 분명한 영적인 탈선이다. 모든 목사들은 바울 사도처럼 "내가 그리스도를 본 받는 자 된것 같이 너희는 나를 본받는 자 되라"고 말할 수 있어야 하고 그렇게 살아야 한다(고전 11:1).

둘째로, 예수님이 빠진 설교를 하는 목사 역시 탈선한 목사다. 예수님

말씀하시기를 "너희가 성경에서 영생을 얻는 줄 생각하고 성경을 상고하거니와 이 성경이 곧 내게 대하여 증거하는 것이라"고 하셨다(요 5:39). 모든 설교는 성경에서 나와야 하고 성경에서 나온 설교는 예수님을 소개해야 한다. 예수님이 빠진 설교는 설교가 아니라 종교연설이다.

셋째로, 근일에 와서 목사들이 가장 많이 범하고 있는 탈선이 교회를 대형교회로 만들어 기업체로 전락시키는 일이다. 신약성서는 초대형교회를 장려하지 않고 있다. 예루살렘교회가 한 때 그런 교회가 될 뻔했으나 하나님께서 이를 막으셨다. 규모가 커져서 기업체가 된 교회에서 교인은 교회의 수입원 이상의 가치를 넘지 못한다.

넷째로, 기업화된 현대 교회는 바른 윤리를 유지하지 못한다. 이 책임 역시 목사들에게 있다. 기업적인 대형교회가 되기 위해서는 돈 많고 권세 있는 세속적인 사람들을 영입해야 한다. 그런 사람들에게 직분을 주어야 하고 그들을 달래야 한다. 결과적으로 큰 교회 강단에서는 회개를 촉구하지 못한다. 결국 현대 교회는 빛과 소금의 역할을 하기 힘들게 되었다. 회개를 외치지 못하는 목사는 환자 수술하기를 무서워하는 의사와 같다.

침례교회는 원초적인 기독교를 되찾겠다는 데서 출발하였다. 그러기 위해서 침례교회는 핍박을 받아왔다. 그런데 지금 한국 침례교단은 잘못나간, 세속적인 한국기독교의 주류세력에 조금씩 휘말리고 있다. 예를 들면 개신교일치를 진행중인 한기총 운동에 침례교단도 흡수되어가고 있고 천주교와 불교가 이미 손을 잡고 종교일치운동을 전개하고 있는데 여기에 한기총이 사실상으로 동조하고 있다. 이에 장단을 맞추어 많은 침례교회들이 '침례' 라는 단어가 빠진 이름으로 교회이름을 바꾸므로 침례교회 정체성을 스스로 버리고 있다. 이것은 교단적인 비극이다. 이런 때에 필자는 침례교단의 동향을 지적해야 할 의무 같은 것을 느낀다. 그리고 이 글의 대상은 침례교 목사들임을 밝혀 둔다.

Ⅱ. 본론

한국침례교회 역사는 그 줄기가 단조롭진 않다. 한국 땅에 처음 들어온 침례교인이 누구였든가? 한국침례교회의 연대를 어디서부터 시작할 것인가? 이런 문제는 심각한 문제요, 양심적인 문제로서 언제라도 바로 정리해서 적어야 할 중요한 과제로 남아 있다. 누군가가 함부로 적어 놓은 것을 경솔하게 받아 들여 후대에 영향을 끼칠 수는 없다. 우리는 바른 역사를 언제나 달게 환영해야 하고, 언제나 정사(正史)에는 승복해야 한다. 역사의 진실 앞에서는 논쟁이 필요없다. 누가 썼던지 야사는 걷어내고 정사를 내세워야 한다.

기록으로 남은 우리 교단의 역사 재료가 빈약하고, 우리 교단 초대사의 증인들도 거의 다 세상을 떠나고 없는 이때 아주 간단하게나마 한국침례교회사에 손을 댄다는 것은 극히 조심스러운 일이다. 이에 한국 침례교 약사를 교단적인 정체성과 관련된 부문에서 그 줄기만 간단히 적어 본다.

1. 한국침례교회 약사

1) 엘라 씽 기념선교회(Ella Thing Memorial Mission): 침례교인으로 제일 먼저 한국에 들어온 사람은 1895년에 내한한 파울링(E. C. Pauling) 선교사

부부였다. 이들은 미국 북침례교 선교사들로서 엘라 씽 기념선교회(Ella Thing Memorial Mission)에서 파송받은 사람들이었다. 파울링 선교사의 증언에 따르면 이 선교회는 1895년 초에 보스톤(Boston)에 있는 클라랜돈 침례교회(Clarendon Street Baptist Church)에서 조직되어 약 5년간 지속되었다.[1)]

클라랜돈 침례교회(Clarendon Street Baptist Church)의 유능한 실업인 씽(S. B. Thing) 집사의 외동딸인 엘라(Ella) 양이 선교사 훈련을 받던 중 그 뜻을 이루지 못하고 죽었다. 그가 죽기 직전에 그 아버지에게 자기 병이 나아서 선교사로 나갈 가망은 없으니, 자기에게 돌아올 유산 전부를 복음 전하는 데 써 달라고 부탁했다. 그 날 바로 그 자리에서 엘라 씽(Ella Thing) 기념선교회가 조직됨과 동시에 파울링(E. C. Pauling) 선교사 내외가 한국으로 파송받게 되었다. 당시의 기록들을 참고해 볼 때, 이 선교회의 조직은 1895년 2월 이전이 된다. 왜냐하면 그 교회 담임목사인 고든(Adoniram Judson Gordon) 목사가 그의 별세 직전에 이 선교회를 조직하였는데, 그가 독감으로 급히 별세한 것이 1895년 2월 2일이기 때문이다.[2)]

침례교인으로 맨 먼저 한국에 발을 디딘 이 파울링(E. C. Pauling) 선교사 내외는 보스턴 선교사 훈련원(Boston Missionary Training School) 출신들이다. 이 훈련원은 1889년 겨울에 선교정신이 남달리 강한 클라랜돈 침례교회(Clarendon Street Baptist Church) 담임목사 고든(A. J. Gordon) 박사가 개설한 학교다. 이 학교에서 훈련을 받은 사람들은 각양 선교단체의 후원으로 일터에 나가게 되었다. 그 중에서 엘라 씽(Ella Thing) 기념선교회는 한국으로 선교사들을 파송하였다. 이들은 자신들이 침례교인임을 밝히면서 선교를 하였다.[3)]

이 선교회에서 한국을 선교지로 택한 이유는 기록에 없다. 몇 가지 가능성을 짚어볼 수 있다. 장로교 의료선교사 알렌(Horace Newton Allen)이

(1884) 고종 황제의 총애를 받아 한국 최초의 서양병원을 세우게 되고, 이어서 1885년에 장로교 선교사 언더우드(Horace G. Underwood)와 감리교 선교사 아펜젤러(Henry G. Appenzella)가 한국에 들어와서 선교하면서 한국을 미국에 소개 한 것도 사실이지만, 말콤 펜윅(Malcolm C. Fenwick) 선교사의 영향력이 가장 컸다고 볼 수 있다. 펜윅(Fenwick)은 자신이 보스톤 선교사 훈련원 출신이었을 뿐만 아니라, 그 학교 창설자인 고든(A. J. Gordon) 목사와 친분도 있었다. 그래서 그가 4년간(1889-1893) 답사한 바 있는 한국을 선교지로 소개 했을 수 있다.[4)]

엘라 씽(Ella Thing) 기념선교회 선교사들은 처음에 서울 "서북쪽"에 본부를 두고 선교를 시작하였다.[5)] 1896년 4월에는 프레드릭 스테드먼(Frederick W. Steadman) 부부가 내한하였고, 그 해 가을 전까지는 아만다 가드린(Amanda Gardeline) 양과 아르마 엘머(Arma Ellmer) 양이 그 뒤를 이었다. 1896년 7월에 보고된 바로는 그때 현재로 한 사람에게 침례를 주었고 다른 몇 사람들이 침례를 달라고 하였으나 거절한 것으로 되어 있다.[6)]

얼마 후에 이 침례교 선교사들은 충청도로 선교지역을 옮겼다. 이들이 공주와 강경에서 선교를 한 것은 사실인데, 이 중 어느 곳에서 먼저 시작하였는지는 확실치 않다. 이 지역 출신인 장일수 목사가 남기고 간 기록문에 의하면, 이 때 파울링(Pauling) 부부와 가드린(Gardeline) 양은 강경에, 스테드먼(Steadman) 부부와 엘머(Ellmer) 양은 공주에 각각 자리를 잡고 선교를 한 것으로 되어 있다. 이 선교회는 재원이 부족해서 1901년까지 선교사들을 한국에서 모두 철수하고, 침례교인으로 구성된 23개의 회중을 말콤 펜윅(Malcolm C. Fenwick)의 한국행상선교회에 넘겨주었다.[7)]

2) **한국행상선교회**(Korean Itinerant Mission): 1889년에 한국에 나와서 별로 성공을 못하고 1893년에 캐나다로 돌아간 펜윅(Malcolm C. Fenwick, 1863-1935, 한국 이름 편위익, 한문으로는 片爲益)은 1896년에 한국행상선교회 회장이 되어 한국에 다시 나와 원산에 선교 본거지를 두었다. 1894년에 조직된 이 선교회의 본부는 토론토(Toronto)에 있었다.[8)]

(1) 한국 침례교인들이 원조로 모시고 있는 펜윅(Fenwick)은 침례교 정체성에서 먼 사람이었다. 한국행상선교회 자체가 초교파적으로 출범하였다.[9)] 그는 자기 단체를 한 번도 침례교 단체라고 칭한 일이 없었다. 원래 장로교 출신인데다가 1900년에 감리교 선교사 페니 힌즈(Fanny Hinds) 양과 결혼하고, 그의 양자격인 안대벽 씨가 감리교 목사 딸과 결혼하므로 그에게는 장, 감리교의 색채가 짙었다.[10)]

1905년에 그가 자기 교단을 조직할 때에도 명칭을 대한기독교회(The Church of Christ in Korea)라 하였다. 그의 교단에 속한 31개 교회 중, 23개 교회가 공주와 강경과 칠산 등지에 있던 엘라 씽(Ella Thing) 기념선교회로부터 인수받은 침례교회들이었는데, 그의 휘하에 들어온 다음부터는 침례교회라고 부르지 못했다. 대한기독교회(The Church Christ in Korea)라는 말을 직역한다면 "한국에 있는 그리스도의 교회"인 것이다. 이 단체는 1949년 미남침례교와 손을 잡기 위해 돌연히 그 이름을 "대한기독교침례회"라고 개칭할 때까지 침례교회라고 부른 적이 없었고, 침례를 베푼 것 이외에는 침례교 고유의 정체성을 보여주지 못했다. 그는 그의 신앙체험을 어느 교파와도 연관시키지 않고 있다.[11)]

(2) 이러한 펜윅(Fenwick)을 이해하기 위해서 그의 인적사항을 잠시 열어보자. 그는 토론토의 동북부에 위치한 마크햄(Markham)에서 스코틀랜드 사람 아키 펜윅(Archie Fenwick)의 11남매 중 하나로 태어났다. 그가 다섯 살 때에 부친이 사망했으나 풍부한 유산 때문에 물질적으로는 유족하게 살았다. 그는 학교교육을 받은 적이 없다.[12)]

그의 성격은 독특한 데가 있었다. 그에게서 직접 배우고 그를 직접 도와서 일한 사람들 중에 이에 대한 증인들이 적지 않다. 이들의 증언에 의하면 그는 모험적이고 고집이 세며 직선적이고 지배력이 강한 사람이었다고 한다. 이런 성격으로 약자를 지배하는 데는 효과를 보았으나 강한 자들과의 관계에서는 충돌을 피하기가 어려웠다.[13)] 그 성질 때문에 다른 교파 사람들과의 협력은 거의 불가능했다. 그래서 그는 빈약한 학력을 가지고 신약성서를 독자적으로 번역하기까지 했다.[14)]

1889년 여름에 나이아가라 사경회에서 선교사로 가라는 예수님의 음성을 듣자 갈등을 느꼈다. 학교교육을 받지 못했고 신학교도 못 나왔으며 목사도 아니라는 이유로, 그 소명에 응하지 않고 있다가, "녹나고 찌그러진 양철통" 같은 자화상을 그려보고 그런 자신도 목말라 죽어가는 사람에게 생수를 날라 주는데 쓰이는 하나의 그릇은 될 수 있다는 깨달음이 와서 감격적으로 소명을 받아들이게 되었다.[15)] 그해가 저물어갈 무렵에 펜윅이 한국에 처음 나온 것은 사실이다.[16)] 그러나 그때 그는 침례교인이 아니었다는 것을 명심하여야 한다. 또 그가 토론토 대학의 YMCA에서 파송을 받아 한국에 나왔다는 것도 무근한 이야기다.[17)] 그는 한국(당시 Corea)을 지중해에 있는 코르시카(Corsica) 섬으로 착각하기도 했었다.

(3) 펜윅 목사의 신앙사상은 크게 두 가지 면에 나타나 있다. 첫째로, 펜윅 목사는 하나님의 은혜를 강조한 나머지 행위 면에서는 과도히 자유를 누렸었다.[18] 그는 맥주를 창고에 쌓아두고 그것을 "약"으로 매일 마셨다.[19] 둘째로, 그는 임박한 예수님의 재림을 절감하여 전도를 강조하고 학교교육을 금했다. 그 결과 한-만 국경과 한-러 국경 넘어서까지 복음을 전했으나 훗날을 위한 인재양성에는 실패를 하였다.[20]

(4) 펜윅 목사의 교회행정은 독재주의 그것이었다. 어느 교파에도 속하지 않았다는 그 자신이 당시의 주요교파의 특징들을 흡수하여 행정에 적용한 것이다. 그는 침례교회에서 침례를 도입하고 장로교에서 감노제도(장로제도)를, 감리교에서 감독정치를 도입했다.

그의 강력한 일인독재는 그의 여섯 계단 직급을 통하여 유지가 되었다. 1905년, 강경에서 대한기독교회가 조직될 때에 생긴 이 여섯 계단 직급명은 감목, 목사, 감로, 통장, 총장, 반장이었다. 통장은 백 명을 통솔하였고, 총장은 50명을 통솔하였으며 반장은 10명을 통솔하였다. 임기 10년의 감목직에서 퇴임한 사람에게는 안사(按師)직을 주기도 했다. 그러나 1915년에 펜윅 목사 자신이 감목직에서 퇴임하였을 때에 그는 안사가 아닌 공부(功傅)라는 직함을 갖고 물러났다. 이 단체의 연차 총회는 대화회(大和會)라 칭하고, 당회는 대안회(待安會)라 칭했다. 이 대화회에서 대한기독교회가 탄생하였고 펜윅 목사가 초대 감목이 되고, 이 교단의 첫번째 목사로 신명균이 안수를 받았다.[21]

펜윅 감목은 안사와 감목과 목사를 임명하고, 다른 모든 직분도 사실상으로 그의 허락 없이는 임명이 허락되지 못했다. 펜윅 목사가 말한 것이 곧 교단의 법이었다. 그는 매월 보낸 "달편지"를 통하여 그의 교리와 명령을 전국에 시달했다. 그런 그가 1915년에 감목직에서 퇴임하면서 목사안수 받은 지 2년 밖에 안된 이종덕 목사를 자기 후임 감목에 임명하자 선배 목사들이 심한 반발을 했다. 이종덕 목사의 대선배인 신명균 목사, 손필환 목사, 김규명 목사 등은 교단을 탈퇴하여 나가서 다른 교파를 조직하였고, 허담 전도사와 이명숙 전도사는 교인들을 대거 끌고 장로교로 넘어갔다.[22)]

(5) 펜윅 목사의 공적은 크게 두 가지 면에서 평가되어야 한다. 적극적인 면에서, 한국에 대한 그의 헌신을 찬양해야 할 것이다. 그가 믿음의 사람이요, 고마운 분이었다는데 대해서는 아무도 이의를 제기할 수 없을 것이다.[23)] 그는 45년간 한국에서 복음을 전하다가 하나의 밀알로 한국에 묻혔다. 소극적인 면에서 그를 평한다면, 그가 침례교 정체성을 한국에 심지 않고 개신교 혼합체를 굳혀 놓았다. 이러한 그의 교회정치는 후일에 한국에서 침례교회가 뿌리를 내리는데 적지 않게 저해요인이 되었다. 솔직히 말해서 펜윅 목사를 우상시 하고 그의 사상을 이어받은 그의 후계자들 때문에 한국에서의 침례교 정체성 토착화가 늦어진 것을 부인할 수 없다.

3) 미남침례교 선교사역(The Southern Baptist Mission Efforts)

1950년 2월 27일에 미남침례교 선교사 존 에버네티(John A. Abernathy) 부부가 한국에 들어왔다.[24)] 이때부터 정체성을 갖춘 침례교회가 한국에서 시작한 것이다. 이 때 이후로 한국 침례교단에서 생긴 중요한 일들에 대하여는 필자가 거의 다 증언할 수 있다.

(1) 미남침례교와의 초기접촉: 일정말엽에 재산을 다 빼앗기고, 펜윅 선교사가 학교교육을 금지하여 인재를 양성해 놓지 못하고 외국 원조기관도 없는 대한기독교회(당시 동아기독교)는 해방 후 재건의 길이 막연했다. 1946년 2월 9일에 장석천 목사, 노재천 목사, 김용해 목사의 주선으로 칠산 장석천 목사 자택에서 남조선 임시 대화회를 개최하였다. 이 대화회에서 노재천 목사를 감목으로 선출하였는데 그해 봄에 제2대 감목을 지낸 이종덕 목사가 그의 사위 신혁균 목사를 대동하고 만주에서 남하하게 되어 같은 해 9월에 강경교회에서 대화회를 열고 교단체제를 대폭 개편하였다. 즉, 대화회를 총회로, 감목을 총회장으로, 감로를 장로로, 통장과 총장을 권사로, 반장을 집사로 바꾸었다. 대안회(당회)는 구역회로 바꾸고 감독정치를 공화정치로 바꾸고 교단명칭을 동아기독교로 정했다. 그리고 이 강경 총회를 동아기독교 제1회 총회로 정했다. 이때 교회는 30개, 교인수는 350명 가량이었다.[25]

1948년, 점촌에서 모인 총회에서 동아기독교는 미국의 선교단체와 손을 잡기로 결의하고 한기춘 목사를 교접위원장으로 선임했다.[26] 1949년 초에 우태호 목사가 미남침례교 외국선교부에 찾아가서 한국에 140개의 침례교회가 있고 교인 수는 17,000명이라고 보고하였다. 이것이 동아기독교와 미남침례교의 처음 접촉이었다.[27]

1949년 9월에 강경에서 모인 동아기독교 총회에 미남침례교 동양총무 베이커 제임스 카우센(Baker James Cauthen) 박사 일행이 참석하였다. 이때 거기 모인 교회대표들은 미남침례교의 도움을 받기 위해서는 무슨 결정이라도 쉽게 할 수 있는 입장에 있었다. 그때 카우센(Cauthen) 박사 일행은 총회석상에서 말했다. "이 일을 당장 결정하지 말고 우리가 떠난 뒤에 의논하여 침례교에 대한 확신과 여러분의 단체가 침례교 단체로 알려지는 것을 원하는지에 대한 결정을 하여 우리에게 알려주면 우리가 여러 분과 같이 일할 수 있는 여부에 대하여 고려하겠다"(원문 요약의역). 그런데 카우센(Cauthen) 박사가 홍콩에 있는 자기 사무실에 돌아가자마자 동아기독교의 전문이 왔다. 그 내용은 *"대한기독교침례회 조직됨. 선교사파송 요망"*이었다.[28]

(2) 미남침례교 선교 시작: 1950년에 초대 선교사 존 에버네티(John A. Abernathy) 목사 부부가 한국에 온 것은 일종의 현지답사격이었다. 한자 이름으로 나약한(那約翰)과 나안덕(那安德)이라고 불리던 이 에버네티(Abernathy) 목사 부부는 중국 산동성에서 30년 가량 선교를 하다가 중국공산화 후에 한국으로 파송되었다.[29] 따라서 이들은 동양풍속에 익숙했다. 이들에게 오른팔 역할을 해준 사람들이 안대벽(安大闢, 영어이름: David Ahn) 부부였다. 안대벽은 펜윅 선교사의 양자 격인 사람으로서 교단정치에 능한 사람이었고 그 부인 이순도는 이승만 대통령 영부인 프란체스카 여사를 보필하던 인물로서 정계에 영향력이 컸었다. 에버네티(Abernathy) 선교사 부부가 처음 한국에 도착한 날부터 안씨 내외는 수년간 선교사들의 입과 귀가 되어 주었다. 부산 피난시절에도 안씨 부부는 선교사들의 저택에서 선교사들과 숙식을 같이 하였다.[30]

이 안-에버네티(Abernathy)팀이 한국전쟁 전후 수년 동안 침례교단에 대정부관계에서 적지 않는 공을 세웠다. 에버네티(Abernathy) 선교사는 중국의 관료주의 체제에서 30년간이나 고급관리들을 상대해 본 경험이 많은 사람으로서 정치적인 인물이요, 민간외교에 능한 사람이었으며, 관리들을 움직이기 위해서 촌지를 쓰는 것을 크게 문제시하지 않는 사람이었다. 그가 사용한 촌지는 "예의"라는 말로 통용되었다.[31] 이들은 당시 일본 사람들이 두고 간 재산을 관리하던 적산관리처를 통해 여러 도시에 있는 요긴한 건물들을 싼 값에 사들일 수 있었다. 부산침례교회가 있었던 부산시 남포동 2가 22번지 땅과 침례신학대학교가 시작된 대전 중동 11번지 땅과 현 서울침례교회 땅을 그 예로 들 수 있다.

(3) 미남침례교 정규 선교지: 시험적으로 시작된 미남침례교 한국선교운동은 한국전쟁 중에 난민구호사업을 하게 되었고, 그러다가 이렇다 할 전환점 없이 한국은 미남침례교의 정규선교지가 되었다. 그 후 중국에서 철수당한 노인 선교사들이 계속 들어오고 신학교를 갓 졸업한 젊은 선교사들이 그 뒤를 이어 1960년까지는 재한 미남침례교 선교사들의 수가 60명에 가까웠다. 1950년대 중반부터 1960대 초반까지 각종 기관과 강습회를 통하여 침례교 정체성이 한국침례교단에 심어지기 시작하였다. 그러나 독재주의에 오랫동안 젖어 있던 펜윅 선교사의 제자들과 한국전쟁 때에 호구지책으로 타 교파에서 넘어 온 교역자들은 좀처럼 침례교리를 받아들이지 못했다.

그뿐만 아니라 침례교 정체성을 가지고 와서 전하던 선교사 자신들도 한국에 침례교리를 제대로 심지는 못했다. 그것은 그들의 미숙한 선교방침 때문이었다. 그들의 미숙한 선교방침은 한국인에 대한 경멸감에서 생긴 것이다. 이들은 한국인들 가운데서 살기를 원치 않았다. 그 이유는 (1) 한국인들 가운데는 도둑이 많아서 같이 살 수 없고 (2) 한국 아이들에게는 질병이 많아 자기 자녀들을 격리시켜야 하고 (3) 한국 아이들이 욕을 잘 하므로 자기 자녀들을 분리시켜야 한다고 생각하였다. 그래서 이들은 한국인들의 거주지에서 십리나 떨어진 숲속에 양옥들을 지어 놓고 한국인들로부터 격리된 생활을 하였다. 대전 오정동, 부산 영선동, 광주 일산동, 서울 묵동 등이 그 대표적인 예다. 선교사들에게 이런 경멸을 당하면서 그들이 전해준 침례교리를 한국인들이 기꺼이 받아들이기는 쉽지 않았던 것이다.

선교사들은 한국인들이 자기들 수준에 이르는 것은 원치 않았다. 따라서 남침례신학교(The Southern Baptist Theological Seminary)를 졸업하고 그들과 대등한 수준에 있었던 필자는 선교부의 경계인물 제1호였다. 1963년에 필자가 신학교 재직중 안식년을 맞아 필자의 모교에 가서 석사학위 공부를 하려고 했을 때에 선교부에서는 필자를 홍콩으로 보내 아시아 침례신학대학원(Asia Baptist Graduate Theological Seminary)에서 공부하게 했다. 이 당시 신학교 교장 테드 도웰(Ted Dowell) 자신이 석사학위를 끝마치지 못하고 있었다. 그 후에 얼마 동안 침례교신학교 교수들은 정진황 목사를 비롯해 모두 필리핀(A.B.G.T.S의 새 캠퍼스)으로 유학을 보냈다. 이것은 우리 한국인들에게 선교사들보다 차원 낮은 교육을 시키겠다는 선교방침에서였다.

4) 질서 확립과 정체성

1954년부터 1968년까지 한국 침례교단은 혼란 중에 성장했다. 이 기간에 선교부의 도움으로 많은 교회들이 생겼고, 신학교를 통하여 많은 교회 일꾼들이 배출되었다. 신학교에서 정규 졸업을 한 일꾼도 많았지만, 전혀 신학교육을 받지 않은 일선 교역자들에게도 신학교 병설 '교역자교육원'이라는 과정을 거쳐 침례교회 정체성을 포함한 단기 기초과목을 가르쳤다. 연중 열린 각종 강습회를 통하여 "요람에서 무덤까지"라는 구호를 내걸고 어린이부터 노인에 이르기까지 전 교단에 미남침례교 교리가 심어져 침례교단으로서의 골조가 형성되어 가고 있었다. 이 동안에 있었던 혼란들은 침례교 정체성을 약화시키기도 했고 그것을 토착화시켜 주는데 도움을 주기도 했다. 이 기간에 괄목할 만한 사건 몇 가지가 있다.

(1) 신학교의 질서학립: 성경학교로 시작한 침례신학교는 대전의 사창가 중심부인 중동 11번지에서 개교되었다. 사무실과 강의실과 남녀 기숙사가 다 거기 있었다. 이 지역은 대부분 미혼 남녀학생들에게 윤리적으로 위험한 지역이었다. 이것이 신학교 기숙사를 목동으로 옮기는데 촉진제 역할을 하게 되었다.[32]

1958년에 필자가 학생과장으로 있으면서 교내질서를 바로잡기까지는 수험시간에 부정행위는 하나의 묘기요 책벌감이 아니었다. 필자의 학생과장 재직중 시험 때에 부정을 범한 학생 여섯을 제명 또는 무기정학을 시켜 기강을 확립시켰다.

(2) 총회분열을 통한 교단 주체성 형성: 1950년대 중반부터 1970년대 초반까지 한국 침례교단의 주체성을 흔든 소란들이 있었다. 그 중에 가장 큰 소란이 총회의 분열이었다. 총회가 분열되기 전에 총회와 선교부 사이에 약 4년 간의 냉전이 있었다. 그 불화는 안대벽 목사 내외에 대한 선교부의 불신임 때문이었다. 안목사 부부는 1953년에 선교부의 두터운 신임 하에 도미하여 한국교회를 위해 모금도 하고 헌 피아노와 자동차도 여러 대 기증받았다. 선교사들은 이것을 안목사 내외가 미국에서 자기들

의 개인 재산을 모은 것으로 생각했다.[33]

1959년 3월 18일에 선교부는 당시 총회 전도부장으로 있던 안대벽 목사에 대한 불신임장을 전국 교회에 발송했다.[34] 총회는 안대벽 목사 내외에 대한 이 불신임을 총회에 대한 불신임이라 하여 선교부와 맞서게 되었다.[35] 이것은 일종의 한국인의 주인의식과 선교부의 종주의식의 충돌이었다.

이에 대전 대흥침례교회를 담임하고 있던 장일수 목사가 전국 교회에 호소하여 총회수습대책을 위한 모임을 소집했다. 1959년 4월 28일에 대흥침례교회에서 개최된 이 모임에 참석한 142개 교회 대의원 수는 226명이었다. 선교회장은 이 모임에서 그 모임에 대한 선교부 지지를 표명했다. 그러자 대의원들은 이 모임을 제49회 정기총회로 모이게 되었다. 다음 날 개최한 그 총회에서 장일수 목사가 총회장에 당선되고 이채롭게도 사회부장에 파커스 말러(Parkes Marler) 선교사, 전도부장에 돈 요네스(Don Jones) 선교사가 각각 당선되었다.[36]

안대벽 목사를 선두로 한 대한기독교침례회는 그 다음 달인 5월 26-27일에 포항에서 합법적인 총회를 소집했다. 여기 참석한 대의원 수는 267명이었다. 이것이 몇 교회를 대표했는가는 밝혀지지 않고 있다.[37] 소위 대전총회는 미남침례교 선교부와 계속 손을 잡고 일하게 되고 포항총회는 미국의 Baptist Mid-Mission과 International Council of Christian Churches와 손을 잡게 되었다. 이 두 후원단체의 지원으로 포항총회는 1962년에 신학교까지 개설하였다.[38]

(3) 침례교 정체성을 위한 수난: 1965년에는 침례교 이념을 위한 주체성 분규가 있었다. 약 12년간 대전 침례신학교는 꾸준히 일꾼들을 배출하

고 있었다. 그 결과 모든 한국침례교회의 교역자들은 거의 다 신학교를 거친 사람들이었다. 따라서 한국전쟁 때에 타교파에서 넘어온 교역자들과 침례교신학교 출신들 사이에 이념적인 골이 생기게 되었다. 이런 양상은 대전총회 내에서 더욱 심했다. 왜냐하면 타교파 출신들이 거의 다 선교부 지원을 받던 대전총회 산하에 있었기 때문이다. 이러한 냉전은 1965년 4월 22-23일 대구 대명침례교회에서 열린 대전총회 때에 극한 대립으로 나타났다.

이 총회에서 대전총회는 이때 존폐의 위기를 맞게 되었다. 타교파 출신 교역자들이 이번 총회에서 결의를 하여 총회자체를 당시 대구에 있던 최종원 계통의 장로교로 넘어갈 것을 비밀리에 공작한 것이다. 여기에 주동이 된 사람들이 감리교에서 넘어온 이덕수와 장로교에서 넘어온 조동하와 노영일이다. 거기에다가 여기에 편승한 사람이 그해 총회를 소집한 총회장 차광석 목사였다. 그 역시 장로교에서 넘어온 사람이었다.

이 총회에서 신학교 출신들의 강력한 추대를 받아 신학교 학생과장으로 재직중이던 필자 조효훈이 총회장에 당선되고 부총회장을 제외한 신임 실행위원들 전원이 신학교 출신이거나 신학교에 관련이 있는 사람들이었다. 이 총회를 가지고 장로교로 넘어가려고 했던 주동인물 조동하와 노영일은 그날로 침례교단을 떠났고 부총회장에 당선된 이덕수 역시 수개월 후에 교단을 떠났다.

총회가 끝나자 총회 전직 서기와 총회장 차광석은 신임 총회 임원들에게 총회서류를 인계해 주지도 않고 다 싸가지고 서울로 잠적해 버렸다. 그리고 이 총회에 참석했던 "바울선교회원들"과 총회의 전직 서기겸 회계였던 이일신이 상경도중에 대전에 들려 신학교 교장 테드 도웰(Ted H.

Dowell)에게 신임총회장이 금전을 써서 당선되었다고 밀고하였다.[39] 교장은 만만치 않던 학생과장의 덜미를 잡을 수 있는 호기회로 알고, 임시 휴교령을 내려놓고 5일 동안이나 학생과장인 총회장을 내사하였다. 이것을 기회로 타교파에서 넘어온 교역자들이 주동이 되어 경기구역과 침례회보 주필이 결탁하여 총회임원 타도운동을 전개했다.

총회 실행위원들은 총회를 수습하기 위해 총사퇴를 결의하고 그 수리를 위해 임시총회를 소집했다. 1965년 7월 7일에 대전 대흥침례교회에서 열린 이 임시총회에서 총회실행위원들은 대의원들의 열광적인 만장일치로 신임을 얻어 유임하게 되었다. 이 파동은 신학교 교장이 교단 선교부 재무로 전보되고, 총회장 조효훈은 서울침례교회 담임목사직에 부임하므로 종막을 내렸다. 이런 과정을 거쳐 침례교단의 정체성과 주체성은 무르익어갔다.

5) 각성기

교단의 몸부림은 여러 가지 면에서 각성을 일으켰다. 이런 각성을 북돋아 준 중요한 요인은 나라의 부강과 교단자체가 배출한 인재들의 대거 등장이었다. 타민족을 분열시킨 다음에 휘어잡는 식민지 정책을 사실상으로 적용해 오던 미남침례교 선교부는 이를 대항하던 포항총회는 말할 것도 없고, 이를 지지하던 대전총회에 대해서도 마음을 열지 않고, 서울, 부산, 대전, 광주, 원주 등지에 둔 선교사 거주지(missionary compound)를 통해 교단분산을 시도했다. 그러나 한국침례교회들의 주체의식은 날이 갈수록 강해져 갔다.

(1) 교단적인 각성이 가장 먼저 조직적으로 표출된 것이 교단발전협의회의 발족이다. 박사학위 취득 차 도미직전인 1967년 늦가을 조효훈 총회장이 전국 교회 지도자들을 서울침례교회에 초청하여 교단의 앞날에 대한 전망을 제시하며, 그동안 많은 어려움을 겪으면서 찾아 놓은 교단 주체성을 계속 유지해 줄 것을 부탁하였다. 총회가 선교부를 의지하고서는 발전할 수 없으므로 하루 속히 선교부로부터 독립을 하여야 하며, 그러기 위해서 교단의 지도자들이 1년에 수차례 모여서 교단적인 단합과 발전에 공헌해 달라고 부탁했다. 그는 이런 과업에 저해가 될 고든(J. G. Goodwin, Jr.) 선교사를 위시한 몇몇 선교사들을 철저히 경계하여야 한다는 것까지 당부하였다. 교단발전협의회의 취지와 목적은 이런 것이었다.

(2) 교단적인 각성은 또한 대전총회와 포항총회가 협력하는 데서 감격적으로 표출되었다. 약 9년 동안 서로 반목해온 가운데 이 두 총회 사이에는 골이 깊어가고 있었다. 그런 가운데 양측이 깨달은 것은 선교부를 앞세우고는 교단의 발전이 없다는 점과 교단의 분열은 하나님의 뜻이 아니라는 점이었다. 그래서 1968년 3월 26일에 부산침례교회에서 양측 총회 대표들이 모여 무조건 통합에 뜻을 같이 하고 동년 4월 16일에 서울침례교회에서 합동총회를 가져 침례교단이 다시 하나가 되었다.

1970년대부터는 선교사들의 세력이 점점 수그러지게 되고 한국인들의 주체성이 들어나기 시작했다. 국가 경제가 많이 성장하여 교회들이 선교부에 의존하는 사례가 줄기 시작했고 1970년에 필자 조효훈이 선교사들을 앞질러 박사학위(Ph. D.)를 취득한 것을 위시해서 미국출신 박사들이 신학교와 교단을 이끌게 되었다. 사실상 한국인들을 지배하러 왔던 침례교 선교사들은 한국인들을 더 지배할 수 없게 되자 자진 한국을 떠나게 되었다.

6) 정체성이 혼탁해진 현실

1960년대 중반부터 침례교단이 장로교와 감리교와 성결교를 많이 닮게 되었다. 그것은 소위 부흥사들 때문이었다. 대부분의 경우 이들은 제도적으로 장로교와 감리교를 좋아했고, 성령운동에 있어서는 성결교 이성봉 목사를 그들의 모델로 삼았다. 이들은 방언과 신유를 지나치게 강조하다가 교리적으로 이단으로 보이는 지경까지 이르렀으나 침례교회 정체성인 개교회 자치권 때문에 그런 교역자들을 제재할 길이 없었다.

(1) 이것이 가장 현저하게 들어난 것이 1970년대 초반에 나타난 호칭장로제도다. 서울중앙침례교회가 제일 먼저 장로교에서 전입해온 장로를 호칭장로로 영입한 다음 얼마 후에 정식 장로로 임직시키게 되었다. 그 다음에 강남중앙침례교회가 안수집사를 장로로 개칭하다가 정식 장로로 추대하였다. 수원중앙침례교회는 공공연하게 장로장립을 하였다. 큰 교회 축에 드는 이런 교회들의 선례를 따라가는 교회들도 생겼다. 이런 교회들을 총회가 제재는 고사하고 총회 때마다 이런 교회들이 주동세력이 되어 로비를 해오고 있다.

(2) 성경적으로 전혀 근거 없는 권사임명도 신문에 당당히 광고해 가면서 많은 교회가 이를 자행하고 있다. 이에 대하여는 교단의 성경학자들이나 지도자들이 한마디의 반론도 제기하지 않고 있다. 성경에 없는 직분을 주는 것은 성경을 닮아가는 움직임이 아니라 성경에서 어긋난 타교파

를 닮아가는 저열한 추세이다.

(3) 근일에 와서는 여자 목사를 두자는 운동까지 벌어지고 있다. 성경에 여자 목사는 없다. 그런 암시도 없다. 이것 역시 성경을 따라가는 것이 아니요 성경에서 어긋난 교파를 따라가는 잘못이다. 더구나 협동기관인 총회가 개교회 직제를 만드는 것은 엄연히 총회가 회원교회를 지배하려는 시도임을 알아야 한다.

2. 침례교회의 주요 정체성

침례교회의 정체성이라는 말은 신약교회의 정체성이라는 말과 동일하다. 왜냐하면 16세기 종교개혁자들이 신약성서의 가르침으로 돌아가지 못하고 중도에서 그치고 말았는데, 철저하게 신약성서의 가르침으로 돌아가자던 사람들이 침례교인이 되었기 때문이다. 침례교회의 역사는 신약교회 복구운동이다. 다음에서 주요한 침례교 정체성을 열거해 본다.

1) **성경관:** 전통적인 침례교회에서는 성경만을 신앙과 행위의 경전으로 인정한다. 신약교회인 침례교회의 모든 교리와 행위와 구조는 신약성서의 가르침에 준한다. 침례교회는 모든 傳統(traditions)이나 信經(creeds)이나 外經(apocrypha)이나 개인이 받았다는 환상이나 꿈이나 신비로운 체험을 정경(正經)의 범주에서 철저히 배제하며 오직 성경만이 하나님의 영감으로 된 하나님의 계시로 믿는다(딤후 3:16; 벧후 1:20-21; 계 22:18).

2) **교회관:** 침례교회의 머리는 예수 그리스도이시다. 어떤 사람이나

단체도 교회의 머리가 될 수 없다(엡 5:23; 골 1:18). 그리스도의 주권 밑에서 교인들은 그리스도의 몸된 교회의 지체가 된다. 모든 그리스도인들은 성령님을 모시고 있다(갈 4:6; 롬 8:15-16). 따라서 교회는 영적인 민주주의 단체다. 교인 위에 교인 없고, 교회 위에 교회 없다.

3) 모든 그리스도인의 제사장 직분: 모든 교인은 대제사장 예수님을 통하여 하나님께 직접 나아갈 수 있고 남을 위하여 기도할 수 있는 제사장이다(요 14:6; 히 4:14-16; 벧전 2:9). 예수님 이외에는 아무 사람도, 아무 기관도 개인과 하나님 사이에 개입할 수 없다.

4) 두 개의 교회의 의식: 침례교회의 의식은 침례와 성찬이다. 침례는 그리스도와 믿음으로 연합하여 죽고 장사되고 부활하는 표이기 때문에 침수례여야 한다(롬 6:4). 침례는 예수님께서 본을 보이시고 명하시고 사도들이 실천한 바다. 성찬은 죄인들을 위해 죽으실 때에 상하신 예수님의 몸과 흘리신 피를 기념하는 의식이다(눅 22:19; 고전 11:24-25).

5) 교회의 두 직분: 침례교회의 직분은 목회 직분과 목회 보조 직분인 집사 직분이다. 목회 직분은 장로와 감독과 목사 직분을 총괄한 통칭이다. 침례교회에서 장로를 두지 않는 이유는 목사가 곧 장로이기 때문이다(행 20:17, 20; 벧전 5:1).

집사 직분은 섬기는 직분이다. 집사 직분은 남에게 수종 들어주는 직분으로서 목회자의 짐을 덜어주고 교인들을 섬기는 직분이다. 그것은 결코 계급이 아니다. 이 직분은 원래 과부들에게 음식 날라주던(공궤, 供饋) 직분이다. 그리고 이 직분에는 성차별이 없었다(행 6:1–6; 롬 16:1; 딤전 3:11). 권사 임명보다는 여자 집사안수가 더 성경적이다.

6) **신앙과 양심의 자유:** 인간의 영혼은 하나님 이외에 아무도 지배하지 못한다. 그리스도인은 신앙과 양심에 있어서 아무에게도 강요당하지 않는다. 그리스도인은 그 안에 와계시는 성령님의 가르치심을 따라 성경을 해석할 자유도 있다(요 16:13; 요일 2:27).

7) **정교분립(政教分立):** 침례교인은 국교를 인정하지 않는다. 가이사의 것은 가이사에게 주고 하나님의 것은 하나님께 드려야 한다(마 22:21). 교회가 배출한 그리스도인이 정치에 참여할 수 있고 정치인이 교회에서 믿음 생활을 할 수는 있어도 교회가 정부를 지배하거나 정부가 교회를 할 수는 없다.

Ⅲ. 결론

피다만 꽃처럼 침례교의 정체성이 이 단계에서 멈출 것인가? 성서적인 교단이라 자부하는 침례교단이 그럴 수는 없다. 예수님께서 세우신 교회가 침례교회라면 음부의 권세가 이기지 못할 것이다. 그러한 침례교회 정체성이 시대를 탓하며 편법에 휘말려 성서에서 이탈할 수는 없다. 한국침례교회 목사들이 급히 깨달아야 할 몇 가지가 있다.

첫째, 교단 역사를 바로 알아야 한다. 한국침례교회 목사들은 역사적인 차원에서 침례교 정체성을 바로 이해, 분석, 판단할 줄을 알아야 한다. 한국침례교 정체성은 제대로 장성하지 못한 단계에서 파란을 겪다가 성숙이 중단된 상태에 있다. 파울링(E. C. Pauling) 선교사나 펜윅(Fenwck) 선교사 계통 사람들은 주님을 몹시 사랑했으나, 침례교 정체성을 뚜렷이 심지는 못했다. 특히 펜윅 선교사 계열에서는 장-감리교 혼합 체제를 심었다. 미남침례교 선교사들은 침례교 정체성을 한국에 심으려고 많은 노력을 하고 돈도 많이 썼으나 한국인들을 지배하려는 선교방침 때문에 한국인들로부터 거부감을 사게 되었으며 한국인들을 지배할 수 없게 되자 그들은 선교 사업을 철수하기에 이르렀다. 그러자 곡식밭에 잡초가 나듯 불건전한 신앙운동과 함께 타교파의 영향이 들어와 교단 정체성을 흐리게 하고 있다. 침례교회의 정체성은 그 존재의 명분이다. 명분 없는 교단은 굳이 존재할 필요가 없다.

둘째, 신약교회로 돌아가야 한다. 교회의 기업화를 막고 예수님의 주권 밑에 성령님의 공동체로 환원되어야 한다. 하나님의 권속으로 돌아가야 한다. 하나님의 권속의 느낌을 주는 범주 안에서 다수의 중소교회들을 세워야 한다. 두세 사람이 모여도 예수님께서 함께 해 주시는 교회 세우기에 힘써야 한다. 대형교회나 초대형교회는 결국 기업체로 변질되어 생명력을 잃고 결국 기독교 문화유산으로 전락하게 될 것임을 명심해야 한다. 기독교 역사가 이것을 보여주고 있다. 오늘날 관광지로 남아 있는 구라파의 많은 빈 성당들과 러시아에 비어 있는 황금 대형교회들이 보여주는 것이 바로 그것이 아닌가?

셋째, 침례교회 정체성을 흐리게 하는 대형교회 목사들의 횡포를 막아야 한다. 대형교회 가운데도 침례교회 정체성을 잘 유지하고 있는 교회가 있다는 것은 다행한 일이다. 그러나 침례교단이 살려면 금력과 강한 정치 조직을 가지고 교단 정체성을 헐고 있는 교회들은 철저히 견제하여야 한다. 이들은 총회라는 물속에서 놀고 있는 문어 같은 존재다. 문어는 머리 하나에 발이 여덟 개가 달려 있는 냉혈동물이다. 머리 하나가 움직일 때 물속에서는 발 여덟 개가 너울거리고 있는 것을 알아야 한다. 건전한 대형교회들은 교단적인 문어발에서 빠져 나오려고 몸부림치는 중소교회들을 도와야 하고 참신한 작은 교회들은 서로 단결하여 이 문어발에서 빠져 나와야 한다. 그렇지 않고서는 교단정체성을 지속할 길이 없다.

넷째, 교단의 신진대사를 잘 활용하여야 한다. 교단의 정체성을 무너뜨리는 인물들은 아무리 강해도 20-30년 후에는 무대에서 사라진다. 참신하고 정체성이 분명한 인재들로 그들이 대체되어야 한다. 맑은 물이 밀고 들어가 탁한 물을 훑어내야 한다는 말이다. 그런 인재들을 어디서 확보할 것인가? 우리 교단의 영적사관학교인 신학교에 기대를 걸 수밖에 없다. 그런 인재를 배출해 낼, 정체가 분명하고 담력 있는 교수들에게 큰 기대를 걸어본다. 1960년 4·19 학생의거 때에 대학교수들이 지원시위에 나섰을 때에 독재정권의 총성이 멈추었다. 역사의 교훈을 잊지 말아야 한다.

주

1) E. C. Pauling, *Korean Repository*, vol. 3 (July, 1896), 299-300.

2) F.W, Steadman, "Korea-Her People and Mission," *The Baptist Missionary Magazine*, vol. 75 (March, 1895), 64; vol. 81 (November, 1901), 674.

3) *Korea Mission Field*, vol. 29 (March, 1933), 51.

4) Malcolm C. Fenwick, *The Church of Christ in Corea* (New York: George H. Doran Company, 1911), 65; F. W. Steadman, The Missionary Magazine, vol. 81, 674.

5) F. W. Steadman, "Our Work in Korea," *The Baptist Missionary Magazine*, vol. 84 (October, 1904), 388.

6) 이유는 밝히지 않고 있다.

7) 장일수 목사의 증언; 각주 2번 참조; 각주 5번 참조, 57-8.

8) *The Missionary Review of the World (Old Series)*, No. 6, (n.p.: n.p. 1894), 460.

9) 각주 10번 참조.

10) *Korea Mission Field*, 61.

11) Fenwick, *The Church of Christ in Corea*, 2, 12.

12) Fenwick 씨의 생애에 대한 더 자세한 것은 그의 자서전 *The Church of Christ in Corea* 를 참조.

13) 1892년 Horace Underwood 북장로교 선교사 내외가 미국에 와 있는 동안 펜윅 선교사가 황해도 소래교회를 대리시무한 적이 있었는데 1893년 펜윅 선교사 자신이 미

국에 와서 시카고에 있는 「진리」(*Truth*)라는 잡지사 주필에게 언더우드(Underwood)의 선교 사업이 과장되어 보도되었다는 내용의 기고를 하여 언더우드와 펜윅 사이에 심한 지상 논전이 있었다 (*The Missionary Review of the World,* vol.17, No.8, 1894, 618-9.); 펜윅 선교사의 제자 이건창 집사의 서면 증언, "펜윅 선교사를 모시던 나의 삶" 2.

14) 김용해, 「대한기독교침례교회사」(서울: 대한기독교침례회총회, 1964), 13; 이건창 집사의 서면 증언.

15) Fenwick, *The Church of Christ in Corea*, 13-4.

16) Ibid., 9. 14.

17) 필자가 서면으로 조회하여 확인됨: Letter of W. C. Naylor, Executive Director, *Toronto Young Men's Christian Association*, to Leo T. Crisman, Librarian, The Southern Baptist Theological Seminary, February 26, 1969.

18) 장일수 목사의 서면 증언.

19) 이건창 집사의 서면 증언.

20) Fenwick, *The Church of Christ in Corea*, 73-4; 장일수 목사의 서면 증언; 이건창 집사의 서면 증언,

21) Ibid., 77. 85-92; 장일수 목사의 서면 증언

22) 장일수 목사의 서면 증언.

23) Ibid.; 이건창 집사의 서면 증언.

24) Letter of John A. Abernathy to Dr. M. T. Rankin & Dr. Baker James Cauthen, March 2, 1950.

25) 장일수 목사의 서면 증언.

26) Ibid,.

27) Letter of Tai-Ho Woo to Dr. Baker James Cauthen, Secretary of the Orient, Foreign Mission Board of the Southern Baptist Convention, May 14,1949.

28) Timothy Hyohoon Cho, " A History of the Korea Baptist Convention:1889-1970" (Doctoral

Dissertation, The Southern Baptist Theological Seminary, 1970), 101-10.

29) Genevieve Green (ed.), *Missionary Album*, Foreign Mission Board Press, 1954, 11.; Mary M. Hunter (ed.), *Southern Baptist Foreign Missionaries* (Nashville, Tennessee: Broadman Press, 1940), 67.; Marjorie E. Moore and Inez Tuggle (ed.), *Missionary Family Album* (Richmond, Virginia: Foreign Mission Board of Southern Baptist Convention,1958), 13.; 필자가 직접 청문한 내용.

30) 필자가 선교부에 근무할 때 같은 건물에 살면서 관찰함.

31) 그가 필자에게 일러준 말.

32) 필자가 당시 신학교 학생과장직에 있었음.

33) Robert Max Willocks, "Christian Missions in Korea, with Special Reference to the Work of Southern Baptists" (Master's Thesis, Golden Gate Baptist Theological Seminary, 1962), 159.

34) 1959년 3월 18일자로 선교회장 Parkes Marler와 총무 J. G. Goodwin, Jr. 이름으로 전국 침례교회에 보낸 "韓國浸禮會總會 諸 敎會, 牧師, 傳道師 貴下" (貴中).

35) 1959년 4월 10일자로 전국 총회에 보낸 총회 전도부장 안대벽 목사의 공고문.

36) 1959년 5월 8일자로 (대전측) 총회 실행위원들이 전국 교회에 보낸 공한.

37) Timothy Hyohoon Cho, "Dissertation," 208; (포항측) 총회록 ,1959년 4월 부록.

38) 조효훈에게 보낸 김용해 목사의 편지:1970년 6월 5일; (포항측) 총회록, 1963년,1964,1967년; Carl McIntire의 성탄편지,1962년 11월 28일.

39) 총회가 수습된 뒤에 바울 선교회장이 필자에게 사과함.

참고문헌

김용해와 편집인들.「대한기독교침례회사」. 서울: 대한기독교침례회총회, 1964.

Fenwick, Malcolm C. *The Church of Christ in Corea*. New York: George H. Doran Company, 1911.

Paik, L. George (백낙준). *The History of Protestant Missions in Korea 1832-1910.* Pyeng Yang, Korea: Union Christian College Press, 1929.

Cho, Timothy Hyohoon (조효훈). "A History of the Korea Baptist Convention:1889-1970," 박사학위논문. The Southern Baptist Theological Seminary, Louisville, Kentucky,1970.

Willocks, Robert Max. "Christian Missions in Korea, with Special Reference to the Work of Southern Baptists." Master's Thesis. Golden Gate Baptist Theological Seminary, Mill Valley, California, 1962.

Korea Mission Field, vol. 29. (March), 1933; vol. 32. (March), 1936.

Korea Repository, vol. 3. (July), 1896, vol. 5. (August), 1896.

Missionary Album. Richmond, Virginia: Foreign Mission Board Press.

Missionary Family Album. Richmond, Virginia: Foreign Mission Board of the Southern Baptist Convention,1954. 1958.

Missionary Review of the World, vol. 17. 1894; vol. 20. 1903.

Southern Baptist Foreign Missionaries. Nashville, Tennessee: Broadman Press, 1940. *The Baptist Missionary Magazine*, vol. 75. (March), 1895; vol. 81. (November), 1901; vol. 84. (October), 1904.

Minutes of Korea Baptist Mission of Southern Baptist Convention (남침례교 재한 선교부 회의록). 1955-1970.

Marler, Parkes & Goodwin, Jr. J. G. "韓國浸禮會總會 諸 敎會, 牧師, 傳道師 貴下" (貴中). 1959년 3월 18일.

전도부장 안대벽 목사의 공고문. 1959년 4월 10일.

총회가 "미국 대통령 당선자, Jimmy Carter에게 보내는 호소문." 1976년 11월 29일.

총회록 (포항측). 1963, 1964, 1967.

총회록 (대전측) 실행위원회 공고문. 1959년 5월 8일.

Abernathy, John A. Letter to Dr. M. T. Rankin & Dr. Baker James Cauthen, Foreign Mission Board of Southern Baptist Convention, March 2, 1950.

McIntire, John. Christmas Letter, 1962년 11월 28일.

Woo, Tai-Ho. Letter to Dr. Baker James Cauthen, Secretary of the Orient, Foreign Mission Board of Southern Baptist Convention, May 14, 1949.

이건창 집사의 서면증언. "편위익 선교사를 모시던 나의 삶." 1969년 2월 17일.

김용해 목사. 조효훈에게 보낸 편지, 1970년 6월 5일.

장일수 목사의 서면증언. "기독교대한침례교회 연혁." 1969년.

제2장

침례교 회중주의 자율권

박 영 철 | 침례신학대학교 | 실천신학

I. 들어가는 글

이 땅에서의 침례교회 역사는 이미 120년이 되어간다. 1889년 말콤 펜윅(Malcolm C. Fenwick) 선교사가 이 땅에 발을 내딛은 것을 기점으로 삼을 경우 무려 120년이라는 짧지 않은 시간이 흘러갔다는 말이다. 이 기간 동안 한국 침례교단은 한국 교단들 중에서는 최초의 선교사를 파송한 교단으로서, 일제 치하에서는 교단해체를 당하면서도 신앙의 절개를 지킨 교단으로서, 그리고 6·25 동란 이후 오늘에 이르기까지 꾸준히 성장해 온 역사를 지닌 교단으로서의 자긍심을 갖기에 충분한 교단이 되었다.

그러나 오늘날 한국교회가 전체적으로 심각한 영적 침체를 맞고 있는 현실은 주지의 사실이다. 그리고 그러한 침체는 교인 수자의 감소라는 수

치상의 증거들로 나타난 지도 이미 오래되었다. 한 때 1,200만 이상의 교세를 자랑하던 한국교회가 오늘날에 이르러는 9백만도 채 못 미치는 것으로 알려지기도 한다. 물론 숫자가 절대적으로 중요하다는 말은 아니다. 그러나 그러한 숫자가 영적 상태를 보여주는 객관적 바로미터라고 생각한다면 문제는 단순한 것이 아니라 보다 근원적인 분석과 처방이 반드시 뒤따라야만 한다.

침례교회는 그 어떤 교단들보다도 철저히 신약성서적인 신앙과 행습을 추구해왔다고 스스로 자부한다. 그리고 그러한 신약성서적 신앙은 복음과 복음적인 삶이 그 중추를 이루고 있다고 할 수 있을 것이다. 특히 신약성서 교회로서의 침례교회는 교회론에 있어서 신앙의 자유를 중심으로 지역 교회를 하나의 영적 실체로 보고 그리스도의 몸으로서의 교회 개념을 철저히 믿고 회중주의 정체를 주장해왔다. 사실 침례교인들의 신앙에 대한 신학적 근거는 다른 교단들과 크게 다르지 않다고 할 수 있다. 이러한 연유로 혹자들은 침례교에는 신학이 없다고 단정하기도 한다. 그러나 어떤 특정한 신학자의 신학을 중심으로 신학을 전개하지 않는다고 신학이 없다고 단정하는 것은 사실 신학이 무엇인지를 제대로 이해하지 못하고 던지는 오만스러운 말에 불과하다고 믿는다.

그러나 필자는 침례교회가 역사 속에서 믿어온 복음과 교회에 대한 사랑어린 신학적 확신이야말로 한국교회 전체에 새로운 영적 생명력을 불어넣기에 가장 합당한 근거가 된다고 믿는다. 그러한 영적 생명력은 특히 침례교회를 침례교회답게 만드는 교회론에 있다고 믿으며 그 교회론을 중심으로 하는 교회생활은 회중주의 형태의 교회운영방식을 낳게 했다. 회중주의 교회 정체(congregational church polity)는 문자 그대로 회중이 교회의 실체로서 그리스도를 머리로 한 그분의 몸이라는 사실을 믿고 모든 지체들이 교회의 모든 일들을 적극적으로 참여하는 가운데 머리이신 그리스도께서 그분의 몸인 교회에 명령하시는 말씀을 함께 분변하고 함께 그 명령에 순종하는 삶을 추구하는 교회운영 형태를 의미한다. 그러나 안타깝게도 120년에 이르는 역사를 가진 한국 침례교단이 사실상 회중주의를 소개받고 본격적으로 이의 실현과 정착을 시작한 것은 6·25 동란 이후 미국의 남침례교단이 한국에 선교사를 파송한 1950년 이후이다. 그러한 상황의 한국 침례교단은 비록 60여 년의 회중주의 역사를 가졌음에도 불구하고 엄격한 의미에서의 회중중의를 제대로 이루고 있지 못한 것이 솔직한 현실이다. 이 점에 관하여 노영식은 다음과 같이 진술한다:

> … 첫 번째 선교사로 나요한(John Abernathy) 목사를 파송하여 1950년 2월 27일 한국에 부임하게 함으로써 회중정체(congregational polity)가 한국의 침례교회에 보급되기 시작했다.
>
> 그러나 현재 기독교 한국침례교회의 교회수가 2,300개나 되지만 회중정체(會衆政體)는 한국의 전통적인 정치문화와 장로제도의 영향으로 반세기가 지난 오늘날까지도 크게 발전하지 못하고 있다.[1]

침례교회가 역사적으로 확신하고 믿어온 신약성서교회, 그것의 실제적인 실현으로서의 회중주의 정체를 표방하면서 침례교회는 오늘까지 끈질기게 그러한 교회의 실현을 추구해왔다. 그러나 여전히 그러한 신학적 입장의 실현을 충실히 이루지 못한 상황에서 여타 교회들에게 침례교회가 생명력을 함께 나누는 일이란 결코 쉬운 일이 아니다. 따라서 이 장에서 필자는 침례교회를 다른 교단과 뚜렷이 구분 짓게 만드는 회중주의 정체와 그에 따른 개교회(지역교회) 자치권 문제를 연구함으로써 침례교의 독특한 정체성을 드러내려는 목적을 달성코자 한다. 그리고 한국적 상황에서 침례교회의 회중주의와 지역교회의 자율적 운영에 지속적으로 문제가 제기되고 회중주의의 본질이 실현되지 못하고 있는 현상들을 중심으로 그 원인과 그에 따른 해결책을 제시하고자 한다.

Ⅱ. 회중정치체제

한국에서 장로교단이나 감리교단은 침례교단보다 훨씬 많은 수의 교회들과 교인들을 갖고 있다. 장로교단은 장로를 중심으로 하는 대표의회 민주주의로 설명될 수 있는 장로정체를 가지고 있고 감리교회는 감독정치체제를 각각 가지고 있다. 그러나 침례교는 회중주의 정치체제를 주장하고 있다. 침례교회의 독특성과 정체성(identity)이 바로 이 회중주의에 근거를 두고 있기에 우선적으로 회중정치체제가 무엇인지를 신학적으로 성서적으로 살펴보기로 한다.

1. 정체(Polity)란?

정체라는 말을 들을 때 그 의미가 쉽게 이해되지 않는 것이 사실이다. 따라서 본 장을 본격적으로 전개하기에 앞서 정체의 정의부터 확실히 짚고 가야할 것이다. 정체란 무엇인가? 정체에 대하여 노먼 마링(Norman H. Maring)과 윈드롭 허드슨(Winthrop S. Hudson)은 다음과 같이 정의한다:

> 넓은 의미에서 정체는 조직으로 이해된다. 그것은 교회가 하나님께서 기대하시는 교회가 되어 행하기 위해 우리의 자원들을 활용하는 체제이다. 그것은 관계형태, 믿고 행하는 방식, 그리고 하나님의 사역을 성취하기 위해 우리의 힘들을 정리하는 것이다. 그것은 우리가 어떻게 교회를 향한 하나님의 목적을 최선으로 성취할 수 있는가?라는 질문에 대한 답이다.[2]

이러한 조직으로의 이해는 브루스 파워스(Bruce P. Powers)가 말하는 바, 교회에서의 조직은 회중으로 하여금 제자를 얻고, 교인들을 성장하게 하고, 그들의 삶 속에서 영적 능력을 개발하게 할 목적으로 구상된 것으로서 사람들이 그들의 영적 순례의 장소와 방향을 발견하도록 돕는 방법인 것이다. 그것은 주님의 일을 할 수 있도록 각자가 다른 사람들과 효과적으로 관계 맺도록 하는 목적을 가진다.[3] 로버트 웰치(Robert H. Welch)는 구조와 조직을 사람들이 서로에 대하여 역할을 관계 맺게 하는 청사진 또는 패턴이라고 말하기도 한다. 그는 조직의 구조가 가지는 목적을 사람들이 일을 수행할 수 있는 환경을 조성해주는 것이라고 하면서 고층건물을 지을 때 H-빔 같은 철골로 형태를 만들고 그 틀 위에 건물을 짓는 것처럼 조직을 그 틀에 해당하는 것으로 비유하여 설명한다.[4] 이토록 정체는 교회 행정에 있어서 기본 틀과 같은 것이다.

모든 교회들은 나름대로의 정치체제를 가진다. 왜냐하면 그것이 어떤 형태이든 교회공동체는 교회의 목적과 사명을 위해 존재하며 그것들을 성취하기 위해서는 필연적으로 어떤 형태로든 정치체제를 취하지 않을 수 없기 때문이다. 앞서 진술한 바와 같이 교회정체로는 감독정치체제, 장로정치체제, 회중주의 정치체제, 그리고 자유교회 체제 등을 손꼽을 수 있다. 이제 우리는 침례교회가 취하는 회중주의 정치 체제로 좁혀서 신학적 바탕과 의미를 다루기로 한다.

2. 회중정체(Congregational Polity)란?

역사적으로 침례교회는 약간의 차이는 있지만 대체적으로 회중정치체제를 주장해왔다. 이러한 입장을 취하는 이유는 지역교회를 중심으로 하는 회중주의 정체야말로 교회로 하여금 하나님의 백성을 향한 하나님의 의도를 가장 잘 수행할 수 있게 해준다고 믿기 때문이다. 회중주의 정치 체제는 기본적인 교회 형태를 지속적으로 유지할 수 있게 해주면서도 변화하는 필요를 충족시킬 수 있도록 새로운 형태를 취할 수 있게 해주는 자유로움과 융통성을 최대한으로 보장해준다는 점에서 그 특징을 손꼽을 수 있다.[5]

회중주의는 지역교회를 하나의 독립적인 그리스도의 몸으로서의 한 인격체로 보는 것에서 출발한다. 그리고 모든 교인들이 그리스도의 몸을 이루고 있는 지체들로서 각 지체들이 모두 교회의 중요한 일을 결정할 때 적극적으로 참여하여 머리되시는 주님의 뜻을 분변하는 일을 중요시한다. 회중주의는 모든 교인들의 제사장직 교리에 기초를 두고 제사장직의 책임을 수행하는 것을 중요시 한다. 하워드 포쉬(Howard B. Foshee)는 "만인제사장주의에 대한 신앙이 침례교인들에게 회중정체에 밀착하게 하는데 대단한 영향력을 주고 있는 기초가 된다"고 진술한다.[6]

회중정체의 기초가 되는 전신자사역자 교리는 "각 교인들은 예배와 교회 사역에 참여하는 것만이 아니라 모든 교인들의 공통적인 삶에 영향을 끼치게 되는 결정하는 일에 참여함을 의미한다."[7] 전신자 제사장직 교리의 의미는 불신자들에게로는 모든 그리스도인들이 복음의 사역자로서의 직분과 책임을 맡은 자들이라는 것이며 동시에 교인들 상호간의 관계에 있어서는 서로가 서로를 돌보고 세워주는 화목케 하는 사역자들이라는 의미를 지닌다.

이러한 상호간의 제사장직분은 모든 교인들이 교회의 결정과 사역에 적극적으로 참여하는 책임과 의무를 가진다. 그리고 그러한 교회에서의 사역은 교인 각자의 자유를 전제로 한다. 셔든(Shurden)은 각 지체들이 교회의 일을 결정할 때 사용하게 되는 자유로운 참여의 중요성에 대하여 언급하면서 이를 위하여 개인에게 주어지는 자유와 성령의 음성을 알아듣는 것에 관하여 다음과 같이 진술한다:

> 이 정체는 발언할 수 있는 최대 다수의 최대 자유를 허용한다. 더욱이 자유교회 정체는 그리스도의 마음을 결정하는 데에 모든 신자의 평등을 인정한다. 침례교인들은 성령께서 지역교회의 사람들을 인도하는 데에 자유교회 정체가 더욱 더 많은 자유를 제공한다고 생각하려고 했다. 그러나 침례교인들은 다수의 목소리를 하나님의 목소리로 결코 여기지 않는다.[8]

이러한 회중정체는 지역교회가 그 스스로 문제들을 자율적으로 처리해가는 것의 중요성을 강조한다. 이러한 회중의 자율권에 관한 강조는 아마도 정치와 종교의 분리원칙을 주장한 침례교의 역사적 전통으로부터 기인한 것으로 보인다. 이것은 세상 정부로부터 어떠한 간섭이나 이용을 당할 수 없으며 동시에 교회가 정치에 개입하거나 정치의 수단으로 전락하게 해서는 아니 된다는 정신을 중요시한다.

침례교회가 주장하는 회중주의는 하나의 온전한 그리스도의 몸인 교회가 언제나 그 지역교회의 머리가 되시는 주님 자신의 명령을 잘 알아듣고 그분의 뜻을 분변함으로써 자율권을 보장받고 확보하는 것을 중요한 일로 여겨왔다. 이러한 이유로 회중으로서의 지역교회는 어떤 경우라도 그 몸의 머리이신 그리스도 자신 위에 군림하여 교회를 명령하거나 좌지우지하는 어떤 권위도 인정하지 않는다. 오직 그리스도만이 그 회중인 몸의 머리이기 때문이다. 그리스도라는 머리 위에 또 다른 머리가 존재할 수 없기 때문이다.

영적 실체이며 동시에 영적 민주주의 정체인 회중정체는 무엇보다 그 회중을 구성하는 회원들에 대한 자격기준으로부터 시작되어야 한다. 왜냐하면 영적 실체로서의 회중은 당연히 중생한 그리스도인들로만 구성되기 때문이다. 만일 이것이 분명치 않다면 실제로 그리스도의 몸은 곡식과 가라지로 혼합될 수 있으며 그럴 경우 머리되신 그리스도의 절대주권은 제대로 행사될 수 없기 때문이다. 그렇기 때문에 침례교는 신자의 침례(believer's baptism)를 철저히 주장해왔고 침례 받은 신자들로 구성되는 교회(baptized believers' church)를 기본으로 삼고 있는 것이다. 여기에 교회 회원권(church membership)이 중요한 의미를 갖게 된다. 회원권 규정은 침례교회가 믿고 주장하는 신자의 교회의 근간을 이루기 때문이다.

회중주의를 주장하는 침례교회는 그러한 침례 받은 회원들로 구성된 각 지역교회가 그리스도로부터 그 자체를 운영해나갈 수 있는 능력을 부여받았다고 믿는다. 이 점에 관하여 노먼 마링과 윈드롭 허드슨(Norman H. Maring & Winthrop S. Hudson)은 역사적인 고찰을 한 후 다음과 같이 적

절히 언급한다:

> 요약하자면, 그렇다면 침례교의 특징적 마크는 역사적으로 말할 때 우리는 다음과 같이 말할 수 있다. 신자의 침례로 안전하게 보호되는 중생한 회원권, 연합의 원리와 함께 강조되는 회중주의 정체, 그리고 교회가 세상 정부나 교권주의에 의해 간섭받는 일로부터 자유로워질 필요성 등이 그것들이다.[9]

3. 유기체로서의 회중

회중주의의 근간이 되는 신학적 확신은 지역교회가 그리스도의 몸으로서 그 머리를 그리스도로 하는 영적 유기체로서의 본질을 잘 나타내준다. 유기체란 생명체를 의미하며 따라서 교회는 단순히 무생명체로서의 기계적 조직체가 아니라 그 속에 생명이 있고 그 생명이 자라나며 또 다른 생명의 역사를 일으키는 생명체라는 의미이다. 권혁봉은 그의 최신의 역작인 「조직신학이 흐르는 교회 일생론」에서 유기체로서의 교회가 잉태되고 세워지고 성숙하는 세 단계를 제시한다. 그는 침례교의 오래 전 조직신학자였던 클라이드 터너(J. Clyde Turner)의 글을 인용하여 교회의 유기체적 본질을 다음과 같이 설명한다:

> 또 교회는 신령한 유기체이다. 유기체(organism)는 기구(organization) 이상이다. 유기체는 생명을 지녔으나 기구는 생명을 지니지 못했다. 기구는 부분들로 구성된 기계이지만 유기체는 부분들로 연결되어 있다. 구성에는 생명의 흐름이 없으나 연결에는 생명의 흐름이 있다.[10]

그리스도의 몸으로서의 생명체인 회중은 두 가지 방향에서의 생명력이 행사되는 관계성을 중요시한다. 첫째는 몸과 머리와의 관계성이며 둘째는 각 지체들 간의 관계성이다. 그리고 이러한 관계성은 그리스도께서 친히 보여주신 자기희생적인 사랑에 기초한다. 몸과 머리와의 관계성은 그러한 사랑에 바탕을 둔 절대복종으로 특징지어지며 각 지체간의 관계성은 새계명(요한복음 13장 34, 35절에 나타난)에서 언급된 바와 같이 그리스도께서 우리를 사랑하신 수준의 사랑이 상호 통용되는 관계성이다. 이러한 사랑의 관계성을 통해 교회에 하나님이 계신 것과 교인들이 진정한 그리스도의 제자임을 나타내는 것이 하나님의 기대하시는 교회의 모습일 것이다.

유기체 곧 생명체는 언제나 자라며 생명의 결과를 맺는다. 이러한 점에서 교회는 반드시 유기체로서의 본질을 제대로 나타낼 수 있는 그리스도의 몸이 되어야 한다. 이러한 바람직한 교회의 모습을 오늘날 많은 교회성장학자들이나 실천신학자들이 "건강한 교회"로 표현하며 그러한 건강한 교회를 이루는 구체적인 방법과 과정이 교회행정의 주된 연구 영역인 것이다. 그리고 침례교는 이러한 맥락에서 지역교회의 회중에 최우선권을 두는 회중주의를 주장해오고 있다.

필자는 이러한 신학적 의미와 관계성을 중요시하기 때문에 2006학년도부터 신학교에서 교회행정이라는 용어대신 유기적 교회행정이라는 말을 즐겨 사용해오고 있다. 무기적인 조직과 구조를 중심으로 이루어지는 교회행정은 특히 회중정체를 주장하는 의미와 의도를 무력화시키거나 사실상의 회중정체를 포기하게 만들 수 있기 때문이다. 앞서 언급한 바와 같이 교회가 그리스도의 몸이고 그분이 머리라면 몸은 언제나 머리의 명령과 뜻을 분명하게 알아듣고 그 명령에 순종하는 일에 익숙해져 있어야 한다. 그리고 그 명령을 순종하고 수행하는 일에 있어서 각 지체들 간의 긴밀한 협조와 공조가 절대적이므로 언제나 유기적 몸으로서의 영적 건강이 확보되어야 한다.

Ⅲ. 개교회 자율권

유기적 몸으로서의 지역교회의 자율권은 회중주의 정체에 있어서 매우 결정적 요소이다. 이 자율권은 그리스도의 몸으로서의 실재를 가능하게 해주는 근본이기 때문이다. 따라서 우리는 회중주의 정체와 개교회 자치권 또는 자율권을 분리시켜 생각할 수 없다. 그렇기 때문에 마링(Maring)과 허드슨(Hudson)은 "지역교회의 자치권은 가장 소중한 침례교 교리이다"라고 말한다.[11]

이 교리가 주장될 뿐 아니라 실제적으로 목회 현장에서 실체를 이루고 실현되는 것이 너무도 중요한 일이다. 지역교회는 엄연한 영적 실체로서의 그리스도의 몸이며 그것은 철저히 한 인격체로서의 존엄성과 존재의 미를 가진다.

1. 한 인격체로서의 지역교회

지역교회는 신학적으로 보나 영적으로 보나 분명한 그리스도의 몸이며 그것은 단순한 비유가 아니라 영적 실체(spiritual reality)이다. 따라서 교회는 하나의 인격체로서의 실재를 가진다. 인격체란 스스로 판단하고 스스로 결정하는 자유와 능력을 가진다. 그것은 성장하며 성숙해져 간다. 교회는 살아 움직이는 그리스도의 몸으로서 하나님의 나라를 선포하고 사역을 감당하는 영적 실체로서의 인격체이다. 따라서 지역 교회는 한 인격체로서의 자유와 권리를 충분히 보장받을 수 있어야 한다. 이는 머리되시는 그리스도께서 그 어떤 악한 세력이나 부적절한 권위에 의해 억압당하지 않으시는 주님으로서의 역사를 행하시는 일에 결정적이기도 하다. 지역교회가 한 인격체라는 말은 신학적으로 너무도 중요한 개념을 내포한다. 그리고 성경도 이러한 개념을 뒷받침한다. 요한계시록에서 성령께서는 소아시아의 일곱 교회에 대하여 말씀하신다. 그런데 그 교회를 지칭할 때 인칭대명사인 "너"라는 단어를 사용했음은 이러한 사실을 나타내주는 것이다. 에배소 교회, 서머나 교회, 버가모 교회, 두아디라 교회, 사데교회, 빌라델비아 교회, 라오디게아 교회 등 일곱 교회 모두는 성령께서 "너는, 너의, 네가" 등의 1인칭대명사로 부른다. 혹자는 각 교회의 목회자인 "사자"들을 그렇게 불렀다고 하지만 그 내용은 각 교회를 지칭하는 것임이 분명하다.

한 인격체로서의 지역교회는 당연히 자율권과 자치권을 갖는다고 침례교회는 믿어왔고 그러한 자율성과 자치권을 누리고 행사하는 인격체로서의 그리스도의 몸을 철저히 믿고 있다. 따라서 인격체로서의 그리스도의 몸은 마땅히 그 어떤 세력이나 조직에 의해서도 지배받거나 속박당하지 않도록 해야 한다.

2. 자율권의 중요성

지역교회의 자율권이 중요한 이유는 그리스도를 머리로 하는 몸으로서의 회중이 자율권을 가질 때 비로소 그리스도께서 마음껏 그분의 몸을 통치하고 다스리는 일이 굴절되거나 왜곡당하지 않고 직접적으로 이루어지기 때문이다. 이 세상에서 똑같은 침례교회는 두 개가 존재하지 않는다. 이는 각 교회가 각자의 독특함을 유지할 수 있고 주장할 수 있는 자율성을 가지는 결과이다. 이러한 점에서 회중주의를 표방하는 지역교회는 마치 이 세상에 완전히 똑같은 인격체가 없듯이 각 지역교회가 유일하고 독특한 인격체를 이룰 수 있게 되는 것이다. 이 점에 관하여 셔든(Shurden)은 "유사한 프로그램, 계획, 스텝, 시설물, 정책을 가지고 있다할지라도 각 교회의 독특함은 현저하다"고 말한다.[13]

침례교회는 이 자율권을 확보하기 위해 수많은 피를 뿌리며 정치와 종교의 분리를 주장해왔다. 국가와 교회는 각각의 고유한 역할과 영역들을 가지고 있다. "국가는 공권의 행사, 질서의 유지 및 공공복지의 증진을 위하여 하나님으로 말미암아 제정된 것"이며 교회는 "그리스도의 주권 아래 그의 이름으로 예배드리고 봉사의 활동을 하기 위해 함께 결합된 그리스도인들의 자발적인 사귐의 공동체"이다.[14]

침례교회는 언제나 이러한 양자의 독특한 영역을 넘어서지 않는 차원에서의 종교분리원칙을 주장해 왔으며 때로는 순교적 댓가지불도 마다치 않은 역사를 가지고 있다. 그러나 이러한 정교분리가 반드시 대립적 관계만을 의미하지는 않는다. 교회와 국가는 분명히 서로 분리된 실체들이지만 상대방의 권리를 인정하고 침해하지 않고 하나님의 권위 아래 서로 적절한 호혜적인 관계를 가지는 것이 바람직하다. 이 점에 관하여 셔든(Shurden)의 다음과 같은 주장은 타당하다고 믿어진다:

> 국가는 하나님의 주권을 무시하거나, 도덕적 질서와 사회정의의 근본이 되는 하나님의 법을 거부하지 말아야 한다. 그리스도인들은 국가를 지지하며 하나님의 명확한 뜻에 반대되지 않는 모든 일에 있어서 공권에 충실히 복종할 책임을 받아들여야 한다. 국가는 교회를 보호하며 영적인 목표를 추구하도록 완전한 자유를 보장할 책임이 있다. 교회는 법과 질서를 도덕적 및 정신적으로 보강시켜주며 정의와 평화를 뒷받침하는 진리를 분명하게 선포할 의무를 국가에 지고 있다. 교회는 국가를 위해 기도하며 하나님의 심판을 선포하여 이들이 정부와 책임 있는 시민권 및 인권에 영향을 끼치게 할 책임이 있다. 교회는 교회와 국가의 관계를 규정해야 한다고 주장하는 원리들을 신중하게 취하고 이를 지속성 있게 실천해야 한다.[15]

이러한 이상적인 양자의 상호관계는 각각이 건전하고 건강할 때 가능하기 때문에 국가는 국가대로 건강한 국가가 되어야 하며 교회는 교회대로 건강한 교회가 되어야 한다. 그리고 건강한 교회란 성령께서 그리스도의 몸인 교회를 통해 자유롭게 역사하는 상태를 의미한다고 볼 때 머리이신 그리스도께서 통치하시는 일이 온전하게 이루어지도록 자율권이 보장되는 것은 너무도 중요한 요소가 아닐 수 없다.

3. 자율권에 대한 오해

지역교회의 자율권에 대한 가장 심각한 오해는 아마도 다른 교회들과의 연합의 중요성을 무시하는 일일 것이다. 뿐만 아니라 기존의 연합에서도 무질서함을 나타내는 것이 될 것이다.[16] 지역교회의 자율권이 그토록 소중하며 어떠한 경우에라도 확보되어야 함은 두 말할 나위가 없지만 문제는 이 자율권에 대한 오해로 말미암는 오용과 남용에 있다. 지역교회 자치권은 회중정체의 근간이며 실체이지만 그것이 다른 교회와의 관계를 무시하거나 전적으로 지역교회만이 유아독존적으로 존재함을 의미하지는 않는다. 그럼에도 불구하고 적지 않은 지역교회들이 지역교회 이기주의의 정당성을 주장하는 신학적 근거로 지역교회 자율권을 거론하는 모습을 볼 수 있다.

침례교회는 역사적으로 언제나 다른 침례교회들과 보다 큰 범위의 사역을 위해 협동체를 이루어 함께 협력사역을 수행해 왔다. 이러한 협동과 협력의 가장 두드러진 증거들 중 하나가 미국 남침례교단의 협동사역 프로그램(Cooperative Program)이다. CP로 불려지는 이 프로그램을 위해 지역교회들은 교회의 예산 중 무려 13% 이상을 지방회, 주총회, 그리고 전국 총회로 보내어 거대한 사역을 함께 수행한다. 예를 들면, 미국 전역에 있는 6개 침례신학대학원들을 운영하는 자금을 보냄으로써 한국의 신학대학원들보다 더 싼 등록금으로 학교를 운영할 수 있게 하는 일, 만여 명의 북미주 내의 국내선교사와 국제선교사들을 파송하는 일 등이 그 예들이라 할 수 있다.

지역교회의 자율권이 철저히 보호되면 결과적으로 지역교회 이기주의로 나아가는 것이 아니라 성령의 통치가 온전히 이루어지는 교회가 됨으로써 보다 넓고 큰 차원의 사역을 통해 세계복음화를 이루시려는 주님의 뜻에 순종하는 협동사역을 하게 된다. 하나님은 한 지역교회가 건강해지기를 원하신다. 그 이유는 그러한 건강한 교회들이 주님의 말씀을 알아듣고 그 말씀에 순종하여 보다 넓은 시야를 가지고 범세계적인 사역을 감당할 수 있기 때문이다. 그러나 지역교회의 자율권과 자치권이 오해되어 개교회 이기주의로 나아갈 때 성령께서는 그러한 교회들을 사용하실 수 없게 되는 것이다.

Ⅳ. 한국침례교회와 회중정체 및 개교회 자율권

지금까지 우리는 회중정체와 지역교회 자율권을 살펴보았다. 그런데 이러한 회중주의의 이상과 개교회 자율권의 탁월한 의미와 기능에도 불구하고 오늘날 한국침례교회는 그러한 장점과 유익점들과 상당히 거리가 있어 보인다. 여전히 회중주의 정치체제가 제대로 이해되지도 않고 있고 실현되지도 않고 있는 것이 솔직한 상황으로 인식된다. 지속적으로 총회에 제기되는 문제 중 하나가 장로직제의 문제이다. 지난해(2008년도)에 있었던 교단 연차총회에서도 역시 이 문제가 중요한 쟁점들 중 하나였다. 물론 장로직제 문제가 회중주의 그 자체의 문제는 아니라 할 수 있다. 그러나 한국침례교회들이 회중정체의 이상과 장점들을 충분히 누리고 있다면 장로직제 문제와 같은 것들이 문제로 등장하지 않았을 것이다. 그리고 오늘의 이러한 문제에 대한 결론이 결과적으로 한국침례교회가 회중정체를 깊이 경험하고 누리는 일을 더욱 어렵게 만들 수 있다는 사실을 직시해야 하는 문제를 안고 있다.

1. 한국침례교회의 회중정체

사실상 한국침례교회는 회중정치체제를 자연스럽게 배운 것이 아니라 신학교에서의 부자연스러운 교육을 통해 배우는 일이 이루어지기 시작했다. "교육적"이라는 말은 목적을 가지고 계획적으로 교육을 실시함을 의미한다. 한국의 기존교회들이 대부분 장로교와 감리교였기 때문에 현실적으로 보는 정체는 장로정체와 감독정체였다. 그러나 회중정체는 대부분의 한국교회들이 경험해보지 못한 것으로서 미국 남침례교 선교사들에 의해 6·25 동란 이후에 수입되었다. 주로 침례신학대학교를 통해 가르쳐진 이 회중정체를 침례교 목회자들이 지역교회에서 실시하는 과정에 어려움이 많이 있었던 것이 사실이다. 신학적 개념은 충분히 이해했다할지라도 그 개념을 실제로 실현시키는 일에 있어서는 지혜로운 창의력과 상황화가 필요하다. 신학적 원리에 충실하면서 그 원리를 손상시키지 않는 범위에서 상황화와 토착화가 필요하다는 말이다. 바로 이점에 있어서 회중주의가 한국침례교회에 소개되고 정착되는 일에서 불리하게 경험했다.

회중정체가 말하는 기본적인 신학적 토대는 전신자사역자 개념과 그리스도의 몸으로서의 지역교회 개념이다. 그런데 이 두 신학적 토대 모두가 한국침례교회에 정착시키는 일에 있어서 심각한 방해를 받았다고 생각된다. 전신자 사역자 개념은 오해된 성직자주의의 영향과 함께 그 반작용으로서의 평신도와 성직자의 구분을 철폐하려는 "평신도" 측의 부정적 반발이라는 어려움에 부딪쳤다. 그리고 그리스도의 몸으로서의 지역교회 개념과 이에 따른 개교회 자치권은 장로교나 감리교의 장로제도와 감리교의 감독제도의 영향으로 말미암아 여전히 제대로 정착되지 못하고 있는 실정이다.

한국침례교회에 회중정체가 정착되는데 직면해온 또 다른 문제들 중 하나가 책임성 있는 중생한 회중이다. 존 헤미트(John S. Hammett)는 그의 저서에서 회중주의가 직면하는 도전들 중에서 제일 먼저 이 문제를 손꼽고 있다. 앞에서도 언급한 바와 같이 회중주의 정체는 중생한 교회회원으로 구성된 회중으로 말미암아 가능해진다. 헤미트(Hammett)는 오늘날 북미주에 있는 침례교회들의 경우 대부분 이 중생한 교회회원권이 허구적(fiction)인 것이라고 지적하는데[17] 그의 이와 같은 지적은 오늘날 한국침례교회의 상황에도 크게 다르지 않거나 또는 보다 심각한 수준의 문제라고 생각된다. 그가 제기하는 미국의 침례교회의 회원권을 중심으로 하는 허구적 회중의 모습에 대한 다음의 묘사는 오늘날 한국침례교회의 상황을 대변해주는 것으로 보인다:

> 대부분의 교회들은 거의 교회에 출석하지 않는 많은 수의 교인들과, 그리스도나 지역 교회에 어떠한 헌신의 표도 보이지 않으면서 좋은 교인으로 남아 있는 가운데 교회의 결정적 사안을 다루는 사무처리회에 참석하여 투표권을 행사한다. 그러한 교회의 목회자들은 교회의 사무처리회를 가능하면 피하고 싶은 두려움과 공포의 대상으로 여긴다. 왜냐하면 그들은 너무도 자주 그리스도의 인도하심을 구하는 신자이자 제사장들로 구성된 것으로 전제되는 회중이 주도권 경쟁을 하는 당파를 짓고 분노에 찬 논쟁을 벌이는 것을 보아왔기 때문이다…. 그러한 상태의 회중 속에 있는 많은 회원들은 사무처리회가 매우 지루하거나 교육적이지 못함을 알고 방관적 태도를 취한다. 회중정체는 회중이 스스로를 책임성 있게 치리할 수 있는 능력과 의지를 결여하기 때문에 어려움을 겪는다.[13]

헤미트(Hammett)의 이상과 같은 북미주 침례교회의 허구적 회중에 대한 묘사는 오늘날 많은 한국의 침례교회 목회자들의 입에서도 어렵지 않게 들어볼 수 있는 상황이다. "우리 교회에 회의(meetings)만 없으면 목회할 만하다. 회의만 하면 목회에 회의가 든다"(skeptical)는 말이 그러한 상황을 여실히 보여준다고 생각된다. 그리스도의 몸으로서의 영적 실체인 지역교회 회중이 이러한 자치(self-governing)에 대한 책임성 있는 영적 수준으로 성장하지 못한 문제가 사뭇 심각한 상태이다.

이러한 책임성의 문제를 가진 회중의 상태는 또 다른 방향에서 악순환이 계속되게 만든다. 회중이 책임성 있는 상태가 아니기 때문에 결과적으로 회중정체보다는 오히려 군주적 전제정체로 나아가거나 또는 장로정체로 나아가는 모습을 어렵지 않게 볼 수 있다. 책임성 있는 회중이 되지 못했기 때문에 결과적으로 목회자의 독단적인 결정을 하나님의 뜻으로 제시하고 그 결정을 밀어붙이는 방식의 행정을 취하게 되는 문제를 유발하고 있다. 이는 회중정체 실현을 가로막는 또 다른 심각한 장애요인이 된다.

2. 한국침례교회의 자율권

엄격한 의미에서 회중정체와 자율권은 구분되기가 쉽지 않다. 물론 회중정체가 자율권을 포함하긴 하지만 그토록 자율권이 회중주의의 핵심이라는 말이다. 한국침례교회에 있어서의 자율권은 그런대로 주장되고 있다. 하지만 문제는 회중정체의 문제를 다룰 때 언급한 바와 같이 회중 스스로가 스스로를 치리할 수 있는 능력을 구비한 여부에 있어서 문제점이 많음을 인식하지 않을 수 없다. 회중의 자율권은 교회 내적으로는 스스로의 치리를 의미하며 교회 외적으로는 지역교회가 관계를 맺고 있는 보다 큰 구조와 조직과의 관계에 있어서 그 누구나, 보다 규모가 큰 목회자들의 어떤 조직으로부터도 간섭이나 통제를 받지 않음을 의미한다. 이 두 차원을 검토해볼 때 우선적으로 문제의식을 느끼는 것은 회중이 스스로 치리하는 것과 관계되어서는 여전히 회중의 영적 성숙에서 나오는 책임성 있는 회중의 자발적인 행위를 할 수 있는 능력의 여부가 문제 된다.

한편, 교회 외적인 관계라는 차원에서는 지방회나 총회가 상부기관이나 상부조직의 의미를 알게 모르게 갖게 되는 문제가 있다고 생각된다. 예를 들면, 지역교회가 특정인을 목사로 안수하기 위하여 지방회에 그 사람의 자격여부에 관한 검증을 위탁하면 지방회의 목사시취위원들이 시취를 시행하여 그 사람의 자격여부를 판정한다. 이러한 위탁행위는 지방회가 지역교회의 상부기관이기 때문이 아니라 협동체로서 여러 목회자들이 한 사람의 목사 자격을 시험하고 검증할 수 있기 때문에 위탁하는 것이다. 한 지역교회가 자기 교회의 교인을 목사 적격자로 판단하는 것보다 객관적으로 지방회의 여러 목회자들이 판단함이 더욱 확실한 것이기 때문이다.

그리고 이어서 지역교회는 그 사람을 목사로 안수하는 예배를 준비하게 된다. 이 경우도 안수식의 주체는 지역교회가 되는 것이다. 지방회의 목사들을 비롯하여 교회 또는 안수받는 사람과의 관계성을 고려하여 기타 다른 목회자들을 그 교회가 안수위원으로 선임하여 초청하는 것이 회중정체와 지역교회 자율권에 적합한 방법이다. 시취를 지방회에서 했기 때문에 반드시 시취위원들이나 지방회 임원들을 초청해야 하는 것은 아니다. 이러한 자취권이나 회중정체의 근본 원리를 알지 못하거나 의도적으로 무시하려는 태도가 용납되어서는 아니된다.

개교회 자치권과 관계되어 한국침례교회가 당면하고 있는 문제는 앞서 언급한 바와 같이 회중들에 의해 치리되기보다는 비록 형식상 교회 사무처리회를 통해 의결하지만 실질적인 문제들은 제직회의나 또는 운영위원회를 통해 교회의 일을 결정하고 수행하는 문제가 보편적으로 행해지고 있는 실정으로 파악된다. 이 경우 사무처리회는 단순한 형식에 불과하기 때문에 실질적으로 회중의 자율권을 적절히 활용한다고 말할 수 없다. 대개의 경우 사무처리회가 언제 있을 것을 예고하지만 실질적으로 그 회의에서 어떤 안건을 다룰 것인지, 회중이 자율적으로 하나님의 뜻을 분별해야할 회의 안건이 무엇인지를 사전에 예고하지 아니한 채 회의 당일에 사전에 그날의 안건들을 놓고 기도한 적이 없는 회중들이 갑작스럽게 안건을 제시받음으로써 준비되지 못한 즉흥적인 발언으로 자신들의 소신과 생각들을 탁상공론식으로 제기하는 문제를 노출시킨다.

회중정체의 효율적인 운영을 위해 침례교회들은 각종 교회위원회들을 둔다. 그리고 그 위원회들은 사무처리회에 상정할 안건에 대하여 면밀하게 연구하여 구체적인 대안들을 만들어 회중에게 적어도 한 달 전에 미리 그러한 대안들을 제시하고 모든 회원들로 하여금 기도로써 하나님의 뜻을 분별하는 기간을 갖게 한다. 그리고 예고된 시기에 교회 사무처리회를 통해 교회를 향한 하나님의 뜻을 회중들에게 어떻게 성령께서 확신시키셨는지는 확인하게 된다.

이러한 이유로 사무처리회장은 각 안건들을 다룰 때 그 안건들에 대하여 교인들이 기도한 결과로 어떻게 확신했는지를 질문하여 확인하는 시간을 가진 후 기도한 대부분의 교인들에게 성령께서 주신 확신을 정리하여 회중들에게 최종적으로 결의를 묻는 방식으로 되어져야 한다. 사무처리회는 다양한 교인들의 생각을 듣는 시간이라기보다는 교인들이 기도한 가운데 확신하게 된 하나님의 음성을 확인하는 시간이라고 하는 것이 더욱 타당하다. 그러나 안타깝게도 사무처리회 한 달 전에 미리 안건들을 예고 받고 그 안건들을 기도로써 하나님께 묻고 확신을 받는 일에 거의 생소한 느낌을 받는 것이 사실이다. 갑작스런 안건에 대하여 자신들의 생각을 물으면 그 안건에 대하여 전문적이거나 구체적인 사안들을 알지 못하는 대부분의 교인들이 자신들의 무지함 가운데 자신의 소신과 확신을 말함으로써 회의는 건설적이거나 생산적인 결론을 얻지 못하고 때로는 논쟁과 다툼으로 비약되거나 심할 경우 교인들 간의 파당 현상까지 생겨나는 일이 발생할 수 있다.

또 다른 한편으로는 대부분의 교인들이 자신들의 책임을 회피하고 목회자 한 사람의 결정에 따르거나 또는 주도권을 잡고 있는 소수의 의견을 생각 없이 따르는 가운데 전제군주적 정체형태를 암묵적으로 용인하고 수용하는 모습의 문제점이 있다. 이 경우 좋은 교인의 정의는 "목회자가 말하는 하나님의 뜻을 그대로 받아들이고 그 일을 이루는 일에 사용되어지는 자들"이다. 조금이라도 이의를 제기하거나 부정적인 반응을 용납하지 않는 모습을 볼 수 있다. 이러한 전제적 형태의 정체는 강한 목회 리더십을 통해 교회성장을 추구한 일련의 교회성장운동에도 그 원인이 있는 것으로 보인다. 이 점에 대하여 헤미트(Hammitt)는 다음과 같이 진술한다:

거대교회의 등장에 관계된 또 다른 도전은 교회의 수적 성장에 대한 강한 압박감과 강한 리더십이 그러한 성장의 요소라고 주장하는 것이다. 지난 세대에 신학교들은 교회성장 신학을 발전시켰다. 그들은 그러한 수적 증가를 연구하면서 성장에 기여하는 중요한 요인들을 찾으려 노력했다. 그들이 강조한 요인은 강한 목회 리더십, 또는 CEO 형의 목회 리더십 이었다.

강한 리더십이 필연적으로 회중정체와 동반할 수 없는 것은 아니지만 CEO 모델은 위로부터 아래로 행사되는 권위의 위계질서 개념을 강조한다. David Crosby가 교회 성장운동에서의 교회정체 연구에서 언급한 바와 같이 CEO 모델은 자연스럽게 회중주의 정체보다는 감독정체나 장로정체에 더 적합한 것으로 보인다.[19]

V. 한국침례교회 회중주의의 문제점들과 그 원인들

앞서 언급한 바와 같이 한국 침례교에서의 회중주의는 여전히 제대로 실현되고 있지 못한 것으로 평가된다. 회중정체가 아직도 정착되지 못하고 있는 이유가 무엇인가? 이 문제에 관하여 비교적 소상히 연구한 결과가 노영식의 저서인 「한국인 교회정치 무엇이 문제인가?」이다. 그는 이 책에서 한국침례교회의 회중정체가 제대로 정착하지 못하고 있는 원인들을 한국의 정치문화와 자유민주주의에 대한 이해라는 측면에서부터 시작하여 그것의 저해요소들을 밝히고 그것의 수용요소들을 제시했다. 그리고 그는 한국인의 정치적 감각과 이해를 바탕으로 계속해서 한국인의 교회에서 회중정체를 실시함에 있어서의 저해요소와 수용요소를 각각 연구하여 제시했다. 그는 이러한 논의를 토대로 회중정체를 효율적으로 실시하는 방법들을 해결책으로 제안했다. 여기에서 그의 연구결과를 살펴보고 우리의 논의를 발전시켜가기로 한다.

1. 한국 정치문화와 자유민주주의

그는 한국 정치문화와 자유민주주의는 제2차 대전 이후 미국을 중심으로 하는 서구민주주의의 도입을 그 시작으로 보았다. 그리고 그것의 발전과정에서 많은 우여곡절을 겪으면서 정치적 정향(political orientation)을 만들었는데 이 정향을 구성하는 요소들로는 인식적 장향(cognitive orientation), 정서적 정향(affective orientation), 그리고 평가적 정향(evalu- ative orientation)을 제시한다. 이러한 정향들이 결국 한국인의 정치이해와 접근방식을 좌우하는 역할을 한다고 보았다. 이러한 정향적 저변으로부터 한국 자유민주주의를 저해하는 요소들로 권위주의(權威主義) 정치문화, 가족주의(家族主義) 정치문화, 파벌주의(派閥主義) 정치문화, 의리주의(義理主義) 정치문화, 명분주의(名分主義) 또는 형식주의(形式主義) 정치문화, 그리고 숙명주의(宿命主義) 정치문화 등 여섯 가지를 지적한다.[20]

2. 한국교회 회중정체 실시의 저해요소들

노영식은 한국 정치문화와 자유민주주의에 대한 의식틀로서 정치적 정향을 근거로 다음과 같이 한국교회에서의 회중정체 실시의 요소들을 여덟 가지로 제시한다:

1) 직분에 대한 권위주의
2) 직분에 대한 계급의식
3) 직분에 대한 명분의식
4) 가족주의
5) 의존의식
6) 온정주의 혹은 의리주의
7) 파벌주의
8) 법률과 사무적 행위에 대한 기피의식[21)]

한국인의 정치적 정향을 근거로 회중주의의 실현과 정착의 저해요소들로 제시함은 나름대로 타당성이 있고 의미 있는 고찰이다. 여기에 덧붙여 앞서 언급한 바와 같이 한국 침례교가 회중정체를 정착시킴에 있어 타 교단의 압도적 영향력과, 교회성장 운동이 가져다 준 강력한 목회 지도력의 CEO 모델이 결과적으로 회중정체보다는 지도력의 위계질서를 강조하게 한 점을 언급해야 할 것이다.

또한 헤미트(Hammitt)가 지적한 장로들의 통치현상의 출현은 회중정체의 또 다른 위협이 될 수 있다. 물론 그의 지적은 미국에서의 몇몇 침례교회들의 경우이지만 장로 직제로 논란을 빚어 온 한국침례교회가 귀를 기울일만한 지적이 아닐 수 없다. 오늘날 한국 침례교 총회에서 지속적으로 논쟁거리가 되어온 장로직제는 표면상으로는 안수집사를 대외적 관계 문제 때문에 "호칭장로"로 부르는 것을 허용하자는 것이 요점이다. 하지만 이러한 직제를 수정하려 할 때는 반드시 그것이 불러올 파장이 회중정체에 미칠 영향력을 면밀하게 검토하고 문제요소를 제거하는 것을 전제

로 하여야 할 것이다. 헤미트(Hammitt)의 다음과 같은 언급은 매우 도움을 준다:

> 오늘날 어떤 침례교회들은 회중정체에 대한 헌신을 유지하면서 복수의 장로들과 평신도 장로 제도를 수용하고 있다. 장로 지도력은 회중정체와 병존할 수 있다. 그러나 최근에 어떤 침례교회들은 스텝 문제, 예산안, 그리고 교회의 방향과 같은 주요 결정 사항들을 회중의 참여가 거의 또는 전혀 없이 장로들의 그룹에 의해 결정하는 것을 받아들인다. 스텐리 그렌즈(Stanley Grenz)는 이러한 진전을 "준 장로정체"(semi-Presbyterianism)로 부른다. 이것은 회중정체로부터 벗어나게 하는 심각하고도 결정적 요인인 것으로 보인다.[22]

오늘날 한국 침례교에서의 장로직제 문제 논란이 결코 회중주의를 포기하는 방향으로 진행되어서는 아니된다. 그것을 오히려 회중주의에 대한 이해를 증진시키는 계기로 삼아야 한다. 단순한 호칭의 문제가 결국 치리권을 주장하는 결과로 이어질 가능성을 사전에 방지하고 순전한 회중주의가 실현되는 일에 방해요소들을 남겨두는 우를 범하지 말아야 할 것이다.

Ⅵ. 한국침례교회의 회중주의 실현을 위한 제언들

이제 우리의 논의는 회중주의를 실현하는 구체적인 방법들을 강구하는 쪽으로 방향을 잡아야 하겠다. 앞서 논의한 바를 중심으로 필자는 다음과 같은 방법들을 제언한다.

1. 회중주의 정체에 대한 목회자의 깊이 있는 이해와 회중정체의 정착과 실현을 목회의 목표로 삼는 것이 최우선이다.

모든 일은 그 일과 관계된 리더십에 일차적 책임과 의무가 있다. 따라서 한국침례교회가 회중정체를 실현하는 일에 있어서 가장 먼저 고려할 사항은 회중정체에 대한 목회자의 확신에 찬 신학적 이해와 실현 의지이다. 회중주의의 경험은 별 다른 교육적 노력 없이 자연스럽게, 저절로 되어지는 것이 아니다. 그것은 세심한 교육적 노력과 효과적인 정착을 위한 대가지불을 필요로 한다.

성경은 목회자들이 교회의 기초라고 말한다. 에배소서 2장 20절은 "너희는 사도들과 선지자들의 터 위에 세우심을 입은 자라 그리스도 예수께서 친히 모퉁이돌이 되셨느니라." 그렇기에 교회는 목회자가 아는 만큼, 목회자가 믿는 만큼, 목회자가 목적하는 만큼 되어진다. 그렇기 때문에 그리스도의 몸으로서의 교회가 유기적 관계 속에서 독자적 자율권을 행사할 수 있는 회중정체를 누리게 될 것의 여부는 전적으로 목회자의 신학적 확신에 좌우될 수밖에 없다.

회중주의 정착을 목표로 하는 목회가 되기 위해는 목회자 자신이 성직자주의라는 어색한 물감을 과감히 던져버리고 모든 교인 전원이 사역하는 교회, 목회자와 교인의 직무상의 차이는 있더라도 성직자와 평신도라는 신분상의 구분을 철폐하고 교인들을 사역자로 훈련시키고 무장시키는 일을 해야 한다.

2. 현실적으로 계속적이고 실천할 수 있도록 효과적으로 교육하는 일이 필요하다.

한국침례교회에서의 회중주의 실현을 위해서는 체계적이고 효과적인 교육과 훈련을 철저히 요구한다. 그리스도인됨의 의미로부터 시작하여 교회의 본질과 그 절대적 중요성에 이르기까지 신약성서적인 교회의 모습이 어떠한 것인지를 혼돈 없이 바르게 교육하는 일을 우선적으로 요청하는 것이다. 이러한 교육은 성서적 배경과 신학적 근거들뿐 아니라 그러한 근거에 의거한 회중정체의 실제적인 모습을 견학하거나 모델을 접하는 방식의 실천적 훈련의 기회를 동시에 제시하는 것이어야 한다. 이러한 경험들은 추상적이고 개념적인 회중정체가 실제로 교회에서 어떠한 모습으로 나타나게 되는지를 시각화하는 효과를 지닌다. 이러한 과정을 거쳐 회중정체가 그림으로 그려지면 이제는 실제로 그 그림을 반복적 연습을 통해 몸에 배도록 하는 작업이 필요하다. 그리고 이러한 작업은 진정한 몸의 지체로서의 권리와 의무를 다하는 책임성을 고양하는 것에 초점을 맞추어야 한다.

3. 교회 사무처리회가 성령께서 교회에게 말씀하시는 바를 분별하는 회의성격을 분명하게 해야 한다.

회중주의 정체는 영적 민주주의 원리를 근간으로 하며 그러한 영적 민주주의가 구체적으로 구현되는 장소가 교회 사무처리회이다. 대개의 한국 사람들은 대체적으로 민주주의에 잘 훈련되어 있다. 그렇기 때문에 회의에 참석하는 사람들은 자신의 의견을 논리정연하게 피력하고 회중들을 설득하는 일도 한다. 그리고 다수의 사람들이 자유로운 분위기 가운데 자신들의 생각과 의견들을 표현한다. 회중주의에 입각한 교회 사무처리회에서 분명하게 주목할 사실은 대다수의 사람들이 어떻게 생각하는가가 아니라 성령께서 교회에 대하여 가지신 뜻이 무엇인지를 분별하는 것이다. 이러한 일을 가능하게 하려면 우선적으로 회중들이 성실하게 "영적 제사장으로서 매일 하나님과의 개인적이며, 실질적이고, 지속적인 사랑의 관계를 추구함으로써 하나님께서 하나님 자신과 목적 및 방법을 성령님에 의하여 성경, 기도, 환경, 교회를 통해 하시는 말씀을 듣고, 자신을 하나님의 뜻에 맞게 조정하여 순종하는 삶을"[23] 살아야 한다.

사람들 자신의 생각을 나누는 민주주의적 사무처리회가 아니라 성령께서 교회를 향하여 가지신 뜻이 무엇이라고 분별하는 것이 사무처리회의 기본적 기능이라는 사실을 상기시키면서 다음과 같이 주장하는 노영식의 진술은 매우 적절하다고 믿어진다:

> 회중정체에 있어서 사무총회(사무처리회와 동일함)의 기본적 기능은 어떤 의제(議題)에 대하여 '하나님의 뜻과 방법이 무엇인가?'를 회원 개개인의 신정(神政, Theocracy)을 종합하여 분별하는 일이다. 그런고로 만일 성령님에 의한 회원 개개인의 신정에 따른 다수가 아니고 다수결의 원칙만 따라 인간들의 생각과 방법을 수렴하는 다수(多數)에만 초점을 맞춘다면… 영적 민주주의 정치(회중정치)가 일반 민주주의 정치와 다른 점이 있다면 의사결정에 있어서 다수보다 신정(神政,Teocracy)에 초점을 맞추는데 있다.[24]

Ⅶ. 나오는 글

신약성서교회를 주장하는 침례교회가 침례교회다우려면 회중정체를 실질적으로 정착시켜야 한다. 그러나 안타깝게도 오늘날의 한국침례교회는 아직도 진정한 의미의 회중정체를 제대로 경험해보지 못했으며 앞으로의 전망도 오히려 부정적으로 보인다. 회중정체는 교회를 그리스도의 유기적 생명체로 보고 머리이신 그리스도께서 몸인 회중들을 통치하고 다스리는 일을 가능케 하는 교회통치 방식인 것이다.

이러한 유기적 몸으로서의 회중은 철저히 자율권을 가지며 또 그것이 건설적으로 보장되고 활용될 때 비로소 회중주의 정체의 진가가 드러나게 된다. 그렇지 못하면 회중주의는 속빈 강정에 불과하게 된다. 외양으로는 모든 교인들이 회중의 구성원들로서 적극적으로 교회 사역에 동참하여 결정권을 행사하는 것처럼 보이지만 실제에 있어서는 무관심과 방관으로 방치될 수 있는 위험에 그대로 노출되어 있다.

토마스 화이트(Thomas White)와 쟈슨 듀싱(Jason G. Duesing), 그리고 말콤 야넬 3세(Malcolm B. Yarnell, III)는 공동으로 「침례교회 본래 모습의 회복」이라는 책을 편저했다. 그들은 이 책에서 중생한 사람들의 교회 회원권, 침례의 의미, 침례와 맹약, 주의 만찬에 대한 침례교 신학, 교회 권징, 신자의 제사장직 교리를 집중적으로 다루었다.[25] 이러한 주제들은 신약성서교회를 지향하는 침례교 본래의 모습을 회복하는 일에 있어서 매우 중요한 신학적 토대가 되기 때문이다.

이제 한국침례교회는 회중주의 정체에 대한 신학적 확신을 더하여 진정한 의미의 회중정체를 정착시키는 일을 본격적으로 시작해야 할 시점에 이르렀다. 현상을 정직하게 평가하고, 발견되는 문제점들을 정직히 직면할 때만 건설적이고 소망스러운 미래가 약속된다는 사실을 깊이 인식하고 담대하게 해결을 위한 행동을 보여야 할 때라 믿는다.

이를 위해 우선적으로 목회자들이 신학적 이해와 확신을 얻을 수 있게 해주는 기회들을 마련해주어야 한다. 그러한 목회자들의 확신은 필연적으로 적극적이고 효과적인 교육적 노력으로 연결되어야 한다. 그리고 회중들이 함께 모여 회중으로서 결정하는 일을 할 때(주로 사무처리회) 자신들의 생각이 아닌 하나님의 뜻을 분별하는 영적 민주주의 또는 신정민주주의 원리가 적극적으로 활용될 수 있도록 해야 한다.

주

1) 노영식,「한국인 교회정치 무엇이 문제인가?」(대전: 침례신학대학교 출판부, 1999), 28.

2) Norman H. Maring & Winthrop S. Hudson, *A Baptist Manual of Polity and Practice* (Revised ed.), (Valley Forge, PA: Judson Press, 1991), 1.

3) Bruce P. Powers (Ed.), *Church Administration Handbook* (Nashville: Broadman & Holman Publishers, 1997), 21.

4) Robert H. Welch, *Church Administration: Creating Efficiency for Effective Ministry* (Nashville: Broadman & Holman Publishers, 2005), 26.

5) Norman H. Maring & Winthrop S. Hudson, 3.

6) Howard B. Foshee, 이정희 편역,「교회행정편람」(대전: 침례신학대학 출판부, 1973), 34.

7) Norman H. Maring & Winthrop S. Hudson, 53.

8) Walter B. Shurden,「침례교의 정체성」, 김태식 역 (서울: 도서출판 서로사랑, 1999), 65. 박영철, "회중주의와 침례교 자치권의 신학적 배경,"「복음과 실천」, 42권 (2008년 가을호) 에서 재인용.

9) Norman H. Maring & Winthrop S. Hudson, 17.

10) 권혁봉,「조직신학이 흐르는 교회 일생론」(서울: 요단출판사, 2008), 609.

11) Norman H. Maring & Winthrop S. Hudson, 8.

12) 에배소 교회, 서머나 교회, 버가모 교회, 두아디라 교회, 사데 교회, 빌라델비아 교회, 라오디게아 교회 등 일곱 교회 모두는 성령께서 "너는, 너의, 네가" 등의 1인칭 대명사로 부른다. 혹자는 각 교회의 목회자인 "사자"들을 그렇게 불렀다고 하지만

그 내용은 각 교회를 지칭하는 것임이 분명하다.

13) Shurden, 「침례교의 정체성」, 69.

14) Ibid., 171.

15) Ibid.

16) Norman H. Maring & Winthrop S. Hudson, 9.

17) John S. Hammett, *Biblical Foundations for Baptist Churches: A Contemporary Ecclesiology* (Grand Rapids: Kregel Publications, 2005), 151.

18) Ibid., 151-52.

19) Ibid., 153-54.

20) 노영식, 「한국인 교회정치 무엇이 문제인가?」, 124-34.

21) Ibid., 141-52.

22) John S. Hammett, *Biblical Foundations for Baptist Churches*, 154-55.

23) 노영식, 「한국인 교회정치 무엇이 문제인가?」, 163.

24) Ibid., 163-4.

25) Thomas White, Jason G. Duesing and Malcolm B. Yarnell, III (Ed.), *Restoring Integrity in Baptist Churches* (Grand Rapids: Kregel Publications, 2008).

참고문헌

권혁봉. 「조직신학이 흐르는 교회 일생론」. 서울: 요단출판사, 2008.

김용복. 「침례교 신학」. 대전: 침례신학대학교 출판부, 2006.

노영식. 「한국인 교회정치 무엇이 문제인가?」. 대전: 침례신학대학교 출판부, 1999.

주상지. "침례교회의 행정." 침례교신학연구소 편. 「한국 침례교의 실천적 특성」. 대전: 침례신학대학교 출판부, 2001.

침례교신학연구소 편. 「한국침례교의 신학적 특성」. 대전: 침례신학대학교출판부, 2003.

Foshee, Howard B. 이정희 편역. 「교회행정편람」. 대전: 침례신학대학 출판부, 1973.

Hammett, John S. *Biblical Foundations for Baptist Churches: A Contemporary Ecclesiology*. Grand Rapids: Kregel Publications, 2005.

Hobbs, Herschel H. 「침례교인들은 무엇을 믿는가?」. 김태식 역. 서울: 도서출판 서로사랑, 1997.

Maring, Norman H. and Winthrop S. Hudson. *A Baptist Manual of Polity and Practice*. Valley Forge, PA: Judson Press, 1991.

Powers, Bruce P. (Ed.). *Church Administration Handbook*. Nashville: Broadman & Holman Publishers, 1997.

Shurden, Walter B. 「침례교의 정체성」. 김태식 역. 서울: 도서출판 서로사랑, 1999.

Sullivan, James L. *Baptist Polity*. Nashville, TN: Broadman Press, 1983.

Welch, Robert H. *Church Administration: Creating Efficiency for Effective Ministry*. Nashville: Broadman & Holman Publishers, 2005.

White, Thomas, Jason G. Duesing and Malcolm B. Yarnell, III (Ed.), *Restoring Integrity in Baptist Churches*. Grand Rapids: Kregel Publications, 2008.

박영철. "회중주의와 침례교 자치권의 신학적 배경." 「복음과 실천」, 42권 (2008년 가을호), 249-79

제3장

한국침례교회의 직제 문제: "호칭장로"를 중심으로

김 용 복 | 침례신학대학교 | 조직신학

Ⅰ. 들어가는 글

역사적으로 침례교회는 17세기 초반에 영국 분리주의 후예들로부터 또 다시 분리되어 나온 일단의 무리들에 그 기원을 두고 있다.[1] 이 침례교회의 운동은 성서적 초대교회의 본질을 회복하려는 근원적 개혁운동이었고, 오로지 신앙의 자유를 구현하는 것을 실천목표로 삼았다.

침례교인들이 신앙의 자유를 추구하게 되면서 보여준 모습 가운데 하나는 신앙의 다양성을 인정하는 것으로 나타났다. 특히 침례교회가 처음부터 구원관의 다양성을 인정했다는 사실은 특기할 만한 일이었다. 영국의 일반 침례교회는 알미니우스주의 구원관을, 특수침례교회는 칼빈주의 구원관을 표방했다. 이런 사실에서 우리는 침례교회의 정체성, 다시 말해서 침례교회의 토대가 되는 공통분모를 구원관에서 찾을 수 없게 되었다. 이것이 침례교회가 남다른 특성을 가지고 있는 까닭이다. 그렇다면 침례교회의 정체성은 어디에서 찾아야 하는가? 그것은 바로 교회관에서다. 침례교인들은 통일된 교회관을 통해 정체성을 확보한 사람들이었다. 그래서 많은 신학자들은 교회관이 "침례교인의 삶에서 신학적으로, 역사적으로 가장 중심적인 특성"이라고 주장해왔다. 침례교회가 다른 개신교와 구분되는 출발점은 바로 교회에 관한 이해에 있었던 것이다.[2] 그 점에서 초기 침례교인들은 구원관의 다양성과 교회관의 통일성을 가지고 있는 특이한 형태를 보여주었다.[3]

침례교인들의 교회관은 자유교회(free church) 전통에 기초한 것이었다. 이는 무엇보다도 세 가지 개념에서 그 현상이 두드러졌다. 첫째는 "신자들의 교회"(believer's church) 개념이다. 이 사상은 유아세례의 반대와 신자침례(believer's baptism)의 주장으로 표출되었고, 다시 중생한 교회회원권 사상으로 이어졌다. 따라서 침례교회들은 반드시 거듭난 신자들로 교회회원이 구성되어야 한다는 대전제를 가지고, 오직 신자들만 침례를 받을 수 있다고 주장했다. 당연히 그들은 자신의 신앙을 가질 수도 없고 그것을 고백할 수 없는 유아들에게는 침례를 줄 수 없다고 믿었다.

둘째는 정교분리(the separation of church and state)의 사상이다. 침례교인들은 신앙의 자유를 위해서 국가교회를 거부했고, 정부로부터 교회의 자유를 주장했다. 교회가 국가와 하나가 되면 결과적으로 신앙의 자유가 제약을 받거나 박탈된다고 믿었기 때문이다. 침례교인들이 유아세례를 반대한 까닭도 그것이 단순히 신앙문제에 국한되지 않고 정치적 문제와 관련해서 국가교회(national church)로 가는 길을 열어놓는 위험한 교회예전이라고 판단했기 때문이다.[4] 결국 유아세례를 거부하고 신자침례를 주장한 침례교인들은 그 시대적 상황에서 보면 반사회적, 혹은 반국가적 행동을 하는 정치적 반역자로 간주될 수밖에 없었다.[5] 침례교인들이 가톨릭이나 개신교파들 양쪽으로부터 박해를 받았던 이유가 바로 여기에 있었다. 실제로 "신자들의 교회"와 "정교분리" 사상은 침례교회를 청교도와 구분하는 중요한 차이점이기도 했다.[6]

셋째는 회중정체(congregational polity)와 지역교회의 자율성(the autonomy of the local church) 개념이다. 이 회중정체와 지역교회의 자율성은 신자들의 교회가 필연적으로 받아들일 수밖에 없는 행정체제였다. 왜냐하면 전신자제사장 개념을 가장 철저하게 실천한 침례교회는 결코 교회 안에 특정인이나 소수에게 권한이 집중하는 것을 받아들일 수 없고, 교회 위에 군림하는 교회나 기관을 인정할 수 없기 때문이다. 하지만 지역교회의 자율성이 개교회 이기주의로 전락되어서는 안 된다는 점을 기억할 필요가 있다. 신약성서의 초대교회는 자율성과 독립성만이 아니라 하나가 되는 연합성도 중요하게 강조했다. 따라서 교회에 관한 신약성서의 두 원리는 "회중의 자율성과 연합적 욕구"(congregational autonomy and the associational impulse)에서 찾을 수 있다.[7]

이런 맥락에서 우리는 침례교회의 직제 문제를 정체성과 관련해서 질문하고자 한다. 과연 직제 문제는 침례교회의 정체성에서 얼마나 본질적인 문제인가? 역사적으로 침례교회는 다양한 구원관을 수용했던 것처럼, 다양한 직제도 받아들였는가? 아니면 하나의 통일된 교회관을 표방해온 침례교회들이 직제 문제에서도 통일성을 고수해왔는가?

이 글은 최근 한국침례교회에서 갈등의 요인이 되고 있는 이른바 "호칭장로" 문제의 해결방법을 모색하는 데 궁극적 목적이 있다. 이를 위해서는 적어도 세 가지 관점, 즉 성서적, 역사적, 현실적 측면에서 직제문제를 다룰 필요가 있다. 성서적 접근은 초대교회에서 직분의 형태와 의미를 살핀 것이고, 역사적 접근은 시대별로 직제가 어떻게 변천되어 왔으며 침례교회들은 역사적으로 어떤 직제를 사용해왔는지를 검토한 것이며, 현실적 접근은 한국침례교회의 직제 상황을 이해하고 그 해결책을 모색한 것이다.

Ⅱ.신약성서에 나타난 직제

일반적으로 신약성서에 나타나는 교회의 지도자들은 두 부류로 구분된다. 하나는 말씀을 가르치고 목양하는 목회자들이고, 다른 하나는 목회자들이 그들의 일에 전념할 수 있도록 구제하고 과부를 돌보는 일, 즉 재정적인 일을 맡았던 집사들이다.

1. 목회자 직분의 구분

목회자 직분에는 대체로 사도들, 선지자들, 장로들, 감독들, 목사들 혹은 교사들이라는 호칭으로 불리는 사람들이 해당된다. 그런데 이 지도자들은 두 부류로 나뉠 수 있다. 하나는 전체 교회들을 순회하며 사역했던 목회자들이고 다른 하나는 지역교회를 담임하던 목회자들이다. 진 게츠(Gene A. Getz)는 이를 다음과 같이 표현했다: "넓은 지역을 다니면서 사역을 한 '더욱 큰 은사' 들을 가진 자들과 지역교회의 항구적인 리더들, 즉 장로/감독과 집사들."[8]

그래서 에베소서 4장 11절에 나오는 "사도들, 선지자들, 복음전하는 자들, 목사들과 교사들"에 대한 해석은 보통 두 가지로 가능하다. 한 견해는 이 직분들을 모두 지역교회보다 전체 교회의 연합적 사역자(순회 목회자)를 의미하는 것으로 보는 것이고,[9] 다른 견해는 앞의 세 직분만 연합적 의미의 사역자로 간주하고 "목사들과 교사들"은 장로들 혹은 감독들과 같이 지역교회에서 가르치는 직분으로 이해하는 것이다.[10]

침례교인들은 대체로 두 번째 입장에서 지역교회의 목회자 직분을 별다른 이견 없이 목사-감독-장로를 동일한 하나의 직분으로 간주해왔다.[11] 이런 견해는 두 가지 근거에 기초해 있다. 첫째는 에베소서 4장 11절의 목사 이미지가 장로-감독의 기능을 묘사하는 사도행전 20장 28절과 베드로전서 5장 1-3절에도 사용되었다는 점이다. 둘째는 장로-감독을 향해 가르칠 것을 명령하는 것(딤전 3:2; 딛 1:9)이 목사-교사의 책임과 유사하다는 데 있다.[12] 오늘날 이 목사라는 단어가 지역교회에서 목회자를 지칭하는 일반적인 용어로 애용되는 까닭은 목사라는 용어가 감독과 장로라는 단어가 지시하는 역할을 포괄하면서 목자로서 목양의 본질을 가장 잘 표현할 수 있다고 보기 때문이다.[13]

2. 장로의 성격과 의미

"장로들"(elders)이란 용어는 초대교회에서 일반적으로 영적 지도자를 가리키는 명칭이었다. 장로들은 예루살렘교회(행 11:30, 15:2-6, 22, 16:4), 갈라디아교회(행 14:23), 에베소교회(행 20:17; 딤전 5:17), 그레데교회(딛 1:5), 소아시아교회(벧전 5:1)를 비롯해 유대 그리스도인들의 모임(약 5:14) 등에서 등장한다.[14] 기독교 공동체 밖에서는 산헤드린 회원을 지칭하는 용어로 사용되었고(눅 22:66; 행 4:5; 22:5 등), 멀리는 "이스라엘의 장로들"(출 3:16; 24:1; 민 11:16 등)로 거슬러 올라간다. 교회 공동체의 장로 개념이 산헤드린으로부터 유래된 것이라는 사실은 의심의 여지가 없다. 이 장로들은 사도들과도 대등한 권위를 가지고 있었으며(행 15:2, 4, 6, 22f.; 16:4; 21:18), 병 고치는 은사까지 갖춘 교회의 공식적인 지도자들이었다.[15]

그러나 빌립보서에서는 장로들이라는 용어 대신 감독들이 등장한다. 이런 사실은 장로라는 명칭이 유대 전통에서 주로 사용되었고, 헬라 전통에서는 감독이라는 이름이 선호되었음을 뒷받침해준다.[16] 이런 주장은 교회의 지도자인 장로들이 교회를 목회하는 감독들과 동의어로 사용되었다는 것을 의미한다. 바울이 에베소교회의 장로들을 밀레도로 초청해서 그들을 감독자로 삼았다는 표현에서(행 20: 17-28), 우리는 장로들이 곧 감독들이라는 사실을 확인할 수 있다. 로렌스 에이레스(Lawrence R. Eyres)는 성서적 직제에 관해 다음과 같이 진술했다: "두 직분론 즉 교회를 다스리는 직분에는 크게 나누어 장로와 집사가 있다는 것이 보다 성경적이라고 확신하고 있다…. 성경이 말하고 있는 감독(bishop) · 장로(elder) · 목사(pastor) 직분 사이에…. 별다른 차이가 없다는 결론을 내릴 수 있었다."[17] 이런 점은 가톨릭 신학자 한스 큉(Hans Küng)에 의해서도 확인된다. 그는 감독 칭호와 장로 칭호가 동일한 의미로 사용되었기 때문에 서로 혼용되었다고 주장했다. 게다가 그는 감독과 장로의 기능을 구분하는 것이 불가능하다고 말했다. 왜냐하면 감독과 장로는 근원적으로 다른 것이 없을 뿐 아니라, "감

독의 특수 기능"이 따로 주어질 것이 없기 때문이다.[18)]

어떤 사람들은 디도서 1장 5절과 1장 7절에서 "장로들"(elders)과 "감독"(an overseer)이 함께 등장하고, "장로들"은 복수로, "감독"은 단수로 쓰인 것을 근거로 장로들과 감독은 서로 다른 직분이라고 주장하기도 한다. 하지만 5-6절과 7-9절 사이를 연결하는 헬라어 단어, gar("for")는 이 둘이 동일한 직분임을 증거한다. 그렇지 않으면 "왜냐하면"이라는 이 접속사는 아무런 의미가 없기 때문이다.[19)] 따라서 디도서 1장 5-9절은 "감독"이라는 직분을 수행하는 "장로들"에 대한 자격을 언급한 것으로 보는 것이 좋다. 이 둘은 서로 동일한 직분을 지시하는 것이고, "상호 교차적으로" 사용된 것이다.[20)] 적어도 "목회서신에는 한 명의 감독이 프레스뷔테로이라고 불리는 다른 그룹을 감독해야 한다거나, 각 교회 공동체가 한 사람의 감독만을 가져야 한다는 것을 암시하는 증거가 전혀 없다."[21)] 따라서 신약성서적 교회들은 서로 교환적으로 불렀던 목사-감독-장로를 하나의 목회자 그룹으로, 그리고 그들을 돕는 집사들을 또 하나의 지도자 그룹으로 이루어진 2중적 직분구조(twofold office structure)를 발전시켜 왔다고 할 수 있다.[22)]

Ⅲ. 직제의 역사적 변천과 정치체제

교회의 직제와 정치체제의 문제는 의사결정과 관련해서 그 권위의 출처가 어디에 있는가를 묻는 것으로써, 교회의 본질을 실현하는 일과 밀접한 상관관계가 있다. 그런데 직제와 체제는 시대에 따라 다양한 변화를 겪어왔다.

1. 초대교회의 의사결정: 회중체제

신약성서에 등장하는 교회들이 어떤 방법으로 의사결정을 했는지를 규명하는 일은 직제와 관련해서 중요한 의미가 있다. 신약성서는 예루살렘교회가 중요한 결정을 내릴 때 교회의 모든 구성원들이 의사결정에 참여했다는 것을 증언한다. 이는 교회의 최종 권위를 특정 개인이나 소수에게 둔 것이 아니라 회중 전체에 두었다는 것을 의미한다. 스텐리 그렌즈(Stanley J. Grenz)는 이것을 "민주적 회중주의"(democratic congregationalism)라고 불렀다. 그리고 그는 이 민주적 회중주의의 성서적 토대를 다음과 같이 세 가지로 제시했다: 첫째, 서로 섬길 것을 요구하셨던 예수님의 가르침(막 10:42-43), 둘째, 신약성서에 나타난 교회의 관행들(행 1:23-26; 6:3-6; 15:22), 셋째, 전신자 제사장직 개념(벧전 2:5; 히 4:15-16; 10:19-20; 마 23:8-12; 딤전 2:5).[23]

특히 사도행전 15장은 "사도들과 장로들이 온 교회와 함께"(22절) 안디옥교회로 보낼 대표를 선택했다는 것을 증언한다. 여기서 "온 교회"라 함은 교회의 모든 구성원을 의미한다. 그러므로 사도들과 장로들이 주도하기는 했지만, 그 결정은 모든 성도들이 함께 내린 것이었다. 또한 신약성서의 서신들이 대부분 교회의 특정 지도자에게 보내진 것이 아니라 전체 교회의 회중에게 보내진 것이라는 사실도 교회구성원 전체가 의사결정의 주체였다는 주장을 뒷받침한다.[24]

2. 직제의 계급화: 감독체제

1세기 말까지만 해도, 로마의 감독 클레멘트(Clement)는 고린도교회에 보낸 서신에서 감독(bishop)과 장로(presbyter)를 동일한 직분으로 묘사했고, 「디다케」(*Didache*)에서도 이 둘은 동일하게 취급되었다.[25] 그런데 2세기 초 시리아 안디옥교회의 단일 감독이었던 이그나티우스(Ignatius)부터 장로와 감독이 처음으로 구분되기 시작했고,[26] 교부시대에 들어서면서 교회의 장로들 가운데 한 사람이 감독이라는 이름을 독점하게 되었던 것으로 보인다. 이렇게 감독이 장로와 구분되면서부터 교회에는 감독과 함께 "감독의 영혼을 기쁘게 하기 위해서" 소임을 다한 장로들이 있었던 것 같다.[27] 이로써 교회의 감독체제가 시작된 것이다. 하지만 이 때에도 장로는 평신도 지도자가 아니라 여전히 목회자(priest)였다는 사실을 기억할 필요가 있다.

그리고 대도시의 감독이 작은 교회들을 주관하는 교구감독이 생긴 것은 대략 250년 경이었다. 이처럼 감독의 권한이 강화되다가 590년에 로마 교황이 등장하게 되고, 그레고리 7세가 전 세계 교회에서 최고의 권좌에 오른 것은 1073년, 그리고 최종적으로 세속적 권세까지 장악하게 된 때는 1302년이었다.[28] 로마 가톨릭의 이런 교황제도는 피라미드와 같은 계층구조로 이루어졌는데, 제일 상층부에 군림하는 교황을 꼭짓점으로 해서 추기경, 대주교, 주교, 사제, 부제, 차부제, 복사, 마귀 쫓아내는 자, 성경 읽는 자, 문지기, 평신도 순으로 되어 있다.[29]

이 감독체제는 16세기 종교개혁자 마르틴 루터(Martin Luther)에 의해서도 유지되었다. 물론 처음에 루터는 "전신자 제사장직"을 주창하면서, 감독들과 장로들 혹은 목사들이 동일한 직분임을 반복적으로 강조했던 것이 사실이다.[30] 그 결과 로마 가톨릭의 계층구조는 무너지고, 평신도(여성 포함)까지도 말씀 선포와 교회예전을 행할 수 있는 이론적 근거가 마련되었다. 하지만 실제로는 교회의 질서를 세운다는 명분으로 특수 직분이 인정되었고, 당연히 여성들은 이 직분에서 제외되었다. 이는 루터가 가지고 있는 직제에 대한 한계인 셈이다. 그리고 이 직제는 농민전쟁 이후 1555년 아우구스부르크 평화협정부터는 국가교회의 감독체제로 발전되었다.[31]

감리교회도 외관상 중앙집권적인 구조로 되어 있다. 최정상에 감독이 있고, 그 다음에는 감리사, 성직자, 그리고 평신도로 이루어진다. 감독은 전 교단의 공적 지위로서 총괄적인 감리를 맡는다. 감리사는 감리교단과 개 교회의 가시적인 연계 역할을 한다. 그런 의미에서 감리사는 "목사들의 목사"다.[32]

3. 개혁주의의 직제: 장로체제

감독체제와 회중체제의 중간 형태의 직제를 체계화한 인물은 존 칼빈(John Calvin)이다. 그는 1543년부터 확정적으로 4직분제(목사, 교사, 장로, 집사)를 시행했다. 그리고 그는 제네바의 목사들과 시정장관에 의해 선출된 열두 명의 장로들과 함께 제네바와 교회를 다스리는 협의체를 만들었다. 이는 일종의 "귀족주의적 민주주의"에 해당되는데, 알리스터 맥그래스(Alister McGrath)는 이 제도가 당시에 있었던 가정법원(matrimonial court)에서 비롯된 것으로 이해했다.[33] 이것이 본격적인 장로직제의 시작이었다. 칼빈이 이런 방식으로 직제를 만든 것은 그가 제네바라는 도시를 개혁하려고 했던 것과 무관하지 않다.[34]

직제에 대한 칼빈의 생각은 점진적인 과정을 거친 것으로 보인다. 「기독교강요」 초판(1536)에서는 교회의 치리와 권징과 출교를 교황과 주교에서 "교회"로 옮겨왔을 뿐, 구체적으로 누가 어떻게 그 권한을 행사할 수 있는지에 대해서는 언급하지 않았다. 다만 목사, 장로, 감독을 모두 동일하게 "복음을 전파하고 성례를 집례하는 것"으로 보고 "교회의 목회자들"(the ministers of the Church)이라고 불렀다. 이때까지는 아직 평신도 장로직제가 나타나지 않았다. 그러다가 1537년 "제1차 제네바 종교개혁 문서"에서 특정한 평신도들에게 직분을 맡겨야 한다는 제안을 하게 된다. 그리고 스트라스부르(Strasbourg)에 머무는 동안 존 오이코람파디우스(John Oecorampadius)와 마르틴 부처(Martin Bucer)의 영향으로 칼빈은 1541년 "제2차 제네바 종교개혁"에서 평신도 장로직제를 채택했다.[35] 그런데 그의 「기독교강요」 최종판 (1559)에 보면, "감독들, 장로들, 목사들, 목회자들"을 구분하지 않고 그 용어들을 교환하여 사용하면서 동시에 로마서 12장 7-8절과 고린도전서 12장 28절을 근거로 "다스리는 자들"(governors)을 감독들과 구별된 "장로들"로 해석했다: "다스리는 자들[고전 12:28]은 감독들과 함께 도덕적으로 책벌하고 훈련하는 책임을 맡은 사람들로부터 선택한 장로들이었다고 믿는다."[36] 이는 칼빈이 장로와 감독의 관계를 모호하게 이중적으로 해석했다는 것을 의미한다.

개혁교회의 장로직제는 바로 이와 같은 칼빈의 장로 개념에 근거해서 교회직분을 크게 장로와 집사로 나누고, 장로를 다시 가르치는 장로와 다스리는 장로로 나눈 것이다. 장로교회에서 장로를 구분하는 결정적 근거는 디모데전서 5장 17절이다. 이 구절을 서철원은 다음과 같이 해석했다: "장로가 목회자를 일차적으로 지목하고 대부분 목회자인 감독을 뜻하지만 목회자를 도와 치리하는 장로가 세워져 일하였음을 잘 알 수 있다."[37] 이런 해석에 따르면, 어떤 장로는 감독과 동일한 직분이지만, 또 어떤 장로는 감독을 돕는 사역을 하는 지도자였다는 말이 된다. 하지만 성서는 감독이 아닌 장로가 감독을 도와 사역했다는 증거를 제시하지 않는다.

사실 디모데전서 5장 17절은 장로들의 사역이 설교하고 가르치는 일이지만, 그 가운데 다스리는 일까지 잘 한다면 더욱 더 존경해야 할 것이라는 뜻으로 이해하는 것이 더 자연스럽다. "특별히 말씀과 가르침에 수고하는 이들"에서 "특별히"(especially)라는 최상급 부사를 사용했다는 것은 "말씀과 교리를 가르치는 일을 수행하는 이들이 다스리는 장로들에 포함되어 있다"는 사실을 암시한다.[38] "특별히"는 "즉" 혹은 "그 가운데 무엇보다도"로 해석될 수 있다.[39] 그러므로 두 종류의 장로가 구분되어 있는 것이 아니라, 장로들의 사역이 두 종류의 기능과 임무가 있었다고 보는 것이 더 타당하다.[40] 장로직을 수행하는 기능이 다르다고 해서 기능별로 다른 직분을 만들 이유는 없다. 바울도 사도직을 가지고 있으면서 자신을 설교자와 가르치는 자라고 불렀다(딤전 2:7; 딤후 1:11). "바울이 행하는 기능들이 다르다고 해서 두 종류의 서로 다른 사도직이 요구되는 것은 아니다."[41]

따라서 에든버러대학교의 토랜스(T. F. Torrance)는 개혁교회의 장로직제가 신약성서의 직제와 동등시 될 수 없다고 주장했다. 그는 종교개혁자들이 장로직제를 4-5세기경 북아프리카의 알렉산드리아교구에서 도입한 뒤 그것을 정당화하기 위해 성서적 근거를 찾았다고 지적했다.[42] 필립 샤프(Philip Schaff)는 가르치는 장로와 치리하는 장로를 목회자와 평신도로 구분하는 개혁교회의 해석은 신약성서적 근거가 뒷받침되기가 어렵다고 정확히 주장했다.[43] 홍치모도 이 점은 분명히 밝혔다: "[초대교회에는] 오늘날 개혁교회나 장로교회가 가지고 있는 직분으로서 가르치는 장로(teaching elder)로서의 목사와 다스리는 장로로서의 치리장로(ruling elder)로 구분되어 있지 않다는 것을 알 수 있다."[44] 그러므로 "교회에서 가르치지 않고 다스리기만 하는 평신도 장로들(lay-elders)이나, 중요한 결정을 하는 책임을 진 다스리는 장로들의 모임은 존재하지 않는다"고 할 수 있다.[45] 이런 사실인식 위에서 침례교회는 직제문제를 어떻게 취급해왔는지 역사적으로 검토하고자 한다.

Ⅳ. 침례교회의 직제

회중정체에 기초한 역사적 침례교회들의 직제를 이해하기 위해서는 두 가지 측면에서 접근할 수 있다. 첫째는 침례교회들이 발표한 신앙고백서를 살피는 것이고, 둘째는 침례교회를 대표할 수 있는 신학자들의 견해를 확인하는 것이다.

1. 신앙고백서들에 나타난 직제

역사적으로 침례교회들이 발표했던 신앙고백서는 크게 세 종류로 구분이 가능하다. 첫째는 영국침례교회들의 신앙고백서들, 둘째는 미국침례교회들의 신앙고백서들, 셋째는 그밖에 국가들의 침례교 신앙고백서들이다.[46]

1) 영국침례교회들의 신앙고백서들

영국침례교회의 선구자 역할을 했던 존 스마이스(John Smyth)가 작성한 "20개 조항으로 된 짧은 신앙고백서"(1609)는 제16조에서 교회의 직분을 "감독들"과 "집사들"로 규정했다.[47] 그리고 그는 「분리자 교회들의 상이점」이란 소책자에서 교회의 장로들을 목사들로 간주했고, 평신도 장로직제는 "적그리스도의 제도"라고 비판했다.[48] 그리고 그 이듬해 메노파에 보낸 "짧은 신앙고백서"(1610)는 교회의 직분으로 "교사, 장로 혹은 집사"를 언급했다(24조).[49] 1612년 스마이스가 죽은 뒤 그 추종자들에 의해 작성된 "참된 기독교에 관한 명제들과 결론들"에서는 교회의 직분을 두 종류로 구분하고, "목사들, 교사들 혹은 장로들"을 한 부류로, 그리고 "집사들"을 다른 한 부류로 나누었다.[50]

영국의 일반침례교회는 토마스 헬위스(Thomas Helwys)로부터 시작됐다고 볼 수 있다. 그와 그 무리가 1611년 발표한 "네덜란드의 암스테르담에 남아있는 영국인들의 신앙선언서"는 20조에서 "장로들"과 "집사들"을 직분자로 명시했다.[51] 또 1651년 "30개 회중의 신앙과 실천"에는 "말씀을 위해 수고하는 하나님의 종들"(62조)과 "가난하고 불쌍한 처지에 있는 사람들의 일을 보살피고 지도하는 일을 위하여 충분히 자격 있는 사람들"(64조), 혹은 "영적 사역"과 "현세적 사역"(66조)을 구분하여 2직분제로 설명하고 있지만, 그 명칭은 언급되어 있지 않다.[52] 1654년 "참 복음신앙"은 신자들이 "메신저들, 목사들, 그리고 교사들"(22조)을 사역자로 선출한다고 밝혔다. 집사에 대한 언급은 없지만, "신자들은 그들 가운데 아무도 궁핍에 처하지 않도록 가난한 사람을 구제해야 한다"고 말함으로써, 집사의 사명을 모든 신자에게 부과했다(19조).[53] 1660년 "표준 신앙고백서"에서는 "장로들 혹은 목사들"(15조)과 "집사들"(19조)을 교회 직분으로 세웠다.[54] 1678년 "정통신조"는 "감독들 혹은 메신저들" "장로들 혹은 목사들" "집사들 혹은 가난한 자의 관리자들"로 구분했다.[55] 한편, 영국의 특수 침례교회들이 내놓은 신앙고백서에 나타난 직분은 다음과 같다. 1644년 "제1차 런던신앙고백서"는 직분을 "목사들," "교사들," "장로들," "집사들"로 구분했고,[56] 1655년 "미들랜드지방회 신앙고백서"는 교회의 직분에 관한 조항을 포함시키지 않았다.[57] 1656년 "서머세트 신앙고백서"는 "말씀과 교리를 위해 수고하는" 사역자(32조)와 "세상에 복음을 전파하도록 적절한 은사와 자격을 부여받은 형제"(34조)를 언급하고 있고, 집사에 관한 규정은 보이지 않는다.[58] 1677년 "제2차 런던신앙고백서"는 "감독들 혹은 장로들, 그리고 집사들"(26장 8조), "감독들 혹은 목사들"(26장 11조)로 규정함으로써 감독, 장로, 목사가 동일한 직분임을 명시했다.[59]

1881년 일반침례교회와 특수침례교회가 합동하면서 내놓은 "대영제국과 아일랜드의 침례교연맹 선언서"(1888년 채택)는 교회의 직분에 관한 조항을 포함하고 있지 않다. 가능한 한 복음의 진리들에 관한 최소한의 합의를 보여주기 위한 선언서였기 때문이다.[60]

2) 미국침례교회 신앙고백서들

미국의 침례교회들이 1742년 최초로 발표한 "필라델피아신앙고백서"는 교회직분을 "감독들 혹은 장로들, 그리고 집사들"(26장 8조)로 규정했다.[61] 1777년 "케후키지방회 신앙조항들"에서는 "목회자들"(13조)과 "노회"(the presbytery, 16조)라는 호칭이 등장하는데, 노회에서 목회자들이 안수를 받았던 것으로 보인다.[62]1816년 "샌디크릭지방회 신앙원리들"에서는 교회의 직분에 관한 신앙고백이 누락되었고, 1801년에 나온 "엘크혼과 사우스캔터키 혹은 분리침례교 지방회들 간의 연합문서"에서도 직분에 관한 진술은 없었다.[63] 1833년 뉴햄프셔신앙고백서는 직분을 "감독들 혹은 목사들과 집사들"(13조)로 선언했다.[64] 또 1834년과 1848년에 공포된 "자유의지침례교회의 신앙 문서"는 "목회자"의 자격요건과 역할을 규정하고 있을 뿐(17장),[65] 구체적인 직분에 관한 조항은 없다. 1858년 4월 30일 남침례신학대학원에 의해 채택된 "원리강령"(Abstract of Principles) 제14항에는 교회의 정규 직분자들을 "감독들 혹은 장로들과 집사들"로 규정하고 있다.[66] 그리고 1905년 "미국침례교연합"과 1950년 "북미침례교연합"에서 발표한 교리선언문은 기본적으로 뉴햄프셔신앙고백서를 계승하면서 필요한 부분들을 첨가한 것이므로,[67] 직분에서는 "감독들 혹은 목사들과 집사들"로 받아들인 것으로 추정된다.

또한 1921년 "근본주의협회의 신앙고백서"는 필라델피아신앙고백서와 뉴햄프셔신앙고백서의 내용을 재확증하면서 근본교리에 관한 입장을 재천명한 것이다. 이곳에는 직분에 관해 따로 언급하지 않았다.[68] 그러므로 이 신앙고백서도 감독과 집사라는 2직분제를 따랐던 것으로 보인다. 1923년에 나온 "침례교성서연맹의 신앙조항들"은 안수받은 직분으로 "목사들, 장로들 그리고 집사들"을 언급한다(13조). 1925년과 1963년의 "남침례교 총회의 신앙고백서"는 "목사들"과 "집사들"로 성서적 직분을 명시했다.[69]

3) 그밖에 다른 지역의 침례교신앙고백서들

1944년 독일의 "복음-자유교회 회중 연맹의 신앙고백서"는 특별한 사역을 위해 "전도자들," "목사들," "교사들," "설교자들," "장로들," "집사들" 등 다양한 직분을 인정했다.[70] 또 1861년 "스웨덴 침례교의 신앙고백서"는 "목자들 혹은 감독자들과 집사들"을 세웠다.[71] 1879년과 1924년에 나온 "불어권 침례교회들의 복음주의 연합회의 신앙고백과 교회론적 원리들"에서는 "목사들 혹은 장로들"을 "감독"으로 이해했고, 목사들 혹은 장로들을 돕는 "집사들과 여집사들"을 두었다.[72]

1882년 "뉴질랜드 침례교연맹의 기초교리"는 직분에 관해 언급하지 않았고,[73] 1926년에 형성된 호주의 빅토리아침례교연맹에서 매년 선언하는 "침례교신앙의 원리와 이상들"에서는 "교회의 직분자들"은 목회자와 교회회원들과 협력하여 사역하는 "영적 지도자들"이라고 표현했다. 그리고 "목회자들"은 "교회의 영적 감독"을 하는 남녀로 규정했다.[74] 1925년 "캐나다의 온타리오와 퀘벡침례교 총회의 신앙고백서"는 직분을 다루지 않았고, 1884년에 통합된 러시아침례교연맹이 발표한 "복음주의 기독교인의 신앙교리"는 "목사들, 감독들"이라고 불리는 "장로들"과 "집사들"을 직분자로 범주화했다.[75]

지금까지 침례교 신앙고백서 31개에서 확인한 직제는 대체로 세 가지 유형으로 정리될 수 있다. 첫째 유형은 목사 혹은 장로와 집사로 구성된 2직분제(17개),[76] 둘째 유형은 목사와 장로를 별도로 구분하거나 구분하지 않더라도 세 직분 혹은 그 이상의 직분을 인정한 다(多)직분제(5개),[77] 셋째 유형은 별도의 직분을 언급하지 않거나 구체적으로 명시하지 않은 경우(9개)다.[78] 따라서 역사적으로 중요한 위치에 있는 침례교회들은 대체로 2

직분제도를 선호하고 있음을 알 수 있으나, 그 이상의 직분을 인정하거나 혹은 직분을 언급하지 않거나 혹은 불명확한 경우도 적지 않다는 것을 확인할 수 있었다. 특히 직분을 명시하지 않거나 불명확한 고백서들은 그 신앙공동체의 정체성을 이해하는 데 직분이 차지하는 비중이 그리 크지 않거나, 아니면 별도로 언급하지 않아도 될 만큼 2직분제에 이견이 없었던 것이라 할 수 있다. 결론적으로 주요한 신앙고백서들은 대부분 2직분제를 채택했지만, 반드시 모든 고백서들이 동일한 입장을 보여준 것은 아니었다고 평가할 수 있다.

2. 침례교 신학자들의 견해

침례교 신학자들은 대체로 신약성서적 직분이 목사들과 집사들로 구성된 2직분제라는 것을 주장해왔다. 영국의 침례교 신학자 존 길(John Gill)은 교회의 직분을 에베소서 4장 11절과 사도행전 20장 17, 28절을 근거로 목사들과 집사들로 구분했다. 그리고 목사들은 교사들, 감독들, 관리자들, 장로들과 동일한 직분으로 해석했다. 그리고 이 직분은 "교회들의 천사들"(계 1:20; 2:1), "그리스도의 목회자들"(고전 3:1), "선한 청지기들"(벧전 4:10; 딛 1:7)로 다양하게 불렸다고 주장했다.[79]

18세기 후반의 미국 침례교 신학자 리처드 펄먼(Richard Furman)은 교회의 직분자로 "목사들"과 "집사들"을 들었고,[80] 존 대그(John Dagg)도 교회의 직분은 목사(감독)와 집사를 지역교회의 유일한 직분으로 인정했으며,[81] 베나자 캐롤(Benajah H. Carroll)도 마찬가지로 목사와 집사만을 안수받은 직분으로 인정했다.[82]

브래드 크리드(Brad Creed)의 설명에 따르면, 1845년부터 19세기말까지 침례교 저술가들은 대부분 교회의 고유한 직분을 목사(감독과 장로를 상호 교환적으로 사용)와 집사로 인정했고, 20세기 초반의 남침례교의 대표적인 신학자인 에드가 멀린스(Edgar Y. Mullins), 다나(H. E. Dana), 월터 카너(Walter T. Conner)도 감독과 장로라는 용어가 목사의 직분을 가리키는 것으로 상호 교환적으로 사용된다는 점에 의견을 같이 했다.[83] 사실 미국 남침례교단의 주요 저술가, 목회자, 지도자들은 침례교회가 오직 두 가지 성서적 직분만을 가지고있다는 사실을 일관되게 주장해왔다.[84]

윌리엄 스티븐스(William W. Stevens)는 지역교회의 영구적인 직분을 장로와 집사로 구분하고 장로, 감독, 목사를 동일한 직분으로 이해했다. 그런데 그는 에베소서 4장 11절에 한 번만 사용된 목사라는 칭호가 현대에는 가장 널리 사용되는 까닭은 장로와 감독이라는 용어를 둘러싼 "비성서적인 함축적 의미" 때문이라 설명했다.[85] 허셀 홉스(Herschel H. Hobbs)는 지역적인 신약성서교회에서 직분은 목사들과 집사들(빌 1:1)이라고 전제하고, 감독, 장로, 목사는 같은 직분이 다양하게 불리는 것이라고 밝혔다.[86]

하지만 모든 신학자들이 2직분제만을 주장한 것은 아니었다. 찰스 스펄전(Charles H. Spurgeon)은 "1859년 12월에 '교회의 영적인 임무들을 돌보기 위해서 어떤 형제들을 장로의 직분에 임명하기로' 결정"했다.[87] 그리고 그는 실제로 교회의 많은 업무를 집행하기 위해 행정과 재정 문제에 깊이 관여했던 장로들을 의존했다.[88]

밀러드 에릭슨(Millard J. Erickson)은 회중정치에서 감독, 장로, 목사를 동일한 직분으로 간주하고 집사 직분과 함께 2직분제를 주장한다는 사실을 명시했지만, 성서시대에 다스리는 장로(평신도)와 가르치는 장로(성직자)에 대한 구분이 디모데전서 5장 17절을 근거로 어느 정도 전문화가 이루어져 있었다고 판단했다. 따라서 기본적으로 회중정치 형태가 신약성서적 원리를 가장 잘 대변한다고 생각하면서도, 그는 필요에 따라서 교회의 질서를 위해 대의정치 형태가 필요하다는 것을 인정했다.[89]

그렌즈는 신약성서에서 볼 때 교회의 직분은 감독들과 집사들로 구성된 2직분제로 발전되었다고 이해했다. 그러나 교회 역사 속에서 장로들과 감독의 구분이 생겼고, 결과적으로 감독-장로-집사라는 3직분체제로 바뀌게 되었다고 진단했다. 또한 그는 회중정치라는 것이 현실적으로 실천하기 어렵기 때문에 전통적 회중교회들에서도 준-장로주의(semi-presbyterianism)가 출현하기도 했다고 밝혔다.[90]

최근 일부 신학자나 목회자들이 대의민주주의 혹은 준-장로주의에 대해 열린 태도를 보여주긴 하지만,[91] 대다수 침례교 신학자들과 목회자들이 시대와 지역을 불문하고 지역교회의 직제를 2직분제로 인정해왔다는 것은 틀림없는 사실이다. 목회사역 면에서 볼 때, 2직분제는 지역교회가 마치 두 개의 바퀴로 달리는 마차와 같은 형국의 직제를 채택한 것이다. 여기에 평신도 장로라는 개념과 역할은 원론적으로 들어설 자리가 없었다. 실제로 "다스리는 장로는 필요가 없으며, 성서적 지지를 받을 수 없고, 침례교회의 역사적 선례도 많지 않다."[92]

V. 한국침례교회의 직제 문제

한국침례교회는 정체성과 관련해서 매우 독특한 역사를 지니고 있는 교단이다. 특히 직제의 사용에서 크게 두 단계의 변화를 거쳐왔다. 첫째 단계는 대한기독교회의 직제요, 둘째 단계는 기독교한국침례회의 직제다.

1. 대한기독교회의 직제

한국에 침례교회가 공식적인 교단(대한기독교회)으로 출범한 것은 1906년이었다. 이 때 교단은 46개조 교단 규약을 채택하고, 교회정체는 감목(監牧)을 "최고의 수반으로 한 위계적 감독체제"를 따랐다. 그리하여 "교단의 모든 임원(직분)은 감목인 펜윅이 임명하고 파송했다." 이런 점에서 볼 때, 대한기독교회는 그 조직이나 교회행정 면에서 "비침례교적 요소"가 있다고 비판을 받아온 것이 사실이다. 특히 대한기독교회는 신약성서적 교회의 중요한 특징 가운데 하나인 개교회주의, 자원주의, 회중주의의 원리에서 볼 때 침례교적 정체성이 결여되었다고 평가되었다.[93]

물론 그렇다고 해서 대한기독교회가 침례교회가 아니었다는 것은 아니다. 말콤 펜윅(Malcolm C. Fenwick) 선교사의 신앙관과 그와 엘라씽선교회(The Ella Thing Memorial Mission)의 관계를 통해 볼 때, 대한기독교회는 분명 실질적인 한국침례교회의 시작이었다고 평가하지 않을 수 없다. 어떤 면에서 침례교회의 정체성을 제대로 드러내지 못한 점은 있었지만, 46개조 규약에 신자의 침례와 신자들의 교회 개념이 확연히 드러나 있고,[94] 그들 스스로도 침례교인이라는 자의식을 분명하게 가지고 있었다는 점에서 대한기독교회는 침례교회의 전신임에 분명하다. 단적인 예로, 부여 칠산교회에서 사역하던 스테드만(F. W. Steadman) 선교사가 일본으로 돌아가면서, 칠산교회를 장로교 부위렴 선교사에게 위임한 일이 있었다. 하지만 칠산교회 교인들은 "우리는 침례를 받은 침례교인이므로 장로교회로 갈 수 없다"며 부위렴 선교사를 거절했던 일이 있다.[95] 이 사건은 칠산교회 교인들이 침례교인으로서 분명한 정체성을 가지고 있었다는 것을 확인해준다. 그리고 대한기독교회가 해방 후 미국 남침례교 총회와 제휴하는 과정에서도, 남침례교 외국선교부 동양총무였던 베이커 코듣(Baker J. Cauthen)이 "한국에는 140개의 침례교회와 1만 7천 명의 침례교인이 있다"고 보고한 사실에서도 우리는 대한기독교회 교인들이 침례교인이었음을 의심하지 않는다.[96]

그러나 직제 면에서 보면, 그들은 전통적인 침례교회들과 크게 다른 양상을 보여주었다. 대한기독교회의 규약에 나타난 공식적 직분은 감목(監牧), 안사(按師), 목사(牧師), 감로(監老), 교사(敎師), 전도인(傳道人), 당원(堂員)으로 구성되고, 당원은 다시 통장(統長), 총장(總長), 반장(班長)으로 구분되었다.[97] 물론 직제가 다양하다는 것 자체가 침례교회의 정체성에 어긋난다는 뜻은 아니다. 대한기독교회의 문제점은 그 직제가 감독체제로 구축되었다는 데 있다.

2. 기독교한국침례회의 직제

대한기독교회의 체제는 1946년 총회에서 크게 변경되었다. "안사"를 "목사"로, "감로"를 "장로"로, "통장"을 "권사"로, "총장"과 "반장"은 "집사"

로 개칭한 것이다. 이런 현상은 그 동안 대한기독교회의 감독체제가 회중체제로 바뀌게 됨으로써 새로운 체제에 적합한 명칭을 부여한 결과였다.[98] 하지만 이때까지만 해도 아직 침례교회의 2직분제는 시행되지 못했다.

교단 이름에 "침례교"라는 명칭이 들어가게 된 것은 1949년 제39차 총회에서였다. 이 총회는 교단의 이름을 "대한기독교침례회"로 바꾸었고, 1951년 제41차 총회에서 "세계 침례교회 및 남침례회와 보조를 맞추고 유대를 강화"하기 위해 교회의 직분을 "목사와 집사" 이외의 이름은 쓰지 않기로 결정했다.[99] 따라서 장로라는 직분은 불과 5년 정도 사용되다가 공식적으로는 사라진 셈이다. 그리고 후속조치로 총회 규약도 큰 폭으로 개정됐다. 이 규약은 일본 침례회연맹의 규약을 참조하여 마련됐는데, 이 규약을 토대로 1952년 제42차 총회에서 비로소 "침례교의 개교회주의의 정체를 규약에 명시함으로 침례교의 개교회주의가 교단의 규약에 따라 제도화"되었다.[100]

기독교한국침례회 총회가 "침례교회의 이상과 주장"이라는 신앙고백을 규약에 포함시키기로 결의한 것은 1981년 제71차 총회에서였다.[101] 그리고 이 신앙고백에서도 "교회의 직분을 목사와 집사"(4조)라고 명문화했다.[102] 물론 신학교에서는 그보다 오래 전부터 교회의 2직분제(목사와 집사)를 공식적으로 가르치고 있었다.[103]

3. 호칭장로 문제

한국침례교회 안에서 직제 문제가 논란이 되기 시작한 것은 1970년대부터였던 것 같다.[104] 이는 1950년대 침례교회로 이적한 타 교단의 목회자들로 인해 침례교회가 급격하게 발전한 상황과 무관하지 않다.[105] 목회자들의 이적 현상은 긍정적인 효과도 있었지만, 정체성의 혼란을 초래한 측면이 있었던 것도 사실이다: "침례교와는 전혀 무관한 온갖 배경의 사람들을 무분별하게 수용하게 되어 정체 면에 신앙혼합주의(syncretism)를 유발하였다. 이것은 향후 교회 안에 침례교의 신앙원리나 정신을 정착시키는 데 가장 큰 암적 요인이 되었다."[106] 그리고 실제로 "장로의 직분을 가졌던" 사람들이 침례교회로 이적함으로써 대두된 문제가 바로 "그들을 어떻게 대우하며 무슨 호칭을 주어야 할 것인가" 하는 것이었다.[107] 그러므로 1970년대 장로직분 문제는 바로 침례교회의 목회자들에게 침례교회의 신앙과 정체성에 대한 분명한 의식이 부족한 데서 그 일차적 원인을 찾을 수 있다.

호칭장로 문제는 많은 논란과 감정대립 등으로 표출되었고,[108] 한국침례교회의 위기로 인식될 만큼 사태가 악화되었다. 그러다 마침내 제76차 총회(1986년)는 장로를 세운 교회의 담임목사가 교단 내에서 공직을 맡을 수 없다는 결의를 채택하기에 이르렀다.[109] 아직까지 이 결의가 유효한 상태에서 총회는 거의 매년 직제문제로 난항을 거듭하고 있는 실정이다. 그리고 20년 넘게 이 문제로 논쟁과 갈등이 계속되다가 마침내 제98차 총회(2008년)는 호칭장로를 인정하려는 직제연구위원회의 상정안을 부결했다. 하지만 이 문제는 또 다시 총회의 안건으로 올라올 가능성이 높고, 그로 인해 교단 안에서 논쟁의 불씨는 여전히 이어져갈 전망이다.

Ⅵ. 결론: 문제해결을 위한 제언

지금까지 연구를 통해 도출된 몇 가지 결론은 다음과 같다. 첫째, 신약성서는 어느 하나의 단일한 직제를 명시하지 않지만, 목회자들과 집사들을 중심으로 민주적 방식의 사역이 이루어지는 2직분제를 지지하고 있다. 둘째, 세계 침례교회의 역사에서 볼 때 어느 하나의 직제가 획일적으로 강요된 바가 없고 침례교단마다 어느 정도 다양성이 허용되었지만, 그래도 대다수의 주요한 신앙고백서들과 침례교 신학자들은 2직분제를 받아들였다. 셋째, 한국침례교회는 비록 일관되지는 않았지만, 1951년 이후 줄곧 2직분제를 지켜왔다. 따라서 한국침례교회가 지역교회에서 안수받은 직분을 목사와 집사로 이원화하고 있는 현재의 체제는 신약성서적으로나 침례교회의 역사에서 볼 때 충분히 지지를 받는 전통적 제도라고 할 수 있다.

그렇다면 오늘날 한국침례교회는 "호칭장로" 문제를 어떻게 해결해야 하는가? 이제 연구자는 세 가지 제언을 하고자 한다. 첫째, 우리는 직제 문제가 침례교회의 정체성을 가늠할 수 있는 절대적 잣대는 아니라는 점을 먼저 인정해야 한다. 그러므로 직제에 대해 다른 견해를 가지고 있는 지체들을 향해 정죄하는 시각은 바람직하지 않다. 하지만 오늘날 한국침례교회는 왜 그토록 호칭장로라도 세우려 하는지 그 근본적 동기에 대해 다시 한 번 심사숙고해야 한다. 동시에 한국침례교회는 "호칭장로" 문제 못지않게, 아니 그보다 더 시급한 문제가 "민주적인 목사상"을 정립하는 일임을 깊이 인식하고 반성해야 한다.[110] 지나치게 독재적 방식으로 교회행정을 펼치는 교회들로 인해서 침례교회의 정체성이 오히려 파괴하는 현실을 직시할 필요가 있다.

둘째, 우리는 역사적으로 침례교회들이 끊임없이 신앙고백서들을 통해 신앙의 일치성을 추구해 왔다는 사실에 주목해야 한다. 하나의 침례교단 안에서 두 가지 이상의 직제가 무분별하게 사용되지는 않았다는 것이다. 마치 침례교회가 다양한 구원관을 수용하는 전통이 있었다고 해서 일반침례교회들 안에 칼빈주의 구원관이 허용되고 특수침례교회들 안에 알미니우스주의 구원이 받아들여졌던 것은 아니다. 침례교회들은 혼란과 무질서의 모습을 보여주지 않고 같은 신앙고백에 같은 직제를 사용하면서 화합과 협력의 성숙한 모습을 보여주었다. 따라서 같은 시대에 한 교단 안에서 어느 교회는 2직분제를, 어느 교회는 3직분제를 사용하는 것은 결코 바람직한 현상이 아니다. 지역교회의 자율성을 강조하는 침례교회라도 교회가 개교회 이기주의로 전락되는 것을 방치하는 것은 옳지 않다. 그러므로 침례교회는 각 지역교회들이 알아서 직제를 결정하도록 하자는 주장은 무책임할 뿐 아니라 교회의 공동체성을 훼손하는 이기적 발상에서 나온 것이라고 할 수 있다.

셋째, 직제 문제는 가능한 한 총회를 통해 해결돼야 한다. 그리고 침례교회의 전통인 2직분제를 살리는 방향으로 현안을 풀어나가는 것이 좋다. 안수집사 위에 장로직분을 두는 것은 바람직한 방안이 될 수 없다. 그렇게 되면 그것은 장로교회의 “다스리는 장로” 개념이 되지 않을 수 없다. “사실 다스리는 장로는 회중정체와 어울리지 않는 관계”일 뿐 아니라 전신자의 제사장직 개념에도 어긋나는 개념이다.[111] 이것은 단순히 호칭장로 직분을 인정하느냐 안 하느냐의 차원에서 그치는 것이 아니라, 직제에 관한 침례교회의 기본 입장(목사와 감독과 장로를 같은 직분으로 인식하는 전통)에 대한 신학적 정리 작업이 반드시 선행되어야 할 문제다.

따라서 모든 지역의 침례교회들은 침례교회의 정체성 정립을 위해 좀 더 구체적이고 실질적인 준비를 마련해야 한다.[112] 충분한 합의가 이루어지기 전에 성급하게 총회의 의결을 이끌어내는 것은 바람직하지 않다. 총회의 결정이 다수에 의해 이루어지는 것은 불가피한 일이지만, 다수결에 의한 결정만이 문제를 푸는 능사는 아닌 듯하다. 최근까지 보여준 문제해결 방식은 표 대결의 양상을 보여준 면이 없지 않다. 충분한 논의와 진정한 합의가 선행되지 않은 채 이루어진 총회 결의는 또 다른 갈등과 분열의 요인이 될 수 있다는 점을 기억해야 한다. 따라서 이제라도 좀 더 활발한 토론과 논의가 폭넓고 합리적으로 이루어질 수 있도록 노력해야 한다. 그 결과, 우리도 오늘날 한국침례교회가 직면한 현안들에 대한 합의를 우리의 손으로 만든 신앙고백을 통해 표현하고, 우리의 믿는 바를 체계적이고 구체적으로 선언할 필요가 있다.

주

1) 침례교회의 기원은 일반적으로 네 가지 학설이 있다: 침례교회 계승설, 성서적 교훈 연속설, 성서적 아나뱁티스트 영향설, 영국분리주의 결과설. H. Leon McBeth, *The Baptist Heritage* (Nashville: Broadman Press, 1987), 49-63 참조.

2) Bill J. Leonard, "교회," 「침례교신학의 흐름: 1845년부터 최근까지」, Paul Basden 편, 침례교신학연구소 옮김 (대전: 침례신학대학교출판부, 1999), 239-40.

3) 김용복, 「침례교신학: 침례교인의 신앙과 신학적 유산」(대전: 침례신학대학교출판부, 2006), 287.

4) Stanley J. Grenz, *Theology for the Community of God* (Nashville: Broadman & Holman Publishers, 1994), 688.

5) Walter B. Shurden, 「침례교 신학논쟁」, 김용복, 김태식 옮김 (서울: 침례회출판사, 2000), 19-22.

6) Leonard, "교회," 241-2.

7) Grenz, *Theology for the Community of God*, 718-9.

8) Gene A. Getz, 「직분론: 교회를 이끄시는 하나님의 계획」, 김형원 옮김 (서울: 국제제자훈련원, 2007), 474.

9) Grenz, *Theology for the Community of God*, 731-2; Dale Moody, *The Word of Truth* (Grand Rapids: Eerdmans Publishing Company, 1981), 454.

10) "목사들과 교사들"(the pastors and teachers)이 원문에 관사가 하나뿐이라는 사실에서 목사와 교사는 두 개의 직분이 아니라 하나의 직분으로 밀접한 관계를 가지는 것으로 이해된다. 즉, 목사-교사는 "양떼를 치거나 감독하고, 또 가르치는 이중적인

기능을 수행하는" 직분이었다는 것이다. David A. Mappes, "신약성경의 장로, 감독, 목사," 「미래목회 비전 리더십」, ed. Roy B. Zuck, 조계광 옮김 (서울: 생명의말씀사, 2000), 148-9; 웨인 그루뎀도 이 해석을 받아들였다. Wayne Grudem, 「조직신학 (하)」, 노진준 옮김 (서울: 은성, 1997), 111. 고린도전서 12장 28절에 나오는 직분/은사를 놓고도 이와 같은 해석의 차이가 있다. John Knox, "The Ministry in the Primitive Church," *The Ministry in Historical Perspectives*, ed. H. Richard Niebuhr and Daniel D. Williams (New York: Harper & Brothers, 1956), 17.

11) Mark Dever, "Baptists and Elders," Baptist Polity Conference, The Baptist Center for Theology and Ministry at New Orleans Baptist Theological Seminary, February 6, 2004, [온라인자료] http://www.9marks.org/CC/article/0,,PTID %20314526 %7CCHID598016% 7CCIID1744980,00.html, 2008년 12월 5일 접속.

12) Mappes, "신약성경의 장로, 감독, 목사," 149.

13) 김용복, 「침례교신학」, 377-8.

14) David A. Mappes, "성경에 나타난 '장로' 의 의미," 「미래목회 비전리더십」, 130. 그런데 장로가 사도행전에서 등장한 시기는 오순절 이후 12년이 지난 뒤였다는 점이 흥미롭다(Getz, 「직분론」, 70).

15) Moody, *The Word of Truth*, 456-7.

16) Ibid., 457. 감독이라는 칭호가 사용된 것은 그 지역이 로마식민지였고(행 16:12 참조), 이 용어는 식민지들의 감독자를 지칭하는 데 사용되었으므로 장로보다 더 친숙했기 때문이다(Getz, 「직분론」, 111). 이방인 지역으로 교회가 확장되면서 영적 리더들은 점차 감독이라는 이름으로 불렸고, 유대인과 이방인이 함께 있으면 두 용어가 모두 사용되었던 것으로 보인다(ibid., 240, 141).

17) Lawrence R. Eyres, 「하나님이 세우신 장로」, 홍치모 옮김 (서울: 총신대학출판부, 1985), 5.

18) Hans Kung, 「교회」, 정지련 역 (서울: 한들출판사, 2007), 583, 614.

19) Moody, *The Word of Truth*, 457.

20) 황성철, "한국 장로교 정치에 있어서 당회의 문제점과 그 해결을 위한 과제," 「신학지남」(1997 여름): 235.

21) Mappes, "신약성경의 장로, 감독, 목사," 146.

22) Grenz, *Theology for the Community of God*, 728.

23) Ibid., 721-3.

24) Ibid., 722

25) Schaff, *Apostolic Christianity A.D. 1-100*, 493; 김득룡, "장로교회 정치사상 연구," 「신학지남」(1981 가을/겨울): 91.

26) 이 당시 단일 감독으로는 에베소의 오네시모(Onesimus), 서머나의 폴리캅(Polycarp) 등이 있다(Knox, "The Ministry in the Primitive Church," 23).

27) Eric G. Jay, 「교회론의 역사」, 주재용 역 (서울: 대한기독교출판사, 1986), 49.

28) 김득룡, "장로교회 정치사상 연구," 93-4.

29) 이형기, "종교개혁과 평신도," 「교회직제와 평신도론」, 이형기 엮음 (서울: 장로회신학대학교출판부, 2001), 12.

30) Dever, "Baptists and Elders," Baptist Polity Conference.

31) 이형기, "종교개혁과 평신도," 20-5, 36.

32) 이후정, "직제와 평신도론: 감리교회의 경우," 「교회직제와 평신도론」, 339, 342-5. 한국감리교회는 1945년 직전 장로교와 합동하면서 장로교의 직제인 집사, 장로 제도를 채용했다. 동시에 이 때 장로교는 감리교로부터 권사제도를 받아들였다. 이런 현상은 "매우 비감리교회적 발상이지만 일면 한국교회의 권위주의나 위계적 구조를 잘 반영하고 있다"는 평가를 받기도 한다(ibid., 337).

33) 이형기, "종교개혁과 평신도," 37; 김득룡, "장로교회 정치사상 연구," 96; 황성철, "한국 장로교 정치에 있어서 당회의 문제점과 그 해결을 위한 과제," 227.

34) 이런 직제는 국가교회 체제에서 가능한 일이며, 교회가 여전히 국가로부터 통제를 받을 수밖에 없다는 문제점을 안고 있다. 일례로 이 체제는 목사가 실정법을 어기면 시의회에 의해 목사직을 박탈하게 했고, 사소한 죄도 최종적으로 시의회에 의해 처리하게 했다(이형기, "개혁교회(장로교)에 있어서 직제와 평신도," 「교회의 직제와 평신도론」, 213).

35) 이형기, "개혁교회(장로교)에 있어서 직제와 평신도," 184-91.

36) John T. McNeill, ed., *Calvin: Institutes of the Christian Religion, 2, The Library of Christian Classics, Vol. XX* (Philadelphia: Westminster Press, 1960), 1060-1.

37) 서철원, "장로제도," 「신학지남」(1992 봄): 76.

38) Mappes, "신약성경의 장로, 감독, 목사," 157.

39) Robert A. Wring, "Elder Rule and Southern Baptist Church Polity," *Journal for Baptist Theology and Ministry*, vol. 3. no. 1 (Spring 2005): 195, [온라인 학술지] http://baptistcenter.com/11%20Wring%20Revision.pdf, 2008년 12월 5일 접속.

40) Eyres, 「하나님이 세우신 장로」, 21.

41) Mappes, "신약 성경의 장로, 감독, 목사," 154.

42) T. F. Torrance, *The Eldership in the Reformed Church* (Edinburgh: the Handsel Press, 1984), 4, 홍치모, "장로제의 기원에 관한 역사적 고찰," 「신학지남」(1996 여름): 154에서 재인용.

43) Philip Schaff, *Apostolic Christianity A.D. 1-100, History of the Christian Church*, vol. 1, reprinted (Grand Rapids: Wm. B. Eerdmans, 1991), 496.

44) 홍치모, "장로제의 기원에 관한 역사적 고찰," 157.

45) Wring, "Elder Rule and Southern Baptist Church Polity," 195.

46) 한국적 상황에서 침례교신앙고백서를 통해 직제 문제를 다룬 최초의 논문은 "피영민, "침례교 신앙고백서에 나타난 교회직분론"(「복음과 실천」, 19집 [1996]: 529-55)이다. 여기서 도출된 결론은 대략 네 가지로 정리할 수 있다: 첫째, 역사적으로 2직분제를 고수하는 교회들이 압도적으로 많았다. 둘째, "복수장로제"가 시행되었지만, 장로들이 평신도라는 개념은 찾아볼 수 없다. 셋째, 3직분제를 취했다고 해서 징계의 대상이 되었다는 기록은 없다. 넷째, 그러므로 "교회직분론의 판단 차이는 교제의 장애물이 아니다."

47) William L. Lumpkin, *Baptist Confessions of Faith*, Revised Edition (Valley Forge: Hudson Press, 1969), 101. 이 책은 「침례교 신앙고백서」, 김용복 외 2인 역 (대전: 침례신학대학교출판부, 2008)로 번역되었다. 이 논문에서는 좀 더 정확한 분석을 위해 원본을

사용했다.

48) H. Leon McBeth, *A Source Book for Baptist Heritage* (Nashville: Broadman Press, 1990), 15, "피영민, "침례교 신앙고백서에 나타난 교회직분론," 537에서 재인용.

49) Lumpkin, *Baptist Confessions of Faith*, 109.

50) Ibid., 138.

51) Ibid., 121.

52) Ibid., 185.

53) Ibid., 194. 여기서 메신저들은 지역교회를 사역하는 직분이 아니라 전체 교회들을 관리하는 사역자들(superintendent)로 보는 것이 좋다. 이 직분은 특수침례교회에서는 나오지 않았고 일반침례교회에서 일시적으로 세워졌던 것 같다. H. Leon McBeth, *A Sourcebook for Baptist Heritage* (Nashville: Broadman Press, 1990), 366-7. 이는 마치 초대교회의 사도들과 같은 순회목회자들과 같은 성격이다.

54) Lumpkin, *Baptist Confessions of Faith*, 229.

55) Ibid., 319. 여기서는 감독과 장로/감독을 다르게 분류한 점이 특이하다. 하지만 감독을 메신저로 이해한 것으로 볼 때, 이 직분은 지역교회보다는 전체 교회들을 순회하는 사역자들로 보는 것이 좋다.

56) Ibid., 166.

57) Ibid., 198-9.

58) Ibid., 212-3. "여기서 세상에 복음을 전파하도록 적절한 은사와 자격을 부여받은 형제들"은 "메신저들"로 보인다. 하지만 31조에 직분자들을 언급하면서 인용한 성경구절을 근거로 "감독, 섬기는 자, 가르치는 자, 권위하는 자, 구제하는 자, 다스리는 자, 긍휼을 베푸는 자, 말씀 전하는 자, 공궤하는 자 등의 다양한 직분" 인정하는 것은 직분과 은사를 구분하지 못한 해석에서 비롯된 것으로 보인다.

59) Lumpkin, *Baptist Confessions of Faith*, 287. 제1차 런던고백서는 4직분을 말했는데, 2차 수정안에서는 2직분제로 변경되었다. 제2차 런던신앙고백서가 웨스트민스터신앙고백을 거의 그대로 모방하면서도 직제는 오히려 2직분제로 명시했다는 사실은 주목할 만하다.

60) Lumpkin, *Baptist Confessions of Faith*, 345-6.

61) "The Philadelphia Confession of Faith," *The Way, The Truth, and The Life* (Grand Rapids: The Baptist Publishing House, 1954), 27-8.

62) Lumpkin, *Baptist Confessions of Faith*, 356.

63) Ibid., 357-9.

64) Ibid., 365-6.

65) Ibid., 375.

66) Moody, *The Word of Truth*, 441.

67) Lumpkin, *Baptist Confessions of Faith*, 378, 379.

68) Ibid., 383.

69) Ibid., 396.

70) Ibid., 405.

71) Ibid., 409.

72) Ibid., 415.

73) Ibid., 416.

74) Ibid., 419.

75) Ibid., 427-8.

76) "20개 조항으로 된 짧은 신앙고백서"(1609); "네덜란드의 암스테르담에 남아 있는 영국인들의 신앙선언서"(1611); "30개 회중의 신앙과 실천"(1651); "표준 신앙고백서"(1660); "제2 런던신앙고백서"(1677); "정통신조"(1678); "필라델피아신앙고백서"(1742); "뉴햄프셔신앙고백서"(1833); "남침례신학대학원 원리강령"(1858); "미국침례교연합"(1905); "근본주의협회의 신앙고백서"(1921); "북미침례교연합"(1950); "남침례교 총회의 신앙고백서"(1925, 1963); "스웨덴 침례교의 신앙고백서"(1861); "불어권 침례교회들의 복음주의 연합회의 신앙고백과 교회론적 원리들"(1879, 1924); "복음주의 기독교인의 신앙교리"(1884, 러시아); "침례교신앙의 원리

와 이상들"(1926, 호주).

77) "짧은 신앙고백서"(1610); "참 복음신앙"(1654); "제1차 런던신앙고백서"(1644); "침례교성서연맹의 신앙조항들"(1923); "복음-자유교회 회중 연맹의 신앙고백서"(1944, 독일).

78) "미들랜드지방회 신앙고백서"(1655); "서머세트 신앙고백서"(1656); "케후키지방회 신앙조항들"(1777); "샌디크릭지방회 신앙원리들"(1816); "엘크혼과 사우스캔터키 혹은 분리침례교 지방회들 간의 연합문서"(1801); "자유의지침례교회의 신앙문서"(1834, 1848); "뉴질랜드 침례교연맹의 기초교리"(1882); "대영제국과 아일랜드의 침례교연맹 선언서"(1888); "캐나다의 온타리오와 퀘벡침례교 총회의 신앙고백서"(1925).

79) John Gill, "Of the Officers of a Church, Particularly Pastors," *A Book of Practical Divinity* [온라인 단행본] www.pbministries.org/books/gill/practical_divinity/ Book_2/ book2_o3.htm#[1], 2008년 10월 10일 접속.

80) Thomas J. Nettles, "리처드 펄먼," 「침례교신학자들」, 상, 침례교신학연구소 펴냄 (대전: 침례신학대학교출판부, 2008), 244.

81) Mark E. Dever, "존 대그," 「침례교신학자들」, 상, 277.

82) James Spivey, "베나자 하비 캐롤," 「침례교신학자들」, 상, 504.

83) Brad Creed, "교회의 지도자들," 「침례교신학의 흐름」, 267, 273.

84) Wring, "Elder Rule and Southern Baptist Church Polity," 201.

85) William W. Stevens, 「조직신학개론」, 허긴 역, 4판 (대전: 침례신학대학교출판부, 1977), 426-8.

86) Herschel H. Hobbs, *The Baptist Faith and Message*, revised (Nashville: Convention Press, 1996), 69.

87) 피영민, "침례교신앙고백서에 나타난 교회직분론," 545.

88) Larry J. Michael, *Spurgeon on Leadership: Key Insights for Christian Leaders from the Prince of Preachers* (Grand Rapids: Kregel Publications, 2003), 27, [온라인 단행본]http://books.google.com/books?hl=ko&lr=&id=UidkYbpXNZIC&oi=fnd&

pg=PA7&dq=spurgeon+and+leadership&ots=RsPFSy2_rO&sig=BTHD5wN5M1JUOU1TcYGokElhG0A#PPA27,M1, 2008년 11월 28일 접속.

89) Millard J. Erickson, *Christian Theology*, vol. 3 (Grand Rapids: Baker Book House, 1985), 1077-86.

90) Grenz, *Theology for the Community of God*, 725-9.

91) 워싱턴 D.C.에 있는 캐피탈힐침례교회(Capital Hill Baptist Church)의 목사인 마크 데버는 "장로 주도의 회중주의"(an elder-led form congregationalism)가 성서적이며 침례교적이라고 주장했다. Gary D. Myers, "Elders in Baptist churches? Conference examines the idea," *BPNews*, Feb. 13, 2004, 1, [온라인신문] http://baptistcenter.com/Event%20Info/Gary%20Myers%20-%20Elders%20in%20Baptist%20Churches.pdf, 2008년 12월 5일 접속. 실제로 데버의 교회는 다스리는 장로와 회중주의가 혼합된 교회다. 그 교회의 정치구조는 "장로회중정체"(a presby-gational polity)라고 볼 수 있다(Wring, "Elder Rule and Southern Baptist Church Polity," 208).

92) Wring, "Elder Rule and Southern Baptist Church Polity," 203.

93) 허긴, 「한국침례교회사」(대전: 침례신학대학교출판부, 1999), 94-7.

94) 김용해, 「대한기독교침례교회사」(출판지불명: 성청사, 1964), 16, 18.

95) 허긴, 「한국침례교회사」, 47-8.

96) Ibid., 336.

97) 김용해, 「대한기독교침례교회사」, 16, 20; 기독교한국침례회 총회 역사편찬위원회, 「한국침례교회사」(서울: 침례회출판사, 1990), 57. 대한기독교회의 직제는 신약성서의 초대교회에서 사용한 사역 형태와 매우 유사하다. 감목-안사-목사-감로-교사-전도인은 순회사역자들이고, 통장-총장-반장은 지역교회 사역자들이기 때문이다.

98) 김용해, 「대한기독교침례교회사」, 74; 기독교한국침례회 총회 역사편찬위원회, 「한국침례교회사」, 151-2.

99) 김용해, 「대한기독교침례교회사」, 85-6; 허긴, 「한국침례교회사」, 362-3.

100) 허긴, 「한국침례교회사」, 366.

101) 「기독교한국침례회 제72차 연차총회」(서울: 기독교한국침례회 총회, 1982), 10.

102) Ibid., 148.

103) W. W. Stevens, 「그리스도교 교리」(하권) 허긴 옮김 (대전: 침례신학교, 연도불명), 222-35. 이 책은 60년대 후반에 등사판 인쇄로 사용되다가 동일한 옮긴이에 의해 1978년 「조직신학개론」으로 재출판되었다; A. Gammage, 「조직신학원강」(대전: 침례신학대학출판부, 1993), 185. 이 책은 1970년대 행해진 강의를 재정리한 것이다.

104) 도한호, "침례교회에서의 장로 문제," 「복음과 실천」, 13집 (1990): 58. 이 논문에 따르면 침례교단 안에 소수의 교회가 장로를 세운 것은 1960년대 중반부터였다고 한다.

105) 1952년 11명이던 목사의 수가 1953년 57명으로, 1954년에는 96명으로 증가했다. 허긴, 「한국침례교회사」, 373.

106) 허긴, 「한국침례교회사」, 371, 374-7.

107) 도한호, "침례교회에서의 장로 문제," 58.

108) 원세호, 「직제에 관한 논쟁연구: 기독교한국침례회 직제논쟁」, I, II (서울: 국제신학연구소, 1992) 참조.

109) 「기독교한국침례회 제77차 연차총회」(서울: 기독교한국침례회 총회, 1988), 14.

110) 이상배, 「침례교신학」, 침례교신학강의안 (대전: 침례신학대학교, 연도불명), 51.

111) Wring, "Elder Rule and Southern Baptist Church Polity," 203, 205.

112) 기독교한국성결교회는 선교 100주년을 맞이하여 "성경교회신학연구 프로젝트 2002-2007"을 통해 5년 동안 총회와 신학교가 힘을 합쳐 성결교회의 정체성을 확립하기 위해 노력해왔고, 그 결과로 4,000여 페이지가 넘는 연구업적을 내놓았다: 「성경교회신학 역사적 유산자료연구집」(1171쪽); 「성결교회신학」(1224쪽); 「성결교회신학개요」(226쪽); *Introduction to the Theology of the Korean Evangelical Holiness Church* (178쪽); 「성결교회목회: 21세기 목회 매뉴얼」(820쪽); 「성결교회신학용어사전」(411쪽); 「온전한 구원의 신학: 영상으로 펼쳐지는 성결교회신학의 과거 현재 미래」(DVD).

참고문헌

「기독교한국침례회 제72차 연차총회」. 서울: 기독교한국침례회 총회, 1982.

「기독교한국침례회 제77차 연차총회」. 서울: 기독교한국침례회 총회, 1987.

기독교한국침례회 총회 역사편찬위원회. 「한국침례교회사」. 서울: 침례회출판사, 1990.

김득룡. "장로교회 정치사상 연구." 「신학지남」(1981 가을/겨울): 90-130.

김병서. "한국교회의 계층성과 장로제도." 「기독교사상」, 1994년 6월호, 86-98.

김용복. 「침례교신학: 침례교인의 신앙과 신학적 유산」. 대전: 침례신학대학교출판부, 2006.

김용해. 「대한기독교침례교회사」. 출판지불명: 성청사, 1964.

도한호. "침례교회에서의 장로 문제." 「복음과 실천」, 13집 (1990): 57-66.

서철원. "장로제도." 「신학지남」(1992 봄): 71-9.

원세호. 「직제에 관한 논쟁연구: 기독교한국침례회 직제논쟁」. I, II. 서울: 국제신학연구소, 1992.

이상배. 「침례교신학」. 침례교신학강의안. 대전: 침례신학대학교, 연도불명.

이형기 엮음. 「교회직제와 평신도론」. 서울: 장로회신학대학교출판부, 2001.

피영민. "침례교 신앙고백서에 나타난 교회직분론." 「복음과 실천」, 19집 (1996): 529-55.

허긴. 「한국침례교회사」. 대전: 침례신학대학교출판부, 1999.

홍치모. "장로제의 기원에 관한 역사적 고찰." 「신학지남」(1996 여름): 153-70.

황성철. "한국 장로교 정치에 있어서 당회의 문제점과 그 해결을 위한 과제." 「신학지남」(1997 여름): 216-51.

Basden, Paul, ed. 「침례교신학의 흐름: 1845년부터 최근까지」. 침례교신학연구소 옮김. 대전: 침례신학대학교출판부, 1999.

Dever, Mark. "Baptists and Elders," Baptist Polity Conference, The Baptist Center for Theology and Ministry at New Orleans Baptist Theological Seminary, February 6, 2004. [온라인 자료] http://www.9marks.org/CC/article/0,,PTID %20314526 %7CCHID598016%7CCIID1744980,00.html. 2008년 12월 5일 접속.

Erickson, Millard J. *Christian Theology*. Vol. 3. Grand Rapids: Baker Book House, 1985.

Eyres, Lawrence R. 「하나님이 세우신 장로」. 홍치모 옮김. 서울: 총신대학출판부, 1985.

Gammage, A. 「조직신학원강」. 대전: 침례신학대학출판부, 1993.

Getz, Gene A. 「직분론: 교회를 이끄시는 하나님의 계획」. 김형원 옮김. 서울: 국제제자훈련원, 2007.

Gill, John. "Of the Officers of a Church, Particularly Pastors." *A Book of Practical Divinity* [온라인단행본] www.pbministries.org/books/gill/practical_divinity/Book_2/book2_o3.htm#[1]. 2008년 10월 10일 접속.

George, Timothy and David S. Dockery, ed. 「침례교신학자들(상)」. 침례교신학연구소 펴냄. 대전: 침례신학대학교출판부, 2008.

Grenz, Stanley J. *Theology for the Community of God*. Nashville: Broadman & Holman Publishers, 1994.

Grudem, Wayne. 「조직신학(하)」. 노진준 옮김. 서울: 은성, 1997.

Hobbs, Herschel H. *The Baptist Faith and Message*. Revised. Nashville: Convention Press, 1996.

Jay, Eric G. 「교회론의 역사」. 주재용 역. 서울: 대한기독교출판사, 1986.

Küng, Hans. 「교회」. 정지련 역. 서울: 한들출판사, 2007.

Lumpkin, William L. *Baptist Confessions of Faith*. Revised Edition. Valley Forge: Hudson Press, 1969.

McBeth, H. Leon. *A Sourcebook for Baptist Heritage*. Nashville: Broadman Press, 1990.

__________. *The Baptist Heritage*. Nashville: Broadman Press, 1987.

Michael, Larry J. *Spurgeon on Leadership: Key Insights for Christian Leaders from the Prince of Preachers* (Grand Rapids: Kregel Publications, 2003), 27. [온라인 단행본] http://books.google.com/books?hl=ko&lr=&id=UidkYbpXNZIC&oi=fnd&pg=PA7&dq=spurgeon+and+leadership&ots=RsPFSy2_rO&sig=BTHD5wN5M1JUOU1TcYGokElhG0A#PPA27,M1. 2008년 11월 28일 접속.

McNeill, John T., ed. *Calvin: Institutes of the Christian Religion, 2. The Library of Christian Classics, Vol. XX*. Philadelphia: Westminster Press, 1960.

Myers, Gary D. “Elders in Baptist churches? Conference examines the idea,” *BPNews*, Feb. 13, 2004. [온라인신문] http://baptistcenter.com/Event%20Info/ Gary%20Myers%20-%20Elders%20in%20Baptist%20Churches.pdf. 2008년 12월 5일 접속.

Niebuhr, H. Richard and Daniel D. Williams, ed. *The Ministry in Historical Perspectives*. New York: Harper & Brothers, 1956.

“The Philadelphia Confession of Faith.” *The Way, The Truth, and The Life*. Grand Rapids: The Baptist Publishing House, 1954.

Schaff, Philip. *Apostolic Christianity A.D. 1-100, History of the Christian Church.* Vol. 1. Reprinted. Grand Rapids: Wm. B. Eerdmans, 1991.

Shurden, Walter B. 「침례교 신학논쟁」. 김용복, 김태식 옮김. 서울: 침례회출판사, 2000.

Stevens, William W. 「조직신학개론」. 허긴 역. 4판. 대전: 침례신학대학교출판부, 1977.

Wring, Robert A. "Elder Rule and Southern Baptist Church Polity." *Journal for Baptist Theology and Ministry*, vol. 3. no. 1 (Spring 2005): 188-212. [온라인 학술지] http://baptistcenter .com/11%20Wring%20Revision.pdf. 2008년 12월 5일 접속.

Zuck, Roy B., ed. 「미래목회 비전 리더십」. 조계광 옮김. 서울: 생명의말씀사, 2000.

제4장
침례교 전통에서의 개교회, 지방회, 총회의 관계

김 도 년 | 울산침례교회

Ⅰ. 들어가는 말

역사신학자 자로슬라브 펠리칸(Jaroslav Pelican)은, "전통(tradition)은 '죽은 자들의 산 신앙'(living faith of the dead)이고, 전통주의(traditionalism)는 '산 자들의 죽은 신앙'(dead faith of the living)이다"[1]라고 말했다. 그의 지적이 옳다면, 침례교회의 전통, 곧 침례교 후손들이 계승해야 할 선조들의 산 신앙은 무엇인가? 역사적 침례교회는 그 신학적 다양성에도 불구하고 '신자의 교회'(believer's church)로 집약되는 교회론적 공통성으로 인해 일관된 신앙적 전통을 이어왔다. 필자의 견해로는 이러한 침례교 신앙 전통의 핵심에는 '자유'의 개념이 자리 잡고 있다.[2] 신적 은총에 반응할 수 있는 개인 영혼의 자유, 정치, 종교적 권력의 강요나 압제에 굴하지 않을 신앙 양심의 자유, 성령의 인도에 따라 주체적으로 성서를 탐구해갈 수 있는 성서 해석의 자유, 사랑의 계명과 헌신의 명령에 순종할 수 있는 제자도의 자유, 하나님 나라 건설을 위해 상호 협력할 선교적 자유 등이 침례교 신앙의 소중한 자산일 것이다.

이 자유 개념을 바탕으로 침례교회는 태동 초기부터 개교회의 자율성을 최대한 보장하면서도 상호 교제와 복음 전파를 위한 자발적인 협동 정신을 개발해 왔다. 그러한 정신이 구체적으로 표현된 영역이 개교회와 지방회 및 총회와의 관계이다. 본 논문은 17세기 영국침례교회와 18세기 미국침례교회를 중심으로 교회, 지방회, 총회와의 관계를 밝힘으로써, 역사적 침례교회의 전통을 이어 가는데 일조하고자 한다.

Ⅱ. 17세기 영국 침례교에서의 개교회, 지방회, 총회의 관계

영국침례교회의 초기 역사에서 개교회와 지방회의 관계를 규명하기 위해서는 지역교회와 우주적 교회, 혹은 가시적 교회와 비가시적 교회에 대한 침례교회의 입장을 이해하는 것이 우선적으로 요청된다. 일반침례교회와 특수침례교회 양자 모두 진정한 교회는 지역 교회와 우주적 교회를 포함하며, 가시적인 동시에 신비적 성격을 지니고 있다고 주장했다.[3] 1678년에 출판된 일반침례교회의 정통신조(Orthodox Creed)는 이러한 교회론적 입장을 명확히 보여주고 있다: "선택된 자를 전체 회원으로 받아 형성된 하나의 거룩한 보편 교회가 존재한다. 그것은 유일한 머리가 되신 그리스도 아래 하나의 지체로서 과거에도 현재에도 미래에도 모이는 택자들로 구성된다…. 그럼에도 땅 위에는 그리스도의 가시적 교회가 하나의 보편

교회 혹은 그리스도의 신비적 몸을 이루는 여러 회중들로 구성되어 있음을 우리는 믿는다….[4] 따라서, 그들은 영국 내 복음주의자들이나 다른 개신교도를 함께 우주적 교회를 이루는 참된 신자 공동체라고 인정했다. 일반침례교회는 사망한 유아들이 하나님의 자비에 근거하여 우주적 교회에 허입된다고 믿었고, 심지어 유아세례를 시행하는 교회들조차 우주적 교회의 일원이라고 양해했다.[5] 특수침례교회는 그 신학적 특성상 일반침례교회에 비해서 유아세례를 행하는 캘빈주의적 교회들에 대해 더욱 관용적이었다. 이처럼 초기 영국의 침례교회는 개교회의 진정성과 독립성을 인식하면서도 다른 교회들과 연합할 수 있는 개방성을 갖고 있었다. 이러한 교회론적 포용성은 침례교 연합정신(Baptist connectionalism)의 교리적 기초가 되었다.[6] 그리고 이러한 연합정신 혹은 지방회주의(associationalism)는 초기의 대표적인 신앙고백서에 명확히 드러나 있다: "그리고 비록 개별적인 회중들이 별도로 여러 개의 지체로 되어 있다 하더라도, 그 각자는 그 자체로 작고 균형잡힌 하나의 자치 단체다. 그러나 모든 회중은 오직 하나의 동일한 규율과 협의하기에 편리한 모든 수단에 따라 걸어가야 한다. 그리고 교회의 유일한 머리이신 그리스도 아래에서 공동의 믿음으로 한 지체가 된 회원들처럼 교회의 필요한 모든 일에서 서로 도와야 한다."[7]

지방회(association)는 "동일한 지리적 영역 내에 있는 침례교회들이 공동 관심사들에 대해 자발적으로 협력하기 위한 만든 조직이다."[8] 침례교 지방회의 기원을 해명하는 데 있어서 크게 두 가지 이론이 양립되고 있다. 침례교 교회사가들인 로버트 토벳(Robert Torbet)과 럼프킨(Lumpkin), 로버트 베이커(Robert A. Baker), 그리고 레온 맥베쓰(H. Leon McBeth) 등은 태동기의 침례교가 크롬웰 군대의 군사 편제를 교회 연합 활동을 위해 차용했다고 주장한다. 토벳(Torbet)에 따르면, '지방회'라고 번역된 'association'이라는 단어 자체는 원래 군사 용어로서, 1642년-1649년 기간, 왕당파와 의회파가 내전을 벌일 때, 의회파의 지도자 올리버 크롬웰의 군대가 향토방위를 목적으로 각 지방 별로 모집한 신규병의 편제를 뜻한다. 당시 의회군에 가담했던 아일랜드(Ireland) 지방의 침례교인들은 그 군대가 해산된 후에도 교회들 간에 상호 교제와 격려, 그리고 복음 전도를 위해 그 용어를 차용함으로써, 정치, 군사적 용어에 교회론적 의미를 부여했다는 것이다.[9] 한편, 빌 레너드(Bill Leonard)는 화이트(B. R. White)의 영국 분리주의 기원설을 소개한다. 와이트(White)에 따르면, 영국 내전 당시 활용되던 의회군의 군사조직과 침례교의 지방회(association)는 직접적인 연관성이 없고, 오히려 침례교 지방회는 교회간의 협동을 이미 실천하고 있었던 영국 분리주의자들에게서 영향을 받았으며, 1644년의 런던신앙고백서를 산출한 런던 침례교 연합을 영국 침례교 지방회의 효시로 볼 수 있다는 것이다.[10] 한편, 피영민은 17세기 영국 침례교 지방회 제도가 다양한 요소에 의해 형성되었음을 여러 침례교 교회사가들의 연구를 요약, 소개해 주고 있다. 첫째, 신약 교회를 지향했던 영국침례교회는 성서적 모본을 따라서 교제와 사랑어린 후원, 그리고 복음 사역의 효율성을 위해 지방회 제도를 발전시켰다는 '성서적 요소'(Biblical ground)이다. 둘째, 영국 국교의 교구 시스템과는 전혀 다른, 독립적이면서도 상호 협력적인 '교회론적 요소'(ecclesiological ground)이다. 셋째, '교회 관계적 요소'(ecclesiastical ground)이다. 영국침례교회는 교회간의 협동을 이미 시행하고 있었던 영국 분리주의자(Separatist)들의 영향을 받아, 지방회 제도를 개발했다는 것이다. 피영민은 어느 한 쪽의 이론에 치우치지 않은 채 다양한 요소들의 상호 작용에 의해 침례교 지방회 제도가

생겼다고 말한다.[11)]

영국침례교회의 지방회가 형성된 시기는 대략 17세기 중반이었고, 적어도 1660년 이전에 지방회는 침례교회 간 연합 활동의 전형적인 통로가 되었다.[12)] 최초의 일반 침례교 연합 모임이 1651년, 침례교 강세 지역인 미들랜드(Midland) 지역의 중심부에 위치한 레스터셔(Leicestershire)에서 열렸다. 인근 지역 30개 교회가 교회별로 2명의 대표를 파송하여 구제와 지속적인 연합 사업을 위해 협력하였고, "30개 회중의 신앙과 실천"이라는 지방회 공식 신앙고백서를 채택하였다.[13)] 이것이 일반 침례교 지방회의 효시라고 볼 수 있다. 1638년, 런던에서 존 스필스버리(John Spilsbury)에 의해 시작된 특수침례교회는 일반침례교회에 비해 출범 자체는 늦었지만 지방회 활동은 거의 비슷한 시기에 시작하였다. 영국 국교회의 신부였다가, 1649년 침례교로 개종한 존 마일즈(John Miles)는 웨일즈(Wales) 지방에서 전도 활동을 시작하여 자신의 고향인 일스톤(Ilston) 마을에 교회를 세웠고, 인근 지역에 두 개의 교회를 더 설립한 후, 연합 활동을 위해 지방회를 조직하였는데, 이것이 최초의 특수침례교 지방회인 웨일즈(Wales) 지방회이다. 일반침례교회나 특수침례교회를 막론하고 영국침례교회는 출범 초기부터 개교회의 독립성만을 고수하는 '고립적 개인주의'를 벗어나서, 지방회를 중심한 '상호적 연합주의'(mutual connectionalism)에 헌신했다.

초기 영국 침례교 지방회는 당면한 문제 상황에 공동으로 대처했다. 이러한 지방회 활동에의 참여는 교회들로 하여금 일치감을 갖게 해주었 뿐만 아니라, 다양한 주제에 대한 연합회 차원의 조언(conciliar)을 받을 수 있는 이점을 제공해 주었다.[14)] 지방회의 활동 방향은 성서적 모범을 따라 회원 교회 상호간의 교제와 구제라는 기본적인 목적뿐 아니라, 특별히 당시 침례교회가 처한 역사적 상황에 의해 상당 부분 규정되었다. 지방회 활동에서 첫 번째로 주목할 만한 부분은 신앙고백서를 작성하는 것이었는데, 이는 당시 침례교회가 박해받는 종교적 소수자로서 자신의 정체성과 종교적 신념을 변호해야 할 필요성을 절감했기 때문이었다. 공식적인 지방회가 결성되기 이전인 1644년, 런던지역의 7개 특수침례교회는 자신들이 펠라기우스(Pelagius)주의자와 같은 이단자나, 국가의 정체를 부정하는 무정부주의자라고 공공연히 매도되는 현실에 적극 대응하기 위해 런던신앙고백서를 채택한 바 있다.[15] 최초의 일반침례교회 지방회인 미들랜드(Midland) 지방회가 채택한 신앙고백서인 "30개 회중의 신앙과 실천"(1651년) 역시 박해자들의 이름을 구체적으로 거명하지는 않았지만 그들이 처한 심각한 박해의 현실을 암시하고 있다.[16] 그 신앙고백서는 정부의 종교적 핍박에 대응하고 종교 자유의 염원을 담은 것이었다. 1654년에 개최된 일반침례교회 최초의 총회인 General Assembly도 침례교회가 위험한 음모자요 기존 질서의 전복자라는 일반적인 곡해에 대해 적극적으로 해명하는 문서를 발표하였다.[17] 동시에 신앙고백서는 침례교 특유의 종교 자유에 관한 신념을 지방회 차원에서 제시하는 주요 통로가 되었다. 1677년에 발표된 제2 런던 신앙고백서의 21장 2조는 잔인한 종교 박해자들을 향해 신앙 양심의 자유를 담대히 선언하고 있다: "하나님 한 분만이 양심의 주인이시다…. 양심과 반대되는 교리 혹은 계명을 믿거나 순종하는 것은 진정한 양심의 자유를 배반하는 것이다. 또한 무조건적인 믿음 및 완전하고 맹목적인 순종을 요구하는 것은 양심과 이성의 자유를 파괴하는 것이다."[18] 이처럼 지방회는 신앙고백서의 채택을 통해 국가 권력의 종교 박해에 대처하고, 신앙 양심의 자유라는 종교적 신념을 표명함으로써, 자신의 종교적 정체성을 명확히 선언하였다.

지방회 활동의 또 다른 방향은 이단에 대한 대처였다. 특별히 침례교 생성 초기에는 퀘이커교도(Quakers)로 인한 피해가 막심하였다. 원래 침례교인이었던 케이커의 창시자 죠지 폭스(George Fox)는 퀘이커 운동을 일으킨 후, 1647년 노팅엄셔(Nottinghamshire)의 일반 침례교도 가운데서 첫 추종자를 얻은 이래, 인근 레스터셔(Leicestershire)와 블링톤(Broughton)에서 성공적인 설교로 주목을 받고, 침례교의 강세지역인 미들랜드(Midland) 지방에서 퀘이커의 영향을 확산시키기 시작했다.[19] "30개 회중의 신앙과 실천"을 채택한 미들랜드(Midland)의 일반침례교회 지방회는 퀘이커의 영향을 차단하기 위해 온갖 힘을 기울였다. 그로부터 4년 후인 1654년, 다니엘 킹(Daniel King)의 지도 하에 미들랜드(Midland)의 특수침례교회 지방회가 결성되었다. 그 주된 목적은 역시 미들랜드(Midland) 지방 침례교회를 위협하고 있던 폭스(Fox) 추종자들의 왕성한 활동을 격퇴하기 위함이었다.[20] 또한 1654년에 결성된 일반침례교회의 총회인 General Assembly는 종교 박해에 대응함과 동시에 당시에 유행하던 이단적 종말론인 제5왕국운동(Fifth Monarchy Movement)을 단호하게 거부하였다.[21] 그리고 1678년에 작성된 일반침례교회의 '정통 신조'(Orthodox Creed) 또한 켄트와 서섹스 지방에서 활동하던 매튜 카핀(Matthew Caffyn)의 아리우스주의 '호프만 기독론'(Hoffmannite Christology)론을 반박하려는 목적을 갖고 있었다.[22]

지방회 활동의 또 다른 영역은 교회내의 문제를 해결하고 목회의 실제적인 도움을 주는 것이었다. 예를 들면, 새신자에게 안수를 베풀 것인지 여부, 예배 중에 찬송을 사용할 것인지 여부, 교인에 대한 권징의 문제, 목회자의 재교육을 위한 지원, 그리고 지역 선교를 위한 교회들의 협력 등

의 문제들에 대해 지방회는 교회들의 자문에 응하고 교회를 후원하는 역할을 감당했다.[23]

초기 영국 침례교 지방회의 형성 및 활동 과정을 살펴보면 일반침례교회와 특수침례교회 간에는 상당한 차이점이 있다는 것을 알 수 있다. 일반침례교회는 특수침례교회에 비해서보다 적극적으로 지방회 활동을 통한 연합 정신(connectionalism)을 공유하고, 교회들을 조직화하려는 경향을 보였다. 따라서, 개교회의 자율성을 희생시킬 정도의 조직화를 시도하지는 않았지만, 교회들 간의 느슨한 협력을 지향했던 특수침례교회에 비해서 중앙집권적인 성향을 띠고 있었다. 그리하여 일반침례교회가 지방회 생성 초기인 1654년에 이미 개교회 대표(messenger)들로 구성된 전국 단위의 총회인 General Assembly를 결성한 것은 우연이 아니다. 1678년, 버밍햄셔(Buckinghamshire), 베드포드셔(Bedfordshire), 옥스포드(Oxford) 등 미들랜드(Midland)지역의 일반 침례교 지방회가 발표한 정통신조(Orthodox Creed)는 지방회나 총회의 권위를 강조한 17세기 후반 미들랜드(Midland) 지역 일반침례교회 지방회의 특징을 잘 보여준다. 특별히 39조는 개교회와 지방회의 관계 설정에 있어서 중요한 기준을 제시한다:

> 전체 종교회의 혹은 총회는 그리스도 안에 있는 여러 교회의 감독들, 장로들, 형제들로 구성되며, 모든 교회로부터 합법적으로 소집된다. 이 모든 교회들은 대의원들을 보내 함께 모여 하나의 교회를 이룬다. 그들은 그리스도의 이름으로 행동하기 위해 전체 모임이나 총회에서 법적인 권리와 참정권을 갖게 된다. 이 회의는 신성한 권위를 가지게 되는데, 이는 통일성과 이단의 방지를 위해 하늘 아래 최선의 방법이다. 또한 이 회의는 그 자신의 제한된 범위 안에서 무엇이든 회중 안에서 감독권을 가진

다. 그리스도의 특정한 교회에서 부정이 있거나 혹은 이단과 분열이 생기는 경우, 그와 같은 모임 혹은 총회에 이를 호소해야 한다. 전체 총회에서 결정하는 목소리는 다수결에 의해 가결한다. 또는 그와 같은 총회는 경청하고 결정하고 출교시킬 법적인 권한을 갖는다.[24)]

이 조항은 개교회 위에 지방회라는 하나의 '상위 교회'를 인정하며, 또한 지방회가 교회나 교인에 대한 감독권과 출교권을 가진 지배 기구임을 선언하는 것으로 해석될 수 있다. 이 경우, 개교회의 자율성이라는 침례교의 중요한 원리가 훼손될 가능성이 있다. 그런데, 주목할 것은 정통신조(Orthodox Creed)는 중앙집권적 기구로서의 지방회를 강조하는 17세기 '유일한' 신앙고백서라는 점이다.[25)] 즉, 정통신조(Orthodox Creed)는 개교회 자율성에 근거하여 연합 운동을 벌이던 침례교의 흐름에서 하나의 예외적인 현상이었다는 것이다. 블래크니(Brackney)에 의하면, 정통신조(Orthodox Creed)의 영향은 미들랜드(Midland) 지역에 제한되어 있었고, 또한 지방회의 권위주의적 성향에 대해 강력히 거부하는 대표자들조차 있었다.[26)] 오히려 당시 일반침례교회의 목회자였던 토마스 그랜덤(Thomas Grantham)은 개교회 위에 군림하는 지방회의 '우월적 권위'(superiority)를 거부하고, 개교회들의 연합체인 지방회는 '형제적 관심'(brotherly interest)을 가질 뿐이라고 말했다.[27)] 교회 간의 연합운동에 대한 관심이 높은 일반침례교 내에서 지방회나 총회의 권위를 강조하고 교회들을 조직화하려는 경향은 간헐적으로 나타나긴 했으나, 결국 1689년의 총회(General Assembly)에서는 총회가 개교회에 대한 통제력을 행사할 수 없다는 결정이 내려졌고,[28)] 이것이 개교회의 자율성을 보장하는 침례교회의 전통이 되었다.

특수침례교회는 애초부터 개교회 위에 군림하는 지방회의 권위를 인정하지 않고, 교회들의 '친교와 협력의 장'으로서의 지방회라는 원칙을 고수했다. 특수침례교회 최초의 지방회인 웨일즈(Wales) 지방회는, 비록 지방회의 설립자인 존 마일즈(John Miles)가 장로교의 권위주의를 침례교에 유입시키려 한다는 비난을 받긴 했지만,[29] 새신자에게 안수례를 베푸는 것, 사역자의 재혼, 회중 예배에서의 찬송 사용, 방언 사용 등의 문제나, 교회 정체(polity)나 권징(discipline), 심지어 목회지 이동 등의 예민한 문제들을 해결함에 있어서도 지역회중이나 대표자들의 합의하에 이루어 내었다.[30] 개교회의 독립성(independence)과 상호의존성(interdependence)이라는 침례교회의 이상이 실현되는 교제의 장(場)이 지방회라면, 개교회의 자치권과 지방회의 협력정신을 조화시킨 런던 특수침례교회 지방회의 제2차 런던 신앙고백서(1677)는 후대의 침례교 역사를 위한 전범(典範)이 될 수 있다. 특별히 교회에 관한 26장 15조를 주목해볼 필요가 있다.

> 교리 혹은 행정에서의 다툼들이나 차이점들의 경우에 대해 교회 전체가 관여된 것이든지, 혹은 어떤 한 교회가 그들의 평화, 연합, 그리고 교화에 관해서든지, 혹은 어떤한 교회의 회원이나 회원들이 진리나 질서에 동의하지 않아서 받게 되는 징계의 과정에서 부당하게 취급받는 것 등의 문제들에 대해서는, 많은 교회들이 서로의 교제를 유지하고 각 교회들이 사자들을 파송하여 그처럼 차이가 나는 문제들에 대해 검토하며 조언하고, 관련된 모든 교회들에게 보고하도록 하는 것이 그리스도의 정신에 부합되는 것이다. 그러나 사자들의 모임에서는 소위, 교회의 고유한 권능이 부여된 것은 아니며, 또한 교회들이나 혹은 개인들을 징계할 수 있는 어떠한 사법권도, 그리고 그들이 그들의 결정을 교회들이나 직분자들에게 부과할 수 있는 권한도 부여되지 않았다.[31]

1689년, 특수침례교회 최초의 총회(General Assembly)가 런던에서 열렸을 때, 다루어진 첫 번째 중요한 주제가 지방회의 권위에 관한 것이었다. 총회는 개교회의 자율성을 철저하게 옹호하며, 지방회나 총회의 지배적 권위를 거부했다: "우리는 개교회 위에 군림하는 모든 종류의 지배권이나 감독권을 거부한다. 또한 우리는 신앙이나 행습에 관하여 그리스도의 교회에 부과하는 어떤 권위나 권능을 갖고 있지 않음을 천명한다. 총회의 목적은 조언과 권면을 통해 상호 도움을 주는 것이다."[32] 이와 같이 특수침례교회는 초기부터 개교회의 자율성을 충분히 보장하는 가운데, 지방회와 총회의 차원에서 친교와 일치, 그리고 협동의 이념을 실현하려고 노력했다.

Ⅲ. 18세기 미국 침례교에서의 개교회, 지방회, 총회의 관계

미국 침례교 지방회의 기원에 관하여 몇 가지 소수파 이론들이 있다. 일찍이 19세기 말의 침례교 교회사가인 헨리 베더(Henry C. Vedder)는, 침례교의 지방회 제도는 영국 침례교와는 상관없이 퀘이커 교도들의 '연례 모임'을 모방한 것이라고 주장했다. 그러나 그의 주장을 면밀히 검토한 죠나단 린제이(Jonathan A. Lindsey)는 케이커의 교회론과 침례교의 교회론 간에는 근본적인 차이가 있으므로 베더(Vedder)의 주장은 학문적 근거를 결여하고 있다고 평가절하했다.[33] 지역교회와 우주적 교회, 가시적 교회와 신비적 교회를 통합시키는 침례교의 교회론을, '말씀과 영'(Word versus Spirit) 혹은 '영과 육'(spirit versus flesh)을 날카롭게 대립시키는 신령주의자

(Spiritualist)인 퀘이커의 교회론과 화해시키는 것은 불가능한 일이다. 그런 점에서 린제이(Lindsey)의 논점은 유효한 것으로 보인다. 미국 침례교 지방회의 기원에 관한 또 다른 소수파 이론은 로버트 가드너(Robert G. Gardner)가 주창한 '6원리 침례교회(six principle Baptists) 기원설이다. 6원리 침례교회란 영국의 일반침례지도자 존 그리피스(John Grifith)가 제시한 히브리서 6:1-2절의 6대 원리를 신조의 기준으로 삼은 교회를 말한다. 가드너(Gardner)에 따르면, 영국에서 이민해 온 6원리 침례교인들이 1670년 로드 아일랜드(Rhode Island) 지역에서 19개의 교회 연합으로 지방회를 구성하였고, 이것이 미국 침례교 지방회의 효시라는 것이다. 그 연합 모임의 명칭이 General Meeting 혹은 Yearly Meeting 등 다양하게 불리워졌지만, 그 모임의 성격만은 분명히 지방회라는 것이 가드너(Gardner)의 주장이다.[34] 월터 셔던(Walter B. Shurden)은 가드너(Gardner)의 주장에 일단 지지를 보낸다. 셔던(Shurden)에 따르면, 로드 아일랜드(Rhode Island) 지방의 교회 연합 모임은 비록 1764년까지는 'association'이라는 공식 명칭을 사용하지는 않았지만, 교회들 간의 교제와 조언, 그리고 징계 등 전형적인 지방회 활동을 수행한 것으로 보아 '선구적'(pioneer) 지방회의 유형을 이룬다고 평가된다.[35] 이에 반해 맥베쓰(McBeth)는 유보적인 입장을 보인다. 그에 따르면, 핵심적인 문제는 지방회를 어떻게 정의할 것인가 하는 문제이다. 단순히 비공식적인 교제의 모임이 아니라, 일관된 목적과 조직을 갖춘 교회들의 연합 모임이 지방회라고 한다면, 로드 아일랜드(Rhode Island) 연합 모임은 공식적인 지방회로 볼 수 없다는 것이다.[36]

진정한 의미에서 미국 침례교 지방회는 1707년, 필라델피아(Philadelphia) 지방회의 설립에서 시작되었다고 보는 것이 정설이다. 그리고 필라델피아 지방회는 미국 침례교 내부의 '자생적' 운동이라기보다는 영국 침례교로부터 수입된 '외래적' 산물이라고 보는 것이 옳다. 필라델피아(Philadelphia) 지방회를 형성하는 데 기여한 주요 인물이 연합활동에 힘썼던 런던의 저명한 침례교 목사 벤자민 키치(Benjamin Keach)의 아들인 엘리스 키치(Elias Keach)였다. 엘리스 키치(Elias Keach)는 1688년, 12명의 멤버로써 페너펙(Pennepek) 침례교회를 세웠는데, 그들 가운데 5명은 침례교의 지방회 활동이 활발했던 웨일즈(Wales)의 레드노셔(Radnorshire) 출신의 침례교인이고, 다른 한 사람은 아일랜드(Ireland)의 킬케니(Kilkenny)출신의 존 베이커(John Baker)인 데, 그는 이미 아일랜드(Ireland)에서 침례교 연합 활동에 친숙한 사람이었다.[37] 이로써 보건대, 키치(Keach) 지도하의 페네펙(Pennepek) 교회는 설립 초기부터 영국에서 경험한 지방회 연합 활동을 미국에서 적용할 준비가 되어 있었던 것이다. 키치(Keach)는 활발한 전도활동을 통해 트랜돈(Trenton), 체스터(Chester), 뉴저지(New Jersey) 및 펜실베니아(Pennsylvania) 지역의 작은 촌락에까지 지교회를 개척했다. 키치(Keach)의 지교회들은 봄, 가을에 정기적인 교제 모임을 가졌다. 그러나 지교회의 성장과 먼 거리로 인한 여행상의 문제로 지교회들은 독립하게 되었다. 이렇게 독립한 지교회들 중의 대표적인 교회가 1698년에 조직된 필라델피아(Philadelphia) 제일 침례교회이다. 모교회인 페너펙(Pennepek) 침례교회와 필라델피아(Philadelphia) 제일 침례교회를 중심으로 해마다 가져오던 정기 모임을 발전시켜 마침내 1707년 필라델피아 침례지방회를 결성하게 되었다.[38] 한편, 셔던(Shurden)은 필라델피아 지방회 설립에 있어서 또 다른 영국침례교회의 영향을 언급한다. 웨일즈(Wales)에서 지방회 활동에 열성적이었던 토마스 그리피스(Thomas Griffith)가 설립한 웰쉬 트랙(Welsh Tract) 침례교회가, 1701년 펜실베니아(Pennsylvania)로 이주하여 또 하나의 이민자 교회를 형성하였는데, 이것이 6년 후 필라델피아 지방회의 설립에 기폭제 역할을 하였다는 것이다.[39] 이처럼 영국 침례교의 지방회 연합활동에 영향을 받아 설립된 필라델피아 지방회는 미국 침례교회 최초의 지방회였을 뿐만 아니라, 차후에 설립될 지방회들의 성격과 활동 방향을 제시해 주는 규범적(normative) 역할을 하게 되었다.[40]

초기의 미국 침례교 지방회는 크게 세 그룹으로 나뉘어 발전해 갔다. 각 그룹은 지역적 특성이나 신앙 행습의 차이로 인한 다양성을 갖고 있었음에도 불구하고, 지방회 활동에 있어서는 놀라우리만큼 유사성을 보였다. 먼저 일반침례교회에서는 필라델피아 지방회가 공식적으로 형성되기 이전인 1670년, 로드 아일랜드(Rhode Island) 지역의 6원리 침례교회가 General Meeting을 통해 일종의 원(原)지방회 (proto-associational) 활동을 선보였다. 셔던(Shurden)에 따르면, 로드 아일랜드(Rhode Island) 일반침례교회들은 1729년, 상호 교제와 훈육, 그리고 조언의 목적을 가지고 총회로 모였으므로, 미국 침례교 역사상 두번째 공식적인 지방회라고 보아서 무리가 없을 것이다.[41] 그러나 18세기 일반침례교회의 전반적인 쇠퇴와 자료의 빈곤으로 인하여, 미국 침례교 지방회 발전에 미친 일반침례교회의 영향은 미비한 수준에 그칠 수밖에 없었다.[42]

지방회의 발전을 이끌어간 두 번째 그룹은 특수침례교회(Particular Baptists) 혹은 정규침례교회(Regular Baptists)이다. 먼저 필라델피아 지방회는 미국 침례교 지방회의 기본적인 틀을 형성하는데 큰 공헌을 하였다. 필라델피아 지방회는 미국 침례교 최초의 지방회였을 뿐만 아니라, 펜실바니아, 뉴저지, 그리고 버지니아주의 침례교회들을 포괄할 만큼 큰 규모의 지방회가 되었기 때문이다. 필라델피아 지방회는 1742년 필라델피아 신앙고백서를 채택하였다. 이 신앙고백서는 예배시 찬송을 사용하는 것과 침례식에서 수침자에게 안수례를 행하는 것을 첨가한 것 이외에는 1689년도 영국 특수침례교회의 총회 신앙고백서와 거의 동일한 내용이었다.[43] 필라델피아 신앙고백서에 나타난 온건한 복음주의적 칼빈주의 신학은 향후 미국 침례교의 신학을 자유의지론자들의 알마니안(Arminian) 인본주의와 극단 칼빈주의의 결정론(determinism of the Hardshells)으로부터 지켜주는 신학적 보루 역할을 했다.[44] 결국, 필라델피아 신앙고백서는 버지니아의 케톡톤(Ketockton)지방회(1766)를 필두로, 로드 아일랜드의 와렌(Warren) 지방회(1767), 찰스턴(Charleston) 지방회(1767) 등에 의해 채택됨으로써 강력한 '필라델피아 전통'을 형성하게 되었다. 특수침례교회의 두 번째 지방회이자 남부 지방 최초의 지방회인 챨스턴(Charleston) 지방회는 1751년 올리버 하트(Oliver Hart)의 주도 하에 설립되었다. 챨스톤 지방회는 초기부터 개교회주의에 집착한 교회들의 무관심과 비협조적 태도로 인해 지방회 발전에 어려움을 겪었다. 그러나 교회들 간의 교제와 공동의 관심사들, 곧 목회자 재교육과 국내 선교사업을 추진함으로써, 지방회의 틀을 잡아갔다.[45] 특수침례교회의 세 번째 지방회는 1767년에 설립된 로드 아일랜드(Rhode Island) 지역의 와렌(Warren)지방회이다. 와렌(Warren) 지방회가 위치한 뉴 잉글랜드(New England) 지역에서는 교회들의 연합체인 지방회가 개교회 위에 군림하여 지배권을 행사할 가능성에 대한 우려가 팽배하였다. 그리하여 교회들의 참여도 미미했고, 심지어 지방회 서기로 임명된 이삭 벡커스(Isaac Backus)마저 동참하기를 거부했다. 마침내 지방회의 권력화에 대한 의구심이 해소되자, 21개 교회가 지방회에 가입하였다.[46] 미국

침례교 역사에 있어서 와렌(Warren) 지방회의 공헌은 무엇보다도 종교적 박해가 심했던 뉴 잉글랜드(New England) 교회들의 힘을 결집시켜 종교 자유를 위한 투쟁에서 선봉에 섰다는 점이다.

지방회의 발전을 이끌어간 세 번째 그룹은 분리침례교회(Separate Baptists)이다. 일반침례교회나 특수침례교회는 모두 영국에서 수입된 교회였다. 그에 반해 분리침례교회는 대각성 운동 기간 뉴 잉글랜드(New England) 회중주의자들 중에서 출현한 미국 침례교의 자생적 운동이다.[47] 1726년부터 약 50년간 지속된 대각성 운동은 장로교회와 회중교회에 큰 부흥을 가져왔지만, 그 과정에서 분출된 '과격한 감정주의'는 교회의 분열을 초래했다. 회중교회 내에서 감정적 부흥운동을 찬성하는 쪽을 신광(New Light) 혹은 분리파(Separates)라고 했고, 반대파를 구광(Old Light)라고 불렀는데, 신광파들이 침례교로 개종하여 이룬 교회가 분리침례교회이다.[48] 분리침례교회의 중심지는 노스 콜로니아(North Carolina)의 샌디 클리크(Sandy Creek)이었다. 1755년에 뉴 잉글랜드(New England)로부터 샌디 클리크(Sandy Creek)으로 이주한 슈벌 스턴즈(Shubal Stearns)와 다니엘 마셜(Daniel Marshall)의 주도 하에 교회가 급성장하자, 마침내 1758년에는 9개 교회가 연합하여 샌디 클리크(Sandy Creek) 지방회를 결성하기에 이르렀다. 복음적 열정과 감정주의를 특징으로 하는 샌디 클리크(Sandy Creek) 지방회는 공적인 회무를 다루기는 하였으나, 그 주된 강조점은 설교와 복음 전도에 주어져 있었다.[49]

이처럼 미국 침례교 역사에서 세 가지 유형의 교회들이 각기 고유한 방식으로 교회를 형성하고 지방회를 발전시킴으로써 침례교 역사에 기여했다. 미국 침례교 지방회의 활동을 종합적으로 살펴본다면[50] 다음과 같다.

지방회의 첫번째 기능은 회원 교회들 간의 교제를 통한 상호 격려(mutual edification)에 있었다.[51] 신대륙의 열악한 환경에서 원거리에 흩어져 있던 회중들에게 있어서 정기적인 만남을 통한 교제와 일치감을 제공하는 것은 지방회의 가장 기본적인 역할이었을 것이다. 지방회의 두 번째 기능은 신앙과 행습에 있어서 안전한 기준을 제공하는 것이었다.[52] 1742년 필라델피아 지방회가 발표한 필라델피아 신앙고백서를 후일에 설립된 지방회들이 채택함으로써 18세기 후반의 미국 침례교회는 교리적 안정감과 신앙적 일치감을 갖게 되었다. 그러한 일치를 실현하기 위하여 지방회는 때로 불건전하거나 이단적 신앙을 가진 목회자를 배제하거나 축출하는 일마저 마다하지 않았다.[53] 뿐만 아니라, 지방회는 교회 생활의 실제적인 문제들에 대하여 조언하여 교회의 일치와 안정에 도움을 주었다. 예를 들어, 예배에서 찬송을 부르는 문제, 노예인 교회 회원의 결혼 문제, 이혼과 재혼의 문제, 권징의 문제, 교회에서 여성의 역할의 문제 등, 개교회가 처한 갖가지 문제들에 대해 지방회는 건전한 조언을 통해 개교회를 도왔다. 지방회의 세 번째 기능은 교육 사업을 활성화하는 것이었다. 필라델피아 지방회는 1722년에 이미 목회자 교육을 위해 기금을 모았고, 1764년에는 로드아일랜드(Rhode Island) 침례대학을 후원하는데 주도적인 역할을 했다. 1755년 이후에는 찰스톤 지방회를 비롯해서 많은 지방회들이 목회자 양성을 위한 교육기금을 마련하기 위해 협력했다.[54] 지방회의 네 번째 주요 기능은 사회적 활동에 있었다. 그 중에 가장 두드러진 것은 종교 박해가 심했던 뉴 잉글랜드(New England) 지역에서 와렌(Warren) 지방회가 중심이 되어 벌였던 종교 자유를 위한 청원이었다. 사실상 1767년에 와렌(Warren) 지방회가 결성된 주요 목적들 중의 하나도 종교 자유를 위한 투쟁을 강화하기 위한 것이었다.[55] 이삭 벡커스(Isaac Backus)를 중심한 청원위원회(Grievance Committee) 위원들의 노력으로, 와렌(Warren) 지방회는 미국 역사상 종교 자유를 위한 투쟁 역사에 뚜렷한 기여를 하게 되었다. 그 뿐 아니라, 1788년 필라델피아 지방회는 알콜 문제의 폐해를 목격하고 치료적 목적이외의 음주를 삼가도록 권면하였다. 또한 1789년에 동 지방회는 노예 문제가 사회적 쟁점이 되기 이전에 이미 선구적인 관심을 기울여, 노예 제도를 점진적으로 폐지해야 할 것을 제안했다.[56] 지방회의 다섯째 주요 기능은 선교적 관심의 제고였다. 지방회 결성 초기부터 선교적 관심을 고양시켜 온 필라델피아 지방회는 1745년 이래 버지니아(Virginia) 주에 지속적으로 선교사를 파송하였고, 선교 기금을 모금하였다. 1772년에는 데이비드 죤스(David Jones)를 서부 인디안족에게 파송하여 인디안 선교를 시도했으며, 윌리엄 케리(William Carey)의 인도 선교 소식이 알려지자 윌리엄 로저스(William Rogers)를 모금책으로 임명하여 적극적으로 해외 선교에 동참하였다.[57]

위와 같이 미국 침례교는 지방회 활동을 통해 상호 교제와 일치, 교육과 협력, 그리고 사회 봉사와 선교 사업을 추진해 나갔다. 그런데 지방회 활동이 활발하게 추진되면서, 불가피하게 대두된 것이 개교회와 지방회의 관계였다. 최초의, 그리고 가장 영향력 있는 지방회로서, 차후에 결성될 지방회들의 역할 모델이 된 필라델피아 지방회에서 개교회와 지방회의 관계는 이 문제의 해결을 위한 중요한 단서를 제공한다. 필라델피아 지방회는 전술(前述)한대로 지방회 내 교회들로부터 의뢰받은 문제들을 해결하는 책임을 위임받았다. 지방회는 순회전도자의 신임장을 세밀히 검토함으로써 교회를 이단의 위험으로부터 보호하는 책임을 감당했고,

예배에서 악기 사용의 문제, 교회에서 여성의 역할, 침례식에서 수침자에 대한 안수 문제, 성찬 집행 대상의 문제 등 교회 내 다양한 문제들에 대한 자문을 해주었다. 그리고 여타 개신교와의 관계 설정 문제나 도박, 알콜, 혹은 노예 문제 등, 교회 간 혹은 사회적 이슈들에 대한 상담을 해주었다. 그러나 그 최종 결정은 개교회의 자유재량에 맡겨져 있었다.[58] 따라서 지방회는 회원 교회들을 속박하거나 통제하는 권세를 갖고 있지 않았다. 그렇지만 현실적으로는 개교회의 자율성과 지방회의 권위 사이에서 긴장과 갈등이 발생할 가능성이 있었다. 이런 문제들에 대해서 지방회의 정리된 입장을 보여주는 실례가 1749년, 펜실바니아 주 바쿠스 카운티의 몽고메리 침례교회의 목사인 벤자민 그리피스(Benjamin Griffith)가 기초하여 연합회에서 인준받은 "지방회의 권위와 의무에 관한 에세이"이다.

> 지방회는 개교회 위에 군림하는 우월적 사법기관이 아니다. 오히려 개교회가 예수 그리스도로부터 부여받은… 완전한 권세와 권위를 가지고 있다… 그리고 개교회는 목회자를 안수하고, 징계나 교회정치를 행함에 있어서 다른 어떤 교회나 지방회로부터 독립해 있다… 독립적인 권세와 권위를 가진 교회가 자발적으로 동의하여… 지방회에 가입할 경우에, 지방회는 가입 교회들을 감독하는 우월적 사법기관이라고 여겨서는 안되고, 오히려 교회를 섬기는 위치에 선다.[59]

이 문서에 따르면, 개교회는 완전한 자율성과 권세를 가지고 교회를 운영할 수 있으며, 지방회는 가입교회들을 돕고 섬기는 자문 역할을 하는 것으로 규정되고 있다. 그러나 이어지는 문장들은 약간의 단서를 붙여 지방회의 권한을 명시함으로써 개교회의 자율성이 혼란을 초래하지 않고 질서를 유지할 수 있도록 조치했다. 즉, 지방회가 회원을 추방(excommunicate)할 수 있는 제명권을 갖고 있지는 않은 것이 사실이지만, 회원 교회들에 대한 단순한 자문 역할을 넘어서 '상당한 권세'를 행사할 수 있다고 선언한다. 예를 들어, 교리와 행습에 있어서 정도를 벗어나는 교회에 대해서는 교제를 '철회'하거나, 회원권을 '배제'하거나 혹은 모든 지방회 가입교회에 '통보'할 수 있는 권세를 가지고 있다. 나아가서, 지방회 내 한 개인이 신앙과 행습에 있어서 비난받을 만한 행위를 하였을 때에는, 복음의 원리에 따라 징계하도록 교회에 '권면'하거나, 합당한 대표를 보내어 교회의 징계를 '지원'할 수 있다는 것이다.[60] 이처럼, 필라델피아 지방회는 개교회의 자율성과 지방회의 권위를 적절한 선에서 타협하여 상호 긴장 속에서 침례교의 이상을 실현하려고 노력하였다.

전술(前述)한 사우스 칼로니아(South Carolina) 주의 찰스턴(Charleston) 지방회는 1751년, 필라델피아 지방회에서 활발하게 사역했던 올리브 하트(Olive Hart)의 주도 하에 설립되었다. 따라서 찰스턴(Charleston) 지방회는 자연스럽게 필라델피아 지방회의 신앙고백과 행습을 충실히 따르게 되었다. 초기 미국 침례교회사를 저술한 데이비드 베네딕트(David Benedict)는 찰스턴(Charleston) 지방회 문서의 분석을 통해 개교회와 지방회의 관계에 대한 찰스턴(Charleston) 지방회의 입장을 이렇게 요약한다: "교회의 독립성이 확언되었고, 지방회의 권한은 조언을 위한 협의회의 수준으로 제한되었다."[61] 필라델피아 지방회와 찰스턴 지방회가 공동으로 파송한 선교사들에 의해서 1769년에 세워진 지방회가 노스 캐롤리아(North Carolina) 주의 케우키(Kehukee) 지방회이다. 케후키 지방회는 대각성 운동의 결과로 생겨난 그 지역의 분리침례교회와의 연합을 추구하면서 1777년에 신앙고백서를 작성하였는데, 그 고백서에 담긴 개교회와 지방회의 관계에 대한 항목은 필라델피아 지방회의 영향을 고스란히 반영하고 있다.

> 우리는 모든 교회가 치리의 문제에 있어서 독립적이라고 믿는다. 지방회들, 협의회들, 그리고 일부 목회자들이나 교회들의 협회들은 교회들에게 교회의 판단에 반대되는 어떠한 원리 혹은 실천을 지키고 유지하며, 보존하도록 강요해서는 안 된다…. 지방회에서 문제들에 대한 결정은 교회들의 동의 없이 그들에게 강요한다거나 구속하는 것이 되어서는 안되며, 단지 권고하는 협의회로 자리매김 되어야 한다.[62]

18세기 개교회와 지방회의 관계를 살피는데 있어서 고려해야 할 마지막 지방회는 최초의 분리침례교회 지방회인 샌디 클리크(Sandy Creek) 지방회이다. 감정의 발산, 열정적 예배, 체험적 신앙 등을 강조하는 부흥운동의 깊은 영향 속에 탄생한 샌디 클리크(Sandy Creek) 지방회는 종교적 개인주의, 은사주의, 그리고 성서주의 등을 특징으로 했다. 월터 셔던(Walter B. Shurden)은 샌디 클리크(Sandy Creek) 지방회의 신앙적 특성을 '열정' (Ardor)라는 단어로 요약하면서, 필라델피아 지방회의 신앙노선을 계승한 찰스턴(Charleston) 지방회의 질서(Order)와 대비시키면서, 건강한 침례교 전통은 찰스턴(Charleston)의 질서(Order)와 샌디 클리크(Sandy Creek)의 열정(Ardor) 간의 변증법적 종합이라고 주장한다.[63] 일부 학자들은 슈발 스턴즈(Shubal Stearns)가 이끈 샌디 클리크(Sandy Creek) 지방회는 반(半) 장로교적(semi-Presbyterian) 과거 유산을 버리지 못한 채, 당시 침례교의 일반적인 흐름과 달리 지방회의 권한을 강화시키는 중앙집권적 교회론을 제시했다고 주장했다.[64] 그러나 셔던(Shurden)은 이런 해석에 대해 두 가지 근거를 제시하면서 강한 반론을 제기한다. 첫째, "급진적인 종교적 개인주의"(radical religious individualism)를 특징으로 하는 샌디 클리크(Sandy Creek) 지방회는 그들의 과거 권위주의적 교회론과 단절하였을 뿐만 아니라 오히려 그에 대하여 반발(react)했다는 것이다. 둘째, 개교회를 지방회의 권위 아래 두고자 했던 슈발 스턴즈(Shubal Stearns)의 행동은 그의 개인적 성향의 문제였을 뿐이었고, 샌디 클리크(Sandy Creek) 지방회는 권위주의를 거부했다.[65] 결국, 샌디 클리크(Sandy Creek) 지방회는 독립적이고 자율적인 교회론에 바탕하여,[66] '민주적인' 지방회 연합 운동을 추진하였던 것이다.[67] 이처럼, 18세기 미국 침례교는 '자율과 협력'이라는 개교회-지방회 관계의 이상(ideal)을 큰 굴곡 없이 정착시켜 갔던 것을 알 수 있다.[68]

대각성 운동(Great Awakening Movement)의 영향으로 양적인 성장과 질적인 성숙을 경험하기 전까지, 18세기 미국 침례교회는 교회 생활과 조직 구조에 있어서 원시적 단순성을 넘어서지 못하고 있었다. 그러나 대각성 운동의 영향으로 각 지역에서 교회들의 성장과 함께 지방회의 영역을 넘어 전국적 차원에서 연합해야 할 필요성이 제기되었다. 그 첫 번째 시도로써 1770년, 모건 에드워드(Morgan Edwards)는 필라델피아 지방회를 중심으로 각 지방회마다 한 사람씩 대표를 파송하여 침례교의 전국적 통합을 위한 단체를 설립할 것을 제안하였다.[69] 그러나 이 안은 개교회 위에 군림할 권력 기구의 대두를 우려한 교회들의 거부로 인해 실현되지 못했다. 1776년에는 종교 자유의 투쟁을 선도하던 버지니아(Virginia)주의 와렌(Warren) 지방회가 효과적인 투쟁을 위해 '대륙 연합회'(Continental Association)의 결성을 제의했으나, 관련자들 간의 복잡한 이해관계와 미성숙한 여건 등으로 인해 좌절되고 말았다.[70] 이처럼 때 이른 범 지방회 연합운동은 성공하지 못했다. 그러나 이러한 연합운동은 1766년 이래 분열되었던 버지니아(Virginia)의 정규침례교와 분리침례교 간에 일치의 기운을 불러일으키는 효과를 가져왔다. 필라델피아 전통의 토대에 굳게 서 있는 정규침례교는 '고백주의'(confessionalism)적 성향을 띠고 있었고, 부흥운동의 산물인 분리침례교는 '경험주의'(experientialism)적 성격을 갖고 있었기 때문에, 양 진영의 화해는 쉽지 않은 것 같아 보였다. 그러나 연합 운동에 자극받아 상호 이해와 신뢰가 축적되고, 당면한 문제들 곧 종교 자유의 투쟁이나 선교 운동의 대의를 위하여 대립적 성향의 두 교회는 마침내 1787년 '연합'(union)되었던 것이다.[71] 이어서, 1794년에는 사우스 칼로니아(South Carolina)의 벧엘지방회가 남부 지역 교회들의 연합회 조직을 추진하였다. 또한 필라델피아 지방회는 1799년에 '전국회의'(General Conference)의 소집을 요청하였고,[72] 1802년에는 전국 각지의 지방회간 교신을 위한 통신 위원회의 설치를 제안하였다.[73] 이러한 연합 노력의 결실로 나타난 것이 1814년의 '전국선교총회'(The General Missionary Convention of the Baptist Denomination in the United States for Foreign Missions) 혹은 '3연차 총회'(Triennial Convention)이다. 비록 최초의 전국 침례교연합 모임이 총회(convention)이라는 명칭을 사용했지만, 그 조직구조와 내용은 기본적으로 해외 선교에 초점을 맞춘 협회(society)체제였다.[74] 즉, 총회가 교회나 지방회 위에 군림하는 상위 기관이 아니라, 선교 협회나 교회 혹은 기독교 기관이 각각 2명 이하의 대표자를 파송하여 선교를 위해 상호 협력하는 기관으로서 구성되었던 것이다. 물론 19세기 미국 침례교의 역사에서 중앙집권적 성향의 총회 모델(convention model)과 민주적 성향의 협회 모델(society model)이 서로 경합해 왔고, 노예 문제나 정치적 성향, 경제적 여건, 지역 문화, 혹은 종교적 경향성 등 여타의 요소들이 복합적으로 결합하여 결국 1845년 남북 침례교가 분열된 것이 사실이다.[75] 그러나 최초의 침례교 전국적 연합 조직인 '3연차 총회'가 합리성과 효율성을 명분으로 통제나 지배를 행사하는 중앙집권적 조직이 아니라, 민주적 원리에 의해 운영되는 자발적인 협력 기관이었다는 것은, '자율과 협력'이 미국 침례교 전통의 핵심이라는 사실을 드러내주고 있다.

Ⅳ. 결론

17세기 영국침례교회는 지역교회와 우주적 교회를 포괄하는 교회론적 포용성으로 침례교 연합 정신을 위한 교리적 기초를 놓았다. 이 연합 정신이 구체적으로 표현된 영역이 지방회의 조직과 활동이었다. 지방회는 '신자의 교회'(believer's church)라는 비전 때문에 박해 받는 종교적 소수자들인 침례교인들 간에 상호 교제와 격려를 제공하고, 신앙고백서의 발행을 통해 자신의 정체성을 명확히 하고 종교적 신념을 변호했다. 또한 파괴적인 이단에 공동으로 대처하고, 목회자의 안수나 교육, 혹은 교회 내 권징을 위한 조언을 제공하며, 교회 개척과 같은 선교사업에 동역하는 주요 통로가 되었다. 연합 운동에 적극적이었던 일반침례교회 지방회는 중앙집권적인 성향으로 인해 자율성과 독립성을 강조하는 개교회와 갈등을 빚기도 하였다. 그러나 일반침례교회는 갈등을 슬기롭게 해결하여, 결국 개교회의 자율성을 존중하는 전통을 남겼다. 특수침례교회는 애초부터 개교회의 자율성을 토대로 '친교와 협력의 장'이라는 지방회 정신을 일관되게 이어 나갔다. 영국침례교회의 총회는 지방회 위의 상위기구가 아니라 오히려 확장된 지방회이며 모든 교회들이 회집된 총회(general assembly)로서, 교회들 간의 교제와 조언, 그리고 협력을 위한 장이었다. 따라서 초기 영국침례교회는 개교회, 지방회, 총회의 계급적 구조를 거부하고, 개교회의 자율성이 존중된 민주적 협력 체제를 세워나갔던 것이다.

18세기 미국침례교회는 1707년 필라델피아 지방회의 설립과 더불어 본격적인 활동을 시작했다. 1742년의 필라델피아 신앙고백서를 신앙의 기준으로 채택한 정규침례교회 제(諸)지방회들은 조직과 질서를 중요시하면서도 개교회의 자율성을 보장하는 전통을 세워 나갔다. 대각성 운동의 산물로 등장한 분리침례교회는 경험주의(experientialism)와 종교적 개인주의를 특징으로 했다. 분리침례교회의 대표적인 지방회인 샌디 클리크(Sandy Creek) 지방회는 슈발 스턴즈(Shubal Stearns)와 같은 지도자의 개인적 카리스마로 인해 한 때 개교회의 자율성이 위협받은 적이 있었으나, 결국 지방회 권위주의를 거부하고 '자율적 협동'이라는 교회론적 전통을 확립해 나갔다. 미국 침례교회 역시 영국침례교회와 마찬자리로 지방회를 통해 상호 교제와 일치, 교육과 협력, 종교 자유를 위한 투쟁, 나아가서 사회봉사와 선교 사업을 추진해 나갔다. 그 뿐만 아니라, 지방회를 통한 연합정신은 결국 1814년, 선교총회라는 전국적 조직의 결성으로 열매를 맺었다. 선교총회라는 이름에서 볼 수 있듯이, 총회는 선교를 위한 개교회, 지방회, 선교협회 등의 협력의 장이다. 협회(society) 모델에 기반한 선교 총회의 조직 원리는 수직적, 지배적 구조가 아니라, 수평적, 협동적 구조였다. 초기의 미국 침례교회는 상호 모순적으로 보이는 자율과 협력, 혹은 독립성(dependence)과 상호의존성(inter-dependence)이라는 원리를 조화시키려고 노력했다. 협동정신은 개교회와 지방회의 관계, 개교회와 총회의 관계, 지방회와 총회의 관계를 관통하는 기본 정신이다. 그리고 이러한 미국 침례교 초기 전통은 후일의 침례교 역사를 위한 건강한 모델이 되고 있다.

태동기의 영국침례교회와 미국침례교회는 각각 처한 정치적, 종교적 상황이 달랐음에도 불구하고, 개교회의 자율성에 근거한 지방회의 협동정신을 전통으로 남겼다. 총회 또한 개교회나 지방회의 상위 기구가 아니라, 확대된 지방회이며, 교회들의 연합을 극대화할 수 있는 기회의 공간으로 자리매김하였다. 개교회, 지방회, 총회의 '자율과 협력'은 침례교회 조상들이 남겨준 아름다운 전통, 곧 '산 신앙'(living faith)이다. 이러한 조상들의 '산 신앙'을 교회 현실에 접목하는 것은 오늘의 침례교회에 남겨져 있는 몫이다.

주

1) Jaroslav Pelican, *The Christian Tradition: A History of the Development of Doctrine, vol. 1. The Emergence of the Catholic Tradition* (Chicago: The University of Chicago Press), 9.

2) Walter Shurden은 침례교의 정체성을 규정하는 네 가지 영역의 자유를 다음과 같이 정의한다. Bible freedom, Soul freedom, Church freedom, Religious freedom. Walter B. Shurden, *The Baptist Identity: Four Fragile Freedoms* (Macon, GA.: Smyth & Helwys Publishing, Inc., 1993).

3) Walter Shurden, "The Associational Principle, 1707-1814: Its Rationale" *Foundations* 21 (July-September 1978): 216.

4) William L. Lumpkin, 「침례교신앙고백서」, 김용복, 김용국, 남병두 역 (대전: 침례신학대학출판부, 2008), 371.

5) Hugh Wamble, "The Beginning of Associationalsim Among English Baptists" *Review and Expositor* 54 (October 1957): 544-5.

6) Ibid., 547.

7) Lumpkin, 207-8.

8) Malcome G. Shotwell, "Reclaiming the Baptist Principle of Associations" in *Baptists in the Balance: The Tension between Freedom and Responsibility*, ed. Everett C. Goodwin (Valley Forge, PA., Judson Press, 1997), 11.

9) Robert G. Torbet, 「침례교회사」, 허긴 역 (대전: 침례신학대학출판부, 1984), 52. Lumpkin 역시 Torbet과 함께 초기 영국 침례교의 지방회는 "그 시대의 군사, 정치적 조직"을 모방했다고 주장한다. Lumpkin, 211. Dale Moody는 Torbet이나 Baker의 주장을 적절하고 근거 있는 것이라고 지지한다. Dale Moody, "The Shaping of Southern

Baptist Polity," *Baptist History and Heritage* 14 (July 1979): 5. McBeth는 Torbet의 주장에 흔쾌히 동의하여 다음과 같이 말한다: "역사 기록은 침례교인들이 지휘관으로서, 병사로서, 그리고 군목으로서 광범위하게 참여했다는 것을 증거한다. 군대가 해산된 뒤, 침례교인들은 [association]이라는 그 친숙한 이름과 기술을 교회 생활에 적용했고, 지방회 제도는 여기서 비롯되었다". H. Leon McBeth, *The Baptist Heritage: Four Centuries of Baptist Witness* (Nashville, Tenn.: Broadman Press, 1987), 96.

10) B. R. White, *The English Baptists of Seventeenth Century*, rev. ed. (Didcor, England: Baptist Historical Society, 1996), 67-8. Bill Leonard, *Baptist Ways: A History* (Valley Forge, PA., Judson Press, 2003), 53에서 재인용. White가 주장하는 17세기 영국 침례교에 미친 분리주의 영향설에 대해서는 B. R. White, *The English Separatist Tradition: From the Marian Martyrs to the Pilgrim Fathers* (London: Oxford University Press, 1971), 116-41 및 160-69를 참조하라. 침례교 지방회의 기원설에 대해 비교적 객관적인 입장을 견지하는 Leonard조차 White가 언급한 1644년의 런던 침례교 연합을 '원(原) 지방회' (proto-association)라고 부르기도 한다. Bill J. Leonard, *Baptist Ways*, 52.

11) 이에 대한 상세한 내용은 피영민, "침례교 지방회 제도의 발전," 「복음과 실천」, 14 (1991): 355-358 참조.

12) Lumpkin, 211-2.

13) Ibid., 212.

14) William H. Brackney, ed., *Baptist Life and Thought: 1600-1980 A Source Book* (Valley Forge, PA.: Judson Press, 1983), 59.

15) Lumpkin, 177.

16) Lumpkin, 212.

17) McBeth, *The Baptist Heritage*, 96.

18) Lumpkin, 328.

19) Ibid., 212.

20) Ibid., 234.

21) McBeth, 96.

22) Ibid., 344.

23) Ibid., 312-7 참조.

24) Lumpkin, 380-81.

25) Ibid., 345.

26) Ibid.

27) Wamble, "The Beginning of Associationalism," 555.

28) Ibid.

29) Lumpkin, 255.

30) McBeth, *The Baptist Heritage*, 317.

31) Lumpkin, 337.

32) Rippons' Baptist Annual Register IV (1801-2), supplement, p. 48. Wamble, "The Beginning of Associationalism," 556에서 재인용.

33) Jonathan A. Lindsey, "Patterns Established by the Philadelphia Association among Baptists in the Eighteenth Century," *The Quarterly Review* 34 (January-March 1974): 60.

34) Robert G. Gardner, "The Statistics of Early American Baptists," *Baptist History and Heritage* 24 (October 1989): 35.

35) Walter B. Shurden, "The Development of Baptist Associations in America, 1707-1814," *Baptist History and Heritage* 4 (January 1969): 34.

36) McBeth, *The Baptist Heritage*, 240.

37) Torbet, 242; Shurden, "The Development of Baptist Associations in America, 1707-1814," 33 참조.

38) 필라델피아 지방회의 형성과정에 대해서는 Torbet, 243-4를 참고하라.

39) Shurden, "The Development of Baptist Associations in America, 1707-1814," 33.

40) Winthrop S. Hudson, "The Associational Principle Among Baptists," in *Baptists The Bible,*

Church Order and the Churches. Essays from Foundations: A Baptist Journal of History and Theology. ed. Edwin S. Gaustad (New York: Arno Press, 1980), 13.

41) Shurden, "The Development of Baptist Associations in America, 1707-1814," 34.

42) Ibid.

43) Lumpkin, 409.

44) McBeth, 241.

45) Ibid.,

46) Ibid., 242-3.

47) Shurden, 35.

48) 피영민, "침례교 지방회 제도의 발전," 368 참조.

49) Shurden, 36.

50) 미국 침례교 지방회의 기능에 관한 연구로는 다음을 참조하라. Lindsay, "Patterns Established by the Philadelphia Association among Baptists in the Eighteenth Century," 60-8; Hudson, "The Associational Principle Among Baptists," 15-23; Walter B. Shurden, "The Associational Principle, 1707-1814" Foundations 21 (July-September 1978): 220-22; McBeth, *The Baptist Heritage*, 243-46.

51) Hudson, "The Associational Principle Among Baptists," 15.

52) Shurden, "The Associational Principle, 1707-1814," 221,

53) Ibid.

54) McBeth, 246.

55) Torbet, 271.

56) Lindsay, 68.

57) Hudson, "The Associational Principle Among Baptists," 18.

58) Torbet, 245.

59) H. Leon McBeth, *A Source Book for Baptist Heritage* (Nashville, Tenn.: Broadman Press, 1990), 146.

60) Ibid.

61) Ibid., 160.

62) Lumpkin, 418-9.

63) McBeth, The Baptist Heritage, 234.

64) Shurden, "The Development of Baptist Associations in America, 1707-1814," 36. 초기 미국 침례교의 역사가인 Morgan Edwards는 Sandy Creek 지방회의 권위주의적인 관행에 관하여 다음과 같이 보고한다: "[지방회]에 너무 많은 권한이 주어져서 개교회는 거의 아무런 힘을 발휘할 수 없었다." Walter B. Shurden, "Church and Association: A Search for Boundaries" *Baptist History and Heritage* 14 (July 1879): 39. Edwards 보고의 '진정성' 문제와 Sandy Creek 지방회 내 권위주의적 관행의 '지속성' 문제에 관하여는 더 깊은 연구가 필요할 것이다.

65) Ibid.

66) McBeth, The Baptist Heritage, 234.

67) 이에 관하여는, Sandy Creek 지방회가 발표한 'Rules of Decorum'(지방회 예의 규범) 9조를 참고하라: "고통받는 교회의 요청에 관심을 기울이는 것은 지방회의 의무이다. 지방회는 조언을 하거나, 위원회를 파견하여 해당 교회를 지원해야 한다." McBeth, *A Source Book for Baptist Heritage*, 165.

68) 이 사실은 18세기가 마무리될 무렵인 1791년에 발표된 Shaftsbury 지방회의 회의록에서 확인된다: "…우리는 상호 도움을 주고받는 관계이다…. 만일 어느 교회가 이단에 빠져들면, 지방회는 전 교회들에게 통지하여 더 이상 교제를 하지 않게 해야 할 의무가 있다…. 지방회는 교회 내 권징의 문제에 관하여 결정할 수 있는 아무런 권세를 갖고 있지 않으며, 단지 조언을 하고 견해를 피력할 수 있을 뿐이다…." Brackney, *Baptist Life and Thought: 1600-180 A Source Book*, 131.

69) Brackney, 132.

70) Jesse C. Fletcher, *The Southern Baptist Convention: A Sesquicentennial History* (Nashville, Tenn.: Broadman and Holman Publishers, 1994), 36

71) 이에 관한 상세한 내용은 McBeth, *A Source Book for Baptist Heritage*, 165-6을 참조하라.

72) Fletcher, 36.

73) Torbet, 269.

74) McBeth, 344. 이를 확증해주는 3연차 총회의 최초 연례보고서의 요약문을 보려면, Brackney, 170-1을 참조하라.

75) 이에 관한 상세한 내용은 Robert A. Baker, *Relations Between Northern and Southern Baptists* (Ft. Worth: Marvin D. Evans Printing Company, 1954) 및 김승진, "미국 남침례교 총회의 형성 과정," 「복음과 실천」, 19 (1996): 90-112를 참조하라.

참고문헌

Baker, Robert A. *Relations Between Northern and Southern Baptists*. Ft. Worth: Marvin D. Evans Printing Company, 1954.

Brackney, William H. ed., *Baptist Life and Thought: 1600-1980 A Source Book*. Valley Forge, PA.: Judson Press, 1983.

Fletcher, Jesse C. *The Southern Baptist Convention: A Sesquicentennial History*. Nashville, Tenn.: Broadman and Holman Publishers, 1994.

Gardner, Robert G. "The Statistics of Early American Baptists," *Baptist History and Heritage* 24 (October 1989).

Hudson, Winthrop S. "The Associational Principle Among Baptists," in *Baptists The Bible, Church Order and the Churches. Essays from Foundations: A Baptist Journal of History and Theology*. ed. Edwin S. Gaustad. New York: Arno Press, 1980.

Leonard, Bill *Baptist Ways: A History*. Valley Forge, PA., Judson Press, 2003.

Lindsey, Jonathan A. "Patterns Established by the Philadelphia Association among Baptists in the Eighteenth Century," *The Quarterly Review* 34 (January-March 1974).

Lumpkin, William L.「침례교신앙고백서」, 김용복, 김용국, 남병두 역. 대전: 침례신학대학출판부, 2008.

McBeth, H. Leon. *The Baptist Heritage: Four Centuries of Baptist Witness*. Nashville, Tenn.: Broadman Press, 1987.

__________. *A Source Book for Baptist Heritage*. Nashville, Tenn.: Broadman Press, 1990.

Moody, Dale, "The Shaping of Southern Baptist Polity," *Baptist History and Heritage* 14 (July 1979).

Pelican, Jaroslav, *The Christian Tradition: A History of the Development of Doctrine, vol. 1. The Emergence of the Catholic Tradition*. Chicago: The University of Chicago Press.

Shotwell, Malcome G. "Reclaiming the Baptist Principle of Associations" in *Baptists in the Balance: The Tension between Freedom and Responsibility*, ed. Everett C. Goodwin. Valley Forge, PA., Judson Press, 1997.

Shurden, Walter B. *The Baptist Identity: Four Fragile Freedoms*. Macon, GA.: Smyth & Helwys Publishing, Inc., 1993.

__________. "The Associational Principle, 1707-1814: Its Rationale" *Foundations* 21 (July-September 1978).

__________. "The Development of Baptist Associations in America, 1707-1814," *Baptist History and Heritage* 4 (January 1969).

__________. "Church and Association: A Search for Boundaries" *Baptist History and Heritage* 14 (July 1879).

Torbet, Robert G. 「침례교회사」. 허긴 역. 대전: 침례신학대학출판부, 1984.

Wamble, Hugh, "The Beginning of Associationalsim Among English Baptists" *Review and Expositor* 54 (October 1957).

White, B. R. *The English Separatist Tradition: From the Marian Martyrs to the Pilgrim Fathers*. London: Oxford University Press, 1971.

__________. *The English Baptists of Seventeenth Century*, revised edition. Didcor, England: Baptist Historical Society, 1996.

김승진. "미국 남침례교 총회의 형성 과정." 「*복음과 실천*」, 19 (1996).

피영민. "침례교 지방회 제도의 발전." 「*복음과 실천*」, 14 (1991).

제5장
한국침례교회와 사도신경

남 병 두 | 침례신학대학교 | 역사신학

Ⅰ.들어가는 말

한국의 기독교적 상황에서 사도신경(the Apostles' Creed)은 그 내용에 있어서, 그리고 그 사용여부와 관련하여 한국 침례교에 상당한 논쟁의 구실이 되어 왔다. 역사적으로 신조를 사용하지 않는 전통을 고수해 온 침례교회는 대다수의 교단이 사도신경을 사용하는 한국적인 상황에서 오랫동안 정통의 상징처럼 여겨진 사도신경을 하지 않는다는 이유로 이단의 오해를 받기도 하였다. 근년에 와서는 한국의 침례교회들 가운데 신조를 사용하지 않는 침례교의 전통이 무색할 정도로 예배 시에 사도신경을 사용하는 예가 상당히 늘어난 것이 사실이다. 이것은 사도신경을 안 하는 것이 자칫 이단으로 비쳐질 수 있다는 염려에 기인하기도 하지만, 교단을 초월한 교인들의 교회이동이 과거보다 훨씬 많아진 현재의 상황에서 신조의 전통에 익숙한 타교단 출신의 교인들에 대한 목회적 배려에 기인하기도 한다. 과거에 비하여 오늘날의 기독교인들이 다른 교단을 이해하는 폭이 넓어지고 교단 간의 교류가 확대된 데서도 그 이유를 찾을 수 있을 것이다. 확실히 20세기 중후반 이후로 전 세계적으로 교단 간의 갈등과 반목이 줄어든 것은 사실이다. 여기에는 20세기의 초교파운동의 공로도 있겠지만, 현대 기독교인들이 교단의 정체성보다는 개인의 신앙적 취향에 더 민감해졌다는 사실도 고려되어야 할 것이다.

이러한 상황에서 한국의 침례교회가 여전히 침례교회이고자 한다면 침례교회의 정체성을 결코 가볍게 생각할 수 없다. 특별히 한국의 침례교회들이 사도신경의 문제를 교회의 정체성과 관련해서 생각하지 않고 단순히 시대의 추세를 따른다거나 실용적인 면에서 접근한다면 그것은 그냥 무관심하게 지켜볼 일은 아니다. 적어도 과거의 침례교회는 왜 신조사용을 거부했는지, 그것이 침례교회의 정체성과 어떤 관련이 있는지, 침례교회로서 사도신경을 사용하는 일이 침례교회에 미칠 수 있는 영향은 무엇인지에 대하여 질문하고 고민하는 것은 필요한 일이다. 이 글은 사도신경에 대한 역사적 고찰을 통하여 그 역사적 위치를 정확하게 이해하는 일과 사도신경에 대한 침례교의 전통적 입장을 정리하고 더 나아가 필요한 평가와 제안을 시도하는 것을 목적으로 한다.

Ⅱ. 사도신경에 대한 간단한 역사적 고찰

주지하는 바와 같이 사도신경은 기독교 역사에서 서방교회의 전통에 서있는 로마 가톨릭교회와 개신교 진영에 의하여 문자 그대로 정통의 상징으로 여겨져 온 신조이며 많은 교회들이 예배 때에 사용해온 친숙한 신조이다.[1] 역사라는 객관적이어야 하는 학문의 영역 안에서도 객관성과는 거리가 있는 '신화만들기'의 시도는 항상 있다. 어떤 특정한 인물에 대한 과도하게 주관적인 평가는 시간이 흐름에 따라 그 인물을 영웅으로 만들기도 하고, 또 어떤 사건을 필요 이상으로 드라마틱하게 이해하고 설명했을 때 그 사건의 객관성이 위험에 처하게 되기도 한다. 사도신경에 대한 서방교회의 애착도 이런 범주에서 봐야할 부분이 분명히 있다.

4세기 이후로 전해지는 전승에 따르면 사도신경은 그리스도의 12 사도들이 복음의 내용을 직접 요약 기술하고 권위를 부여한 것으로 알려져 왔다. 4-5세기에 활동했던 아퀼레이아(Aquileia)의 티라니우스 루피누스(Tyrannius Rufinus)가 전하는 말에서 그 전형적인 예를 찾아볼 수 있다. 그리스도의 제자들이 유월절 성령강림의 경험 직후 각각 다른 지역으로 복음을 전하러 떠나는 시점에 그들이 전할 복음의 내용이 서로 다르지 않게 할 필요를 느끼고 한 자리에 모여 성령 충만의 상태에서 간단하게 정리한 것이 사도신경이라는 것이다.[2] 6세기 것으로 추정되는, 그러나 한 때는 히포의 아우구스티누스(Augustinus of Hippo)의 것으로 잘못 알려진, 한 설교문은 구체적으로 12 사도가 각각 한 구절씩 작성한 것으로 설명하고 있다.[3] 사도신경을 12문구로 나누는 전통은 여기서 유래되었다. 이 설교문은 사도들이 각각 어떤 구절을 작성했는지까지 구체적으로 보여주고 있는데 사도신경에 대한 이러한 구체적인 전승은 중세에 걸쳐서 광범위하게 받아들여졌고 그만큼의 권위가 더해졌다.[4)]

서방의 라틴교회에서 널리 사용된 사도신경은 그러나 동방교회(지금의 정교회)에서는 사용되지 않았고 오히려 무시되었다. 동방교회는 기독교의 정통을 니케아종교회의(325)에서 시작하여 나중에 칼케돈종교회의(451)에 이르기까지 삼위일체논쟁과 기독론논쟁을 매듭지으면서 나온 니케아신조(Nicene Creed)에서 찾았으며, 사도신경을 교회의 공식적인 신조로 인정하지 않았기 때문이었다.[5)] 동방교회는 사도신경이 니케아신조에 비하여 훨씬 나중에 서방교회에서 독단적으로 사용하기 시작한 신조로 보았기 때문에 그 사도적 기원을 인정하지 않았으며 두고두고 서방교회의 정통성을 부정하는 구실로 삼았다. 그들로서는 첫 7차례의 대종교회의(Ecumenical Councils)의 전통이야말로 사도교회의 명맥을 잇는 기독교의 본류였다. 테르툴리아누스(Tertullianus) 이후로 삼위일체론과 기독론이 거의 정리된 서방교회는 이러한 신학적 논쟁에 그렇게 적극적으로 참여하지 않았으며, 그것은 그들이 점차적으로 니케아신조보다는 사도신경에 더 많은 애착을 가지게 된 이유가 되었다.[6)]

사도신경은 사도들이 직접 작성하고 전한 것이었다는 전승에 대해서는 학문적 문서비평이 활발하게 진행되기 시작했던 15세기에 와서 비로소 의문이 제기되었다. "콘스탄티누스의 헌정"(The Donation of Constantinus)이라는 문서가 위조된 것임을 밝혀낸 로렌조 발라(Lorenzo Valla)와 치체스터(Chichester)의 감독이었던 레지날드 페코크(Reginald Pecock)는 15세기 중엽에 각각 사도신경의 '사도적 기원'(Apostolic origin)에 대해서 비판을 제기하였다.[7)] 그러나 교권이 하늘을 찌를듯하던 당시에는 그들의 목소리는 미약한 것일 수밖에 없었다. 학자들과 역사가들 가운데서 사도신경의 사도적 기원을 인정하지 않는 일이 주류가 되기 시작한 것은 17세기 이후부터였다.[8)]

그럼에도 불구하고 로마 가톨릭과 개신교 진영에서 사도신경의 권위는 별로 도전받지 않아 왔다. 그것은 사도신경이 사도들에 의하여 직접 작성된 것이 아니라 하더라도 그것이 역사적으로 여전히 사도들의 가르침과 전통을 이어받은 것이라는 생각 때문이다.[9)] 다수의 학자들은 사도신경이 대체적으로 2세기 중반 이후부터 존재했다고 추정하는 '구 로마신조'(Old Roman Creed 혹은 Old Roman Formula)에서 비롯되었다고 본다. 현재 사용되고 있는 사도신경(*Textus Receptus*)은 그 이후 수백 년 동안 수정 및 추가의 과정을 거친 뒤에 7-8세기경에 와서 정착된 것이며, 자신의 왕국에서 기독교 예전을 통일하기 위하여 많은 노력을 기울였던 샤를마뉴(Charlemagne)에 의하여 일반적으로 통용되기 시작하였다.[10)] 4세기의 문헌 가운데 사도신경이 소개된 대표적인 문헌은 루피누스의 "사도신경 주석"(*Expositio Symboli ad Initiandos, c. 404*)과 안키라(Ancyra)의 마르켈루스(Marcellus)의 서신(*Epistula ad Iullium Papam*, c. 340)인데, 전자는 라틴어로, 후자는 희랍어로 기록되었다.[11)] '사도신경'(*Symbolum Apostolorum*)이라는 용어도 밀라노(Milan)의 감독이었던 암브로시우스(Ambrosius)가 390년경에 당시 로마의 감독이었던 시리키우스(Siricius)에게 보내는 편지에 처음으로 등장한다.[12)] 이 편지는 사도신경이 로마교회에 의하여 손상되지 않도록 보존된 것이라고 전한다.[13)]

대다수의 학자들은 4세기 때의 사도신경이 대략 2세기 중반부터 로마교회를 중심으로 사용되고 있었다고 믿어지는 소위 '신앙의 원칙'(*regulae fidei* 혹은 rule of faith)이라는 어느 정도의 형식을 갖춘 신앙고백문에서 시작된 것으로 추정한다.[14)] 사도신경이 1세기의 신약성경 시대까지는 아니라 하더라도 2세기 중반까지는 거슬러 올라간다는 말이다. 2세기 중반에서 보다 정형화된 사도신경의 형태가 나오기 시작한 4세기 사이에는 교부들의 문헌에서 다양한 형태의 '신앙의 원칙'이 발견된다. 그 실례로 2세기 후반 이후에 기독교의 정통을 사도계승주의의 개념으로 이해하면서 초기 가톨릭교회의 기반을 형성하는 데에 큰 기여를 한 리옹(Lyon)의 감독 이레니우스(Irenaeus)의 「이단논박」(*Against Heresy*)과 초기 서방교회의 신학적 전통의 기초를 놓은 테르툴리아누스의 「처녀 머리가리기에 관하여」(*On the Veiling of Virgins*), 「프락세아스논박」(*Against Praxeas*), 「이단 처방전에 관하여」(*On the Prescription of Heretics*)에는 분명히 '신앙의 원칙'이라는 일정한 형태의 신앙고백문이 있음을 확인할 수 있다.[15] 물론 이러한 '신앙의 원칙'은 문헌마다 조금씩 다르게 표현되었지만 성부, 성자, 성령을 믿는다는 고백이 기본적인 뼈대를 형성하고 있다는 공통점을 가지고 있다.[16] 이는 '신앙의 원칙'이 마태복음 28:19-20("성부, 성자, 성령의 이름으로 침례를 주고")에 근거하여 침례를 받는 자들을 위하여 준비된 삼위일체에 대한 신앙고백의 형태로 시작된 것임을 잘 보여준다.[17] 즉, 침례예비자들(Catechumens)이 침례 받기 전에 믿고 고백해야 할 신앙의 내용을 가르치기 위하여 마련된 간결한 질문과 대답에서 '신앙의 원칙'이 나왔다는 것이다.

신조가 원래는 신앙고백이었음은 주지의 사실이다.[18] 신조에 해당하는 영어 'creed'가 라틴어 'credo'에서 온 말이라는 사실이 그것을 잘 말해준다. 라틴어 'credo'는 '나는 믿는다'(I believe)라는 말로서 침례 받는 자가 요리문답(catechism)을 하는 과정에서 예를 들면 '성부 하나님을 믿습니까?' 라는 질문에 대하여 '나는 믿는다'라고 답변하는 말에서 비롯되었다. 그러므로 신조문은 정통의 기준을 설정하기 위한 목적보다는 새로운 신자들에게 믿음의 내용을 가르치고 올바른 신앙고백을 하게 하는 교회의 실제적인 사역을 수행하는 과정에서 먼저 시작되었다고 봐야 할 것이다.[19] J. N. D. 켈리(Kelly)도 침례 시의 간단한 신앙고백–"예수님은 그리스도시다"(Jesus is Lord) 혹은 "예수님은 하나님의 아들이시다"(Jesus is the Son of God)와 같은 신앙고백이 발전하여 정형화된 신조의 모습을 띤 것은 2세기 중반이 되어서였다고 말하면서 신조의 역사는 긴박한 신학적 논쟁 혹은 신학의 진보를 통하여 간단한 신앙선언문이 확대되어가는 역사였다고 말한다.[20]

학자들 간에는 2세기 중반의 '신앙의 원칙'과 1세기의 사도들의 가르침 혹은 특정한 형식을 가지지 않은 간단한 초기 신앙선언문 사이의 연속성 유무에 대하여 의견이 일치하지 않는다. 20세기 초에 사도신경에 관하여 연구업적을 남긴 아서 맥기퍼트(Arthur Cushman McGiffert)는 2세기 중후반의 '신앙의 원칙'은 그 당시에 로마교회가 처한 시대상황에서 나온 것이라고 주장한다. 그는 '신앙의 원칙'(혹은 구 로마신조)이 적어도 2세기 중반 이전에는 없었다고 단정하면서 그 무렵 로마에 나타난 이단이었던 마르키온주의에 대한 반작용으로 나왔다고 추정한다. 그는 먼저 2세기 초에 침례에 관하여 구체적으로 설명한 디다케(*Didache*)와 순교자 저스틴(Justin Martyr)의 「변증」(*Apologia*)에는 침례 시에 고백하는 '신앙의 원칙'의 전신이라고 단정할만한 신앙고백문이 없다는 사실이 그것의 방증이라고 보았다. 그리고 마르키온주의자들이 물질세계를 창조한 구약의 신(유대인들의 신)과 그리스도에 의해서 매개되는 신약의 신(기독교인들의 신)을 구별하고 전자를 거부했던 점과 그리스도가 창조주의 아들임을 거부하였기 때문에 그에 대한 반작용으로 '신앙의 원칙'에는 하나님이 우주를 창조한 전능한 분이라는 점과 그리스도가 창조주의 아들이라는 사실을 강조하게 되었다는 것이다. 그는 '신앙의 원칙' 혹은 '구 로마신조'를 작성한 자들이 마르키온주의자들과 같은 그 시대의 대표적인 잘못된 가르침을 분명히 염두에 두고 있었을 것이라고 주장한다. 그는 또 이레니우스와 테르툴리아누스의 '신앙의 원칙'에는 나오지 않지만 그 이후의 '구 로마신조'에는 등장하는 "죄를 사하여 주시는 것"(the forgiveness of sins)이라는 구절은 침례 이후에 짓는 죄의 용서에 대한 당시 로마교회의 관심이 반영된 것이라고 추측한다.[21]

그러나 이러한 주장은 찰스 브릭스(Charles Augustus Briggs)와 같은 이후의 학자들에게는 받아들여지지 않았다. 브릭스는 2세기 중후반 이후에 나타난 '신앙의 원칙'의 기본적인 뼈대가 1세기 기독교인들에 의해서도 이미 사용되었음을 상기시킨다. 그리고 죄의 용서에 대해서는 '신앙의 원칙'에서 다루는 죄의 용서 문제는 침례 후가 아니라 침례 이전에 지은 죄에 대한 용서를 말하는 것이었다고 반박한다.[22] 켈리는 2세기 중반의 '신앙의 원칙'이 그 이전에는 없었던 정형화된 신조의 형태라는 것에 동의하지만 사도시대에도 넓은 의미의 신조는 있었다고 주장한다. 특히 1세기의 교회는 처음부터 믿고(believing), 고백하고(confessing), 전하는(preaching) 교회로서 어느 정도 특정한 신앙의 가시적 형태를 갖추고 있었기 때문에 그들이 유대교(Judaism)와 차별될 수 있었을 뿐 아니라 급속도로 팽창하는 선교적 사명을 감당할 수 있었다는 것이다.[23] 그는 사도들의 문헌인 신약성경도 복음을 설명하고 전하는 특정한 목적을 가지고 기록되었고 그 자체로서 예수 그리스도에 관하여 설명하는 교리적 특성을 가지고 있기 때문에 어느 정도의 정형화는 이루어져 있었다고 주장한다.[24] 이러한 관점에서 본다면

2세기 중반의 '신앙의 원칙' 은 1세기의 사도들의 가르침과 무관할 수 없고 그 형태와 내용에 있어서 어느 정도 연속성을 가지고 있다고 봐야 할 것이다.[25] 2세기의 기독교인들은 그들이 처한 역사적 정황에서 그들이 가르치고 선포하는 복음(신앙의 내용)이 사도적 전통 안에 있는가에 민감한 관심을 가지고 있었다. 즉, 그들은 그들의 가르침이 이단들과 구별되어 사도의 가르침을 계승하는 것을 중요하게 생각하였으며, 이러한 마음이 그들의 신앙고백문에 그대로 반영되었다고 보는 것은 타당하다.

현재의 사도신경이 형성된 7-8세기에서 거슬러 올라가 2세기 중반, 그리고 더 나아가 1세기의 사도들의 전통과의 관련성을 언급한 위의 내용을 다시 역으로 정리하면 신조의 발전 과정은 대략 다음과 같다. 사도들이 가르친 신앙의 내용은 신약성경에서도 그 흔적을 찾아볼 수 있듯이 간단한 구호, 신앙 선언문, 혹은 질문과 대답(catechism)의 형식으로 만들어져서 새로운 회심자들의 신앙교육에, 또 그들이 침례 시에 해야 할 신앙고백문으로 사용되었다. 그러한 간단한 형태의 신앙고백문은 2세기 중반에 이르러서 본격적인 신조의 면모를 갖추기 시작했는데 '신앙의 원칙' 혹은 '구 로마신조' 가 그것이다. 이 '신앙의 원칙' 은 2-3세기에 그 기본적인 내용과 구조는 거의 유사하지만 지역과 그것을 전하는 문헌에 따라 약간의 차이를 보이는 등 다양한 형태로 존재하다가 4세기에 이르러 보다 통일된 모습으로 정착되었다. 그러나 아직까지 사도신경은 서방교회 전체가 사용하는 신조가 아니었으며 5-7세기를 거쳐 약간의 수정 및 추가가 이루어진 뒤에 8세기에 이르러서 오늘날의 사도신경의 모습을 갖추게 되었고, 그 시대의 강국이요 서방교회의 수호자 역할을 감당하게 된 프랑크 왕국의 샤를마뉴의 노력에 힘입어 사도신경은 서방교회를 대표하는 신조의 전형으로 여겨지기 시작하였다. 이렇게 볼 때 사도신경은 수백 년에 걸쳐서 발전 · 변형되었으며 서방교회 가운데서 서서히 그 권위를 인정받기 시작했다고 말할 수 있다.[26)]

이러한 과정에서 간단하고 실질적인 신앙고백문이 점점 정형화되어(formulized) 고착된 교리적 신조로 변모되어갔던 원인은 교회가 처한 내외적 상황과 무관하지 않다. 이에 관하여 켈리는 다양한 원인들을 언급한다. 우선 늘어가는 회심자들을 체계적으로 교육하는 일과 그들이 침례 시에 회중 앞에서 신앙고백을 할 때 사용할 수 있는 공식화된 요약문을 필요로 했던 이유가 있었다. 또 신앙고백의 정형화는 교회의 예전과도 무관하지 않다. 예배에 사용되는 찬송, 기도문, 헌신의 선언 등이 그것이다. 초대교회시대에 널리 행해졌다고 알려지는 퇴마의식(exorcism)도 여기에 일조했다. 또 교회의 지도자들이 교인들에게 보낸 공식적인 서신들도 간과할 수 없다.[27)] 이러한 교회의 내부적 활동이 늘어가면서 교회가 점점 체계화되었고 그에 따라 신앙고백의 정형화도 자연스럽게 이루어졌다고 볼 수 있다. 여기에다 교회는 이교도와 기독교의 이단들과의 차별성을 강조하고 논박해야 하는 상황을 맞으면서 신앙고백을 보다 가시화하고 공식화하는 일을 피할 수 없었다. 정형화된 가시적 신조는 교회 내외에 난무하는 이단들의 다양한 가르침으로 인하여 혼란에 빠져 있는 교인들에게 정통신앙의 기준을 잡아주는 역할을 하였다. 이단 문제뿐만 아니라 기독교에 대한 이교도들의 박해도 기독교 신앙을 정형화하는 일에 일조를 하였다. 그리스로마 세계에서 박해의 중요한 한 원인이었던 이교도들의 기독교에 대한 오해를 불식시키고 그들에게 기독교의 복음이 진리라는 것을 설명하려 했던 순교자 저스틴과 같은 기독교 변증가들(Apologists)은 기독교의 신앙을 본격적으로 체계화한 선구자들이었다.

교회는 신학적 정체성을 확립해가는 과정에서 피할 수 없었던 신학논쟁으로 인하여 기독교 신앙의 표현은 점점 논리와 형식에 많은 비중을 두게 되었다. 소위 '아리우스논쟁'(Arian Controversy)으로 점화된 삼위일체 논쟁, 그리고 뒤이어 기독론 논쟁이 시작되면서 이러한 "신앙의 원칙"에 신학적이고 교리적인 특성이 강화되었다. 신학적 논쟁으로 인하여 신조는 점점 정확한 표현을 요하게 되었고 합의된 신조를 통하여 소위 공식신학(official theology)이 탄생하였다. 신조를 통한 공식신학의 정립으로 인하여 신조는 원래 가졌던 기능 이상의 권위를 가지기 시작하였다. 신조의 기능은 더 이상 신앙교육과 침례를 위한 신앙고백의 내용을 요약하고 설명하는 데 멈추지 않았고 "[정통]교회의 권위를 행사하는 고정된 공식"(fixed formula)이 되었으며 결국 성경의 권위와 양립하기에 이르렀다.[28]

Ⅲ. 침례교회의 신조(사도신경)에 대한 일반적 입장

앞에서 언급했듯이 사도신경을 포함하여 신조를 만들지 않고 사용하지 않는 것은 침례교회의 주요 전통이다. 그러나 오늘날, 특히 한국의 상황에서, 이 전통이 어떤 침례교인들에게는 그렇게 중요하지 않은 것으로 여겨지는 경향이 있고 최근에는 예배 시에 사도신경을 사용하는 침례교회들이 늘어나는 추세에 있다. 2001년 11 · 12월의 「뱁티스트」에 소개된 설문조사의 결과를 보면 공적 예배에 사도신경을 사용한다고 답변한 침례교의 목회자는 31.8%로 거의 1/3에 육박하는 것으로 추산된다.[29] 사도신경을 사용하는 이유에 대한 답변도 다양한데 그것을 사용하는 것이 "한국기독교의 풍토"이기 때문이라고 한 것이 가장 큰 이유가 되고 있다. 그 외에도 순차별로 보면 "이단시비의 해소를 위해서"(2위), "타교단에서 전입한 사람의 정착을 위해서"(3위), "복음적 신앙의 핵심이 들어 있으므로"(4위), "교회역사를 통해 검증된 것이므로"(5위), "신앙교육을 위해"(6위), "동일한 신앙고백을 하기 위해서"(7위), "신앙은 고백하는 것이므로"(8위), "침례교에는 마땅한 신앙고백이 없어서"(9위), "고백해서 손해볼 것이 없으므로"(10위) 등이다. 설문조사의 응답자들의 수를 감안한다면 하위에 있는 이유들의 순위 자체가 큰 의미를 가진다고 볼 수는 없지만 전체적으로 침례교 목회자들이 어떤 이유로 사도신경을 사용하는지를 잘 보여주는 답변들이다. 또 이 답변들은 그들이 처한 목회적 상황과 고민들을 가늠하게 한다.

위의 답변들은 다 나름대로의 타당성을 가지고 있지만 동시에 침례교회로서 좀 더 고민하고 고려해야 할 이슈가 있다는 점을 혹시 간과한 것은 아닌가 하는 우려도 갖게 한다. 한국의 교회들이 사도신경을 외우는 것을 기독교인으로서 해야 할 가장 기본적인 일로 생각하는 그러한 풍토에서 좀 더 신중한 고민 없이 그것을 그냥 받아들이는 것은 분명히 문제가 있다. 17세기의 영국과 미국에서 침례교회가 어떤 역사적, 정치적, 종교적 상황에서 시작되었는지, 왜 침례교회의 선조들이 신조를 거부했는지에 대한 이해 없이 현실의 상황에 무비판적으로 부합하는 일은 바람직하지 않다. 이것은 침례교의 정체성 문제와도 직결되는 문제이기 때문이다. 다른 한편으로 사도신경을 사용하지 않는 것이 침례교의 전통이라는 논리만 내세운다고 될 일도 아니며 그것을 반대하는 입장을 강요하는 일도 전혀 '침례교적'이 아니다. 아무리 그것이 옳은 일이라 할지라도 강요하는 것은 '신조적인' 발상이기 때문이다. 사도신경을 사용하든 거부하든 결국 그것은 개인의 자유이며 각 지역교회의 자율적인 선택에 달려 있다. 그러나 거기에 침례교회로서 생각해야 할 이슈들이 있다는 점을 간과해서는 안 된다. 침례교회가 왜 전통적으로 신조를 하지 않아 왔는지에 대한 기본적인 이해가 있어야 하며, 그것이 침례교회의 정체성 문제와 관련하여 어떤 마찰을 일으킬 수 있는지에 대한 고민이 있어야 한다.

침례교회가 역사적으로 사도신경을 사용하지 않았던 이유는 우선 크게 두 가지로 이해할 수 있다. 첫째는 침례교인들의 성경에 대한 인식에서 찾을 수 있고, 둘째는 권위의 원천에 대한 그들의 인식에서 찾을 수 있다. 이 둘은 분리될 수 없으며 서로 긴밀하게 관련성을 가지고 있다. 여기에 더해서 침례교회가 사도행전을 사용하지 않는 본질적인 이유는 아니지만 사도신경의 내용에 관련해서도 짚어봐야 할 문제들이 있다.

1. 성경의 문제

침례교인들이 신조를 거부하는 가장 중대한 이유는 그것이 성경은 아니라는 데서 출발한다. 소위 '성경주의자들'(Biblicists)로 평가되어왔던 사람들답게 성경이외에는 어떤 영적 권위도 부여해서는 안 된다는 생각이 그들로 하여금 신조를 거부하는 태도를 취하게 하였다. 앞의 설문조사에서 사도신경을 사용하지 않는 이유에 대한 침례교회의 목회자들의 답변 중에 1위는 '성서에 없으므로'였다.[30] 16세기의 종교개혁 운동이 회복한 '오직 성경'(*Sola Scriptura*)의 원칙은 성경의 절대적 권위를 인정한 것이며 개신교의 대표적 사상이다. 성경이 기독교의 모든 교리(신학)와 행습에 있어서 최종적 권위를 가진다는 사상이다. 윌리엄 이스텝(William R. Estep)은 16세기 종교개혁시대에 교회의 교리와 치리의 문제에 있어서 근원적 종교개혁가들(Radical Reformers) 만큼 '오직 성경'의 정신을 진지하게 받아들인 그룹은 없었다고 말했는데 이는 침례교에도 적용되어야 할 것이다.[31)]

"하나님께서 말씀하셨고 우리는 그것을 믿으며 그것으로 다 해결된다." 윌리엄 브랙크니(William Brackney)는 이 구호가 기독교인의 삶에서 성경의 역할을 이해하는 침례교 정신을 잘 묘사한 것이라고 말한다.[32)] 침례교인들이 "성경의 사람들"이라는 칭호를 얻은 것은 이 때문이다.[33)]

침례교의 신앙고백서에는 침례교의 성경에 대한 생각이 잘 나타나 있다. 대표적인 침례교의 신앙고백서의 예를 들어보면 아래와 같다. 우선 특수침례교회의 대표적인 "런던신앙고백서"(London Confession of Faith, 1644)는 "하나님을 섬기고 예배하는 일과 다른 모든 기독교인의 의무와 관련된 지식, 믿음, 순종의 규율은 사람들의 발명이나 견해나 장치나 율법이나 제도나 기록되지 않은 어떤 전통들 가운데 있는 것이 아니고, 오직 성서 안에 있는 하나님의 유일한 말씀 안에 있다"고 설명한다.[34)] "제2런던신앙고백서"(The Second London Confession of Faith, 1677)는 "모든 종교논쟁을 결정짓고 교회회의의 각종 결의 및 고대 저자들의 견해, 사람들의 교리, 은밀한 영적 체험 등을 안심하고 판단하는 최고 기준은 성령에 의해 수여된 성서 이외에는 없다. 이와 같이 주어진 성서에는 우리 신앙의 최종적 해답이 있다"고 고백한다.[35)]

"정통신조"(The Orthodox Creed, 1678)는 주요 기독교 신조들(사도신경, 니케아신조, 아타나시우스신조)에 대한 설명을 포함하고 그에 대하여 긍정적인 입장을 취한 유일한 침례교의 신앙고백서이다.[36] 여기서도 "교황의 결정이나 종교회의나 어떤 사람의 저술이라 하더라도 성서의 권위와 동등할 수 없다"는 것을 강조하는 일면 신조의 내용을 가르칠 때는 "그 신조가 기초하고 있는 성서에 기록된 신앙의 유비에 따라" 해야 할 것을 주문하고 있다.[37] 미국 남침례교의 대표적인 신앙고백서인 "침례교 신앙과 교훈"(Baptist Faith and Message)은 성경을 "모든 인간의 행위, 교리[신조], 그리고 종교적 견해들이 시험받아야 할 궁극적 기준"(supreme standard)이라고 천명한다.[38]

침례교인들이 신조를 하지 않는 가장 근본적인 이유는 그 내용의 옳고 그름을 떠나 그것이 성경이 아니며 인간이 만들었다는 데 있다. 아무리 신조가 성경의 내용을 바탕으로 만들어졌고 그 내용이 옳고 훌륭하다고 하더라도 그것은 성경을 이해하고 해석한 것이지 성경이 될 수 없다는 것이다. 성경의 해석이 성경과 동일할 수 없기 때문이다. 앞에서도 논의되었듯이 역사적으로 신조(혹은 신앙고백)는 항상 어떤 특정한 상황과 필요에 따라서 만들어졌다. 그렇기 때문에 지역에 따라서, 또 그것을 만들고 채택한 사람들에 따라서 다양한 형태를 띤 것이 사실이다. 사도신경의 경우처럼 한 신조가 시대가 바뀜에 따라 변천되어 갔던 경우도 흔히 있는 일이다. 325년의 니케아신조도 종교회의를 거듭하면서 그 내용이 계속 추가되고 보완되었다. 같은 니케아신조도 동방교회와 서방교회가 달랐던 것은 주지의 사실이다. 서방교회는 언젠가부터 니케아신조의 성령에 관한 설명 부분에서 '필리오쿠에'(*filioque*: 'and from the Son')라는 문구를 추가로 삽입하여 소위 성령의 '이중발출설'(double procession of the Holy Spirit)을 공식화하고 있었다. 이에 대해 동방교회는 서방교회가 니케아신조를 일방적으로 변조하여 손상시켰다고 비판하였고, 그 차이점 때문에 양 교회는 오랫동안 논쟁과 반목을 일삼았으며 결국 동서교회의 공식적 결별의 한 원인이 되기도 하였다.[39] 동서교회 간의 '필리오쿠에 논쟁'은 서방교회로 하여금 니케아신조보다는 사도신경에 집착하는 계기를 마련해 주기도 하였다.[40]

이전의 신조를 고치고 보완하고 새로운 내용을 추가하는 것은 그것이 완전하지 못했기 때문이기도 하지만 시대와 상황에 따라 필요가 달라지기 때문이다. 시대마다 신학적 논쟁의 논점과 정치적 상황이 달라졌기 때문에 또 다른 설명이 필요하고 추가될 수밖에 없으며 때로는 기존의 표현을 수정해야 할 필요도 생기는 것이다.[41] 우선 성경(the text)을 읽는 사람들이 그 성경을 완전히 이해했다고 볼 수 없고, 또 읽을 때마다 읽는 자의 생각(선입관)과 관심사를 가지고 들어가서 읽기 때문에 성경을 이해하고 해석하는 데 있어서 주관성을 완전히 배제할 수 없다. 신조가 결국 성경의 해석일 수밖에 없고 그 해석의 주관성에서 벗어날 수 없다면 그것에 필요 이상의 권위를 부여하는 일은 위험한 일이다. 신조가 성경에 대한 여러 해석 가운데 하나로서의 기능과 권위를 넘어서 심지어는 성경의 권위와 동등한 권위를 가지게 될 때 그것의 역기능적 폐해가 생길 수밖에 없다. 교회의 역사를 보면 신조는 언제든지 가변적이었는데 그 가변적인 것에 절대적 권위를 부여했을 때 기독교 스스로 자기 모순에 빠지는 경우들이 얼마든지 있었다. 한 시대의 정통이 다음 시대의 이단이 되고 한 시대의 이단이 다음 시대의 정통이 되는 경우들이 그 예다. 누가 어떤 기준(신조)으로 평가를 하는가에 따라 정통과 이단은 손바닥 뒤집듯이 바뀔 수 있다.[42] 침례교회는 과거 기독교의 역사에서 이러한 폐해를 인식하고 성경 이외의 어떤 인간의 산물에 절대적 권위를 부여하지 않았다. 17세기에 영국에서 침례교회가 시작되었을 때 침례교인들은 그 시대의 이단들이었으며 박해의 대상이었다. 초기의 침례교인들의 신앙고백을 보면 자신들이 성경에 충실한 자들이며 이단이 아니라는 사실을 보여주기 위해 절치부심한 흔적들이 나타난다. 그 시대의 제도교회가 정통이라고 내세운 기준에 의하여 침례교회는 이단의 오명을 덮어쓸 수밖에 없었다. 그러한 신조의 역기능적 폐해의 경험은 침례교인들로 하여금 그것을 거부하게 하였고 신앙에 관한 어떤 일이든지 성경을 가지고 논하자는 주장을 해왔다.[43)]

사도신경은 그 내용이 기독교의 일반적인 신앙의 핵심을 담고 있기 때문에 어떤 신조보다도 가톨릭교회와 개신교회 모두가 큰 부담 없이 받아들일 수 있는 신조이다. 또 사도신경이 2세기 중반부터 나타난 '신앙의 원칙'에서 비롯된 것이며 그것이 사도적 전통과 연속성을 가지고 있다는 것도 인정할 수 있다. 그러나 침례교회가 신조를 사용하지 않는 것은 그 내용이나 출처에 문제가 있기 때문이 아니라 성경 이외에는 어떤 신조(신앙고백)에도 절대적 권위를 부여하지 않는다는 원칙에 입각한 것이다. 사도신경은 사도적 전통에 서 있으며 그 내용도 기독교인이면 누구든지 받아들일 수 있지 않은가라고 반문할 수 있다.[44)] 침례교회는 사도신경을 포함하여 역사적으로 형성된 여러 신조들에 대하여 신학적인 동의를 한다. 그러나 그것이 결국은 사람이 고백하고 만든 것이라는 한계를 벗어나지 못하기 때문에 성경과는 분명히 선을 그어야 한다고 보는 것이다. 성경과 신조는 그 내용이나 출처가 아니라 각각 하나님의 말씀과 그 말씀에 대한 인간의 이해와 고백이라는 것으로 분명히 구별되고 선이 그어져야 한다는 것이 침례교회의 입장이다.

2. 권위의 원천 문제

이미 앞에서 성경의 권위를 논하면서 신조의 역기능에 관해서 언급하였다. 성경의 문제는 결국 권위의 원천 문제와 직결될 수밖에 없다. 세실 셔먼(Cecil E. Sherman)은 다음과 같이 말한다.

> 교회 탄생 이후 1,500년 이상이 지난 후 로마 가톨릭과 영국 국교회의 권위는 성서로부터는 점점 멀어져 갔고, 다른 인간적인 원천들을 더 중요한 권위로 간주해 왔다. 교회 교부들(처음 600년 동안의 신학자들)의 의견들, 신조들과 신앙고백들, '전통'(tradition)이라 [불리는] 종교적인 관행들, 이런 것들이 교회를 위한 권위의 원천으로 자리 잡아 왔다…. 새로운 권위의 원천이 회복되어야 했는데, 그것은 교황이나 교회(the Church), 종교회의들, 신조들 그리고 전통들을 대체하는 것이어야 했다 개혁자들은 이런 것들을 전혀 무가치한 것으로 보지는 않았다. 성경이 이런 것들보다 항상 우선해야 한다고 주장하였다. 성경이 보다 고차원의 영감을 받은 책이고, 성경이 이와 같은 인위적인 원천들을 판단하는 기준이 되어야 한다고 주장하였다….
>
> 그래서 초창기 침례교인들은 성경을 손에 들고 모든 것을 바꾸었다. 전에는 감독들과 종교회의들과 전통들이 권위가 되었는데 이제는 성경 그 자체가 권위가 되었다.[45]

역사적으로 성경의 권위회복 문제는 교회의 전통과 그 전통의 형성에 결정적인 영향력을 행사하는 교권, 즉 교회의 성직자단(團)(church or clerical hierarchy)의 권위문제와 직결될 수밖에 없다. 신조는 교회의 성직 지도자들에 의하여 만들어지고 확정되어 공표된 것이 일반적인 사실이다. 교회의 대표가 되는 성직자들이 결정하였으므로 그것은 소위 교회의 공식적 결정이 되고 모든 교인들이 무조건 따라야 할 일방적인 권위를 갖게 된 것이다. 이러한 성직자들의 권위는 역사적으로 사도계승주의에 입각한 사제주의(Sacerdotalism), 감독주의(Episcopalism), 교회지상주의(High Churchism)의 개념에서 비롯된 것이다.[46] 성경의 권위와 관련하여 침례교는 특정한 성경해석의 주체가 따로 있다는 생각을 인정하지 않는다.

침례교는 각 신자들에게 성경해석의 자유가 있으며 그 권리는 하나님께로부터 온 것이라고 믿는다. 성경을 읽고 해석하는 권리가 "어떤 특정한 종교지도자들이나 교육받은 신학자들에게만 있는 것이 아니라 성령의 인도하심을 받는 모든 믿는 자들에게 있다는 것이다."[47] 이 말은 권위의 원천이 사람에게서 오는 것이 아니라 하나님께로부터 오는 것임을 말해준다. 김용복은 침례교의 성서 해석의 자유에 관하여 언급하면서 "침례교인들이 성서 해석의 자유를 보장한다는 것은 신조주의(creedalism)를 반대하고 개인의 신앙고백(confession)을 중시한다는 뜻을 담고 있다"고 설명한다.[47] 이것은 신조주의가 각 개인이 하나님께로부터 부여된 신앙적 자유와 권위를 손상시킬 수 있는 위험성을 가지고 있음을 말해준다.

하나님의 말씀에 순종하고 그리스도의 뜻을 따르고 성령의 인도하심을 받을 때에 권위는 위로부터 내려오는 것이다. 이것은 어떤 특정한 사람들에게만 주어지는 것이 아니라 모든 믿는 자들에게 주어진다. 물론 어떤 특정한 사역을 위해서 세움을 받은 자들은 그 사역에 합당한 권위를 부여받지만 그것도 교회의 회중을 통해서 받는다는 사실과 성경의 권위와 회중의 권위 위에 군림하지 않는다는 사실을 간과해서는 안 된다.

윌리엄 럼킨(William L. Lumpkin)은 "침례교 운동은 구성체의 공식적인 기본원리와 정통의 기준이 되는 권위적인 신앙고백서를 만들지 않았다는 점에서 전통적으로 신조의 채택을 하지 않았다. 개인이나 교회, 혹은 더 큰 구성체에 어떤 특정한 신앙고백을 강요하는 권위체계가 없었을 뿐더러 그러한 권위체계가 있었다 하더라도 고착된 신조를 채택할 정도로 신앙의 획일화를 이루려는 욕구가 강하지 못했다"고 말한다.[49] 그는 이어서 "침례교는 개인 명의로, 개교회 명의로, 혹은 교회 그룹이나 교단 명의로, 신앙고백서들을 자유스럽게 만들고, 사용하고, 또 폐기하였다…. 어떤 신앙고백서도 침례교 내의 개인이나, 교회나, 지방회나, 혹은 총회나 연맹에 대하여 영원히 구속력을 가지지는 않았다"라고 말한다.[50] 어떤 신조나 신앙고백도 본래적(inherent) 권위를 가진 것이 아니므로 영구적이지 않으며 그것이 개인 혹은 개 교회를 구속해서는 안 된다는 말이다.

침례교는 신조보다는 신앙고백을 사용한다. 물론 신조도 처음에는 신앙고백이었지만 역사의 진행 가운데 신앙고백 이상의 의미를 가지게 되었기 때문에 여기서는 신앙고백과는 구별된 개념으로 이해한다. 침례교인들은 신조와 신앙고백서를 분명히 구별하면서 신조는 사용하기를 거부했지만 신앙고백서를 발표하는 일은 어느 교단에 못지않게 열심히 하였다. 리온 맥베스(H. Leon McBeth)는 17세기에 침례교인들이 그들의 신앙을 형성하고 나누는 일을 위하여 신앙고백서만큼 많이 사용한 것은 없었다고 말한다.[51] 그들은 신앙고백서를 발표하면서도 그것이 권위행사의 수단이 되는 것을 극도로 경계하였다. 미국의 남침례교가 1963년에 1925년의 "침례교 신앙과 교훈"을 갱신할 때 1925년의 "신앙고백서의 특성과 기능에 관한 역사적 침례교의 이해"라는 성명서를 다시 제안했는데 그 내용은 다음과 같다:

(1) 신앙고백서들은 우리 교인들[침례교인들]의 일반적인 교훈과 지침을 위하여, 그리고 우리 가운데 대부분 분명하게 유지되는 기독교 신앙의 조항들에 대해 관심을 가지고 있는 다른 사람들을 위하여, 크고 작은 몇몇 침례교 단체가 의견의 일치를 이룬 것이다. 그것들은 신약성경에 나타나있는 구원의 단순한 조건 즉, 하나님을 향한 회개 및 예수 그리스도를 구원자와 주로 믿는 것에 대해 어떠한 것을 덧붙이려는 의도로 만들어진 것은 아니다.

(2) 우리는 그것들을 최종적이며 무류한 특성을 가진 우리 신앙의 완전한 선언문들로 여기는 것이 아니다. 과거에도 그랬듯이 미래에도 마찬가지로, 침례교인들은 그들이 현명하고 합당하다고 생각될 때는 언제든지 자신들의 신앙 선언문들을 개정하는 데 자유로워야 한다.

(3) 어떠한 크고 작은 침례교 그룹들도 자신들을 위해서 작성할 수 있는 고유한 권리가 있으며, 그들이 그것을 출판하는 것이 합당하다고 생각하면 언제든지 자신들의 신앙고백으로 세상에 출판할 수 있다.

(4) 침례교인들 사이에서 신앙과 행습의 유일한 권위는 구약과 신약성경이다. 신앙고백서들은 단지 해석에 있어서 안내서이며, 양심 위에 군림하는 권위가 아니다.

(5) 그것들은 신앙적 확신에 관한 선언문이며, 성경으로부터 작성된 것이다. 그것들은 사상의 자유 혹은 삶의 다른 영역을 고찰하는 것을 방해하는 용도로 사용되어서는 안 된다.[52)]

즉, 신앙고백서는 신앙에 관한 최종적 진술이 아니고 무오하지 않기 때문에 언제든지 고쳐 쓸 수 있으며 누구든지 자신의 신앙고백서를 채택할 수 있다. 성경만이 신앙과 삶의 유일하고 최종적인 권위이고, 신앙고백서는 성경의 안내자(guide) 역할을 할 뿐이며 성경에서 비롯된 종교적 확신(convictions)일 뿐이다.[53)] 신앙고백서는 지역교회들에게 필요한 지식의 자료(information)를 제공하고 교단의 각 기관 부서들에게 지침의 역할을 하는 것이지 신앙에 대한 어떤 공식적인 진술문이 아니라는 것이 침례교의 신앙고백서에 대한 기본적인 입장이요 이해다.[54] 맥베스는 침례교 신앙고백서의 기능 및 목적을 다음과 같이 정리하였다: 1) 침례교 신앙의 설명; 2) 침례교인들의 교육; 3) 교회 혹은 지방회 간의 교제의 토대마련; 4) 신학적 논쟁 해결.[55] 침례교인들은 신앙고백을 정통의 상징이나 교리적 권위를 세우기 위한 목적으로 사용하기보다는 교회가 대내외적으로 신앙의 입장을 실질적 차원에서 설명하고 밝히는 수단으로 사용한다. 다음은 신조와 신앙고백의 차이점을 비교한 것이다.

> 신조는 권위적이고 규범적(prescriptive)이며 강제성을 띠지만 신앙고백은 선택적, 자발적이며 설명적(descriptive)이라는 점에서 차이점이 있다. 신조는 권위적이어서 반드시 받아들여야 하지만 신앙고백은 그러한 강제성을 가지지 않으며 자발적 선택에 달려있다. 신조는 무엇을 믿어야 하는가를 규정하지만 신앙고백은 무엇을 믿는가를 설명한다. 신조는 신앙의 내용을 관리, 단속하는 역할을 하지만 신앙고백은 신앙의 내용을 알리는 역할을 한다. 신조는 항상 지도자들이 만들어서 사람들에게 전달하는 형식을 취하지만 신앙고백은 대개 같은 신앙을 고백하는 사람들이 협력하여 만든다. 결국 신조는 성경과 동일한 권위를 가지게 되지만 신앙고백은 항상 성경에 종속적(subservient to the Bible)이다.[56]

원래 신앙고백이었던 신조가 자발성을 잃어버리고 규범화되었을 때 서서히 성경을 대신하여 기독교인의 신앙을 판단하고 단속하는 권위의 원천이 되었고 더 나아가 제도교회를 지탱하는 논리로 등장하게 된다. 신조가 신앙고백이 가지는 기능과 그 한계의 선을 넘어섰을 때 신조의 역기능적 모습이 드러나는 것이다. 결국 신조 자체가 문제가 아니라 그것을 어떻게 사용해야 하는가의 문제이다. 침례교가 신조를 하지 않는다 말은 신조 자체를 거부하는 것이 아니라 그것을 신앙고백의 기능과 의미를 넘어서는 방식으로 사용하지 않는다는 말이다.

사실 종교개혁 이후 개신교는 성경의 권위 회복을 주장하면서 논리적으로는 신조를 포함한 교회의 전통을 성경에 종속적인 것으로 보았다. 필립 샤프(Philip Schaff)의 글에서 그 전형적인 표현을 찾아볼 수 있다. 그는 개신교의 체제에서 인간이 작성한 신조의 권위는 상대적이고 제한적이며 성경에 종속적이라고 주장하고, 신조의 가치는 성경에 얼마나 일치하는가에 달렸다고 보았다. 또 인간의 신조는 계시된 하나님의 말씀에 견주어 볼 때 단지 그 근사치에 지나지 않고 상대적으로 옳은 정도에 지나지 않으며 교회의 지식이 진보함에 따라 항상 개선의 여지가 있는 것이고, 신조의 권위를 지나치게 인정하는 것은 개신교적이 아니며 본질적으로 가톨릭적이라고 말한다.[57] 그러나 종교개혁 이후 개신교 안에서도 여전히 신조를 다른 사람의 신앙을 판단하고 제한하는 잣대로 사용한 예가 많이 있었다. 개신교 영역교회(Territorial Church)들은 성경이 아니라 신조의 잣대를 가지고 그들의 통치영역 안에서 신앙의 획일화를 시도하면서 다른 신앙, 다른 신앙고백에 이단의 딱지를 붙이는 일을 다반사로 하였다.

3. 사도신경의 내용 가운데 짚어볼 문제들

침례교 목회자들을 대상으로 한 설문조사에서 사도신경을 하지 않는 이유 가운데 2위를 차지한 것은 '동의할 수 없는 신학적 내용이 있으므로' 였다.[58] 의외로 사도신경의 신학적 문제에 대하여 우려하는 침례교의 목회자들이 많은 것을 알 수 있다. 개신교가 사용하는 사도신경은 로마 가톨릭교회가 사용하는 것과 약간의 차이가 있고 같은 개신교 안에서도 한국어본 사도신경은 영어본 사도신경과 일치하지 않는다. 그것은 사도신경에 있는 문구들 가운데 그 교단의 신학적 견해나 정서에 맞지 않는 부분에 의하여 야기된 불편함 때문일 것이다. 이것만 보더라도 모든 믿는 자들을 만족시킬만한 '획일적으로 고착된' (uniformally fixed) 신조를 기대하기란 상당히 힘든 일이다.

앞에서 '구 로마신조' 와 현재 사용하는 사도신경(7-8세기의 *Textus Receptus*) 사이에는 차이가 있음을 이야기했다. 4세기 이후 사도신경에 더 추가된 주요구절은 다음과 같다: "천지를 만드신"(Maker of heaven and earth); "지옥(혹은 음부)으로 내려가셨다"(He descended into hell); "성도가 교통하는 것"(the communion of saints); 영원히 사는 것(the life everlasting). 아래는 7-8세기 이후로 현재까지 사용하고 있는 사도신경의 국문과 영문이다. 모난 괄호 안에 있는 문구는 4세기의 '구 로마신조' 에는 없는 구문으로서 그 이후에 추가된 부분이다.

> 전능하사 [천지를 만드신] 하나님 아버지를 내가 믿사오며
> 그 외아들 우리 주 예수 그리스도를 믿사오니
> 이는 성령으로 [잉태하사] 동정녀 마리아에게 나시고
> 본디오 빌라도에게 [고난을 받으사] 십자가에 못 박혀 [죽으시고]
> *[지옥에 내려가셨다]
> 장사한 지 사흘 만에 죽은 자 가운데 다시 살아나시며
> 하늘에 오르사 [전능하신] 하나님 우편에 앉아 계시다가

저리로서 산 자와 죽은 자를 심판하러 오시리라
성령을 믿사오며
거룩한 (교회)[공회]와
[성도가 교통하는 것과]
죄를 사하여 주시는 것과
몸이 다시 사는 것과
[영원히 사는 것을] 믿사옵나이다. 아멘.
(*한국어본에는 없는 문구)

I believe in God the Father, Almighty, [Maker of heaven and earth]
And in Jesus Christ, his only begotten Son, our Lord
Who was [conceived] by the Holy Ghost, born of the Virgin Mary
[Suffered] under Pontius Pilate; was crucified, [dead] and buried
[He descended into hell]
The third day he rose again from the dead
He ascended into heaven, and sits at the right hand of [God] the Father [Almighty]
From thence he shall come to judge the quick and the dead
[I believe] in the Holy Ghost
in the holy [catholic] church
[The communion of saints]
The forgiveness of sins
The resurrection of the body
[And the life everlasting]

추가된 문구들이 포함된 이유는 알기 힘들다. 단지 지역에 따라 사용된 '구 로마신조' 의 표현에 약간의 차이들이 있었다가 나중에 하나로 공식화되면서 추가된 것으로 여겨진다. 이 추가된 부분을 자세하게 들여다보면 개신교가 받아들이기에는 쉽지 않은 내용들이 없지 않다. 이 글에서 특별히 논의하려고 하는 부분은 '지옥에 내려가셨다,' '공회,' '성도가 교통하는 것' 등이다. '천지를 만드신' (Maker of heaven and earth)의 표현은 이레니우스와 테르툴리아누스의 '신앙의 원칙'에는 포함되어 있는데 4세기의 루피누스와 마르켈루스의 것에는 누락되었다가 나중에 다시 추가된 표현이다.

"지옥으로 내려가셨다"는 표현은 영어본에는 있지만 한국어본에는 빠져 있다. 루피누스는 이 문구가 로마의 신조에는 없었고 아퀼레이아의 신조에는 포함되었다고 분명히 증언하였다.[59] '구 로마신조'가 지역에 따라 조금씩 차이가 있었음을 알 수 있는 부분이다. 베드로전서 3:19와 4:6에서 비롯된 것으로 보이는 이 부분은 그 동안 신학적 논의의 대상이 되어 왔다. 볼파르트 판넨베르크(Wolfhart Pannenberg)는 이 문구가 사도신경에 포함된 것을 긍정적으로 본다. 그는 그리스도의 지옥행이 그리스도 사건의 우주성, 기독교 구원의 보편성을 보여준다는 차원에서 사도신경에 포함된 사실에 만족한다.[60] 그러나 이 문제는 기독교의 구원론, 지옥의 개념 등과 관련하여 많은 논란의 소지가 있는 부분임에 틀림없다. 김용복은 "비록 성서에도 그런 표현이 없는 것은 아니지만, 해석이 난해하고 다양한 이 구절을 신앙고백에 넣는 것은 바람직하지 않다"고 보았다.[61] 특히 서방교회의 본류였던 로마교회의 신조에는 없던 문구가 4세기경에 아퀼레이아의 신조에 포함되었다가 7-8세기의 사도신경에 마지막으로 추가된 것으로 볼 때, 그 문구에 대한 긍정적 이해와 관계없이, 전체 교회의 관심이 얼마나 반영되었는지 알 길이 없다.

자유교회 전통에 있는 침례교회로서 보다 관심을 가질만한 부분은 '공회'라는 표현이다. 한국어본에 '공회'라고 되어 있는 부분은 원래 '거룩한 교회'(Holy Church)라는 표현에서 '가톨릭'(Catholic)이라는 단어가 추가된 것이다. '가톨릭'이라는 단어는 '보편적'(universal) 혹은 '하나의'(one)라는 뜻을 가진, 형용사적으로 사용된 단어이다. 이 단어를 교회에 붙여서 가장 먼저 사용한 이는 2세기 초에 활동했던 안디옥의 감독 이그나티우스(Ignatius)였다. 당시에는 각 지역에 흩어져 있는 모든 교회가 그리스도 안에서 한 교회라는 개념을 가지고 사용한 말이었다. 그러나 '가톨릭'이라는 단어는 서방교회를 지칭하는 고유의 단어가 되면서 로마 가톨릭교회의 교권을 전제로 하는 단어가 되었다. 4세기의 사도신경에는 나오지 않는 이 단어가 7-8세기의 사도신경에 교회를 수식하는 말로 등장한 것은 서방에서 로마 가톨릭교회가 제도교회(동시에 국가교회)로서 그 입지를 굳혀갔던 7-8세기의 종교적, 정치적 상황을 반영하고 있다. '공회'라는 말이 이러한 상황을 반영하는 말이라면 그 용어를 그대로 쓰는 일이 어떤 이들에게는, 특히 자유교회 전통에 소속된 이들에게는 부담이 될 수밖에 없다. '공회'라는 말을 그냥 '교회'의 의미로 생각하면 될 것이라는 생각을 할 수도 있지만, 어떤 용어에 사회적, 역사적 의미가 부여되어 있다면 그것을 너무 쉽게 생각하는 것도 많은 문제를 야기할 수 있다. 종교개혁가 마르틴 루터(Martin Luther)가 'Catholic' 대신에 'Christian'을 사용한 것도 그 단어가 의미하는 바를 염두에 둔 결과일 것이다.[62)]

'공회'라는 말은 역사적으로 모든 지역교회를 일원화하여 치리하는 교권체제를 전제로 하기 때문에 각 지역교회를 지칭하는 말이라기보다 그 전체를 하나로 묶은 보편교회의 개념, 그리고 결국 중앙집권적 조직(총회, 노회)이 권위의 주체가 되어서 모든 지역교회들을 치리하는 개념을 가지고 있다. 이것은 제도교회(established church)를 반대하고 신자의 교회, 지역교회 자치주의, 회중주의를 표방하는 침례교회가 수용할 수 없는 개념이다. 만약 침례교회가 이러한 역사적 의미가 담겨 있는 공회라는 말을 여과 없이 사용한다면 스스로 침례교회의 정체성에 혼란을 주는 결과를 초래할 수 있다. 그래서 사도신경을 사용하는 어떤 침례교회들은 공회라는 말 대신 교회라는 말을 사용하기도 한다.

그러나 문제는 여기서 끝나지 않는다. 또 다른 문제는 사도신경 안에서 '공회'라는 말은 믿음의 대상으로 표현되어 있다는 점이다. 교회가 과연 믿음의 대상이 될 수 있는가 하는 문제이다. 여기서는 교회에 대한 본질적이고 절대적인 신앙을 표현한 것이다. 가톨릭교회의 관점에서 이것은 자연스러운 표현이 될 수 있다. 3세기의 교부 키프리아누스(Cyprianus)가 "교회 밖에는 구원이 없다"는 선언을 한 이후로 로마 가톨릭교회는 교회에 절대적 위치를 부여한다. 아무리 그리스도를 믿는 신앙이 있다하더라도 가톨릭교회 안에 있지 않으면 구원이 없다고 주장한다. 도나투스주의자들과 논쟁을 할 때 히포의 아우구스티누스는 가톨릭교회 바깥에서 받은 침례는 그 자체로 유효하지만(valid) 실제로 침례를 받은 자를 구원하는 능력, 즉 사효적(efficacious) 능력이 없다고 주장하였다.[63] 이것은 구원에 있어서 교회의 존재를 절대시한 것이다. 이렇게 본다면 '공회'를 믿는다는 말은 가톨릭교회의 교회론과 구원론에 적합한 표현이 될 수 있을지 모르지만 개신교의 신앙고백의 표현으로는 분명히 문제점이 있어 보인다. '공회'를 '교회'로 바꾼다 하더라도 '교회를 믿는다'는 표현은 결국 '가톨릭적' 구원론과 교회론에서 벗어나기 힘들다. 교회는 그리스도를 믿는 자들이 모인 곳이지 믿음의 대상이 될 수는 없기 때문이다.

'성도가 교통하는 것과'는 희랍어본이나 초기 라틴어본에는 나오지 않는다. 여기서 말하는 '성도'는 처음에 하늘의 성도, 즉 소천한 성도들을 가리키는 말이었으나 점차 살아있거나 죽은 성도 모두를 지칭하는 것으로 확대 해석되었다.[64] 믿음 안에서 죽은 자들에 대하여 로마 가톨릭교회의 입장이 반영된 부분이다. 한국의 가톨릭교회가 이 부분을 "모든 성인의 통공을 믿으며"로 사용할 때 여기서 말하는 성인은 분명히 죽은 자를 포함하고 있다.[65] 물론 문자 그대로의 의미를 감안하여 현재 살아 있는 교회의 성도들 간의 교제로 이해를 할 수 있기는 하지만 어떤 이들에게는 이 문구가 역사적으로 의미해왔던 바를 그냥 지나치기는 어려운 점이 있다. 이 문제를 성인숭배사상(veneration of saints), 사자(死者)들을 위한 미사, 사자들을 위한 기도, 연옥설과 공덕주의, 수호성인의 개념 등과 같은 로마 가톨릭교회의 신앙과 행습에 관련하여 생각할 때 더욱 그렇다. 또 이 문구가 "지옥으로 내려가셨다"는 문구와 함께 나중에 포함된 점도 이 두 문구가 모두 사자에 대한 관심을 반영한다는 관점에서 볼 수 있다.

이와 같이 초기의 사도신경에 없었던, 나중에 추가된 문구들 가운데는 중세의 로마 가톨릭교회의 관심사가 반영된 문구들이 있다는 것은 분명하다. 그 문구들이 가지고 있는 신학적, 전통적 의미를 받아들이지 않는다면 그것을 여과 없이 사용하는 것은 문제가 있다. 사도신경을 신조가 아니라 하나의 신앙고백으로 사용한다고 하더라도 현재의 사도신경에 포함되어 있는 문구들이 의미해왔던 것이 무엇인지 모르거나, 잘못 이해했다면 그 사람에게 사도신경은 신앙고백문으로 적합하지 않다. 신앙고백은 다른 사람이 일러준 내용을 아무런 생각 없이 외우는 행위가 아니라 한 개인이 하나님 앞에서 충분히 이해하고 믿는 바를 고백하는 것이다. 이미 공동체적으로 만들어진 신앙고백문이라 하더라도 그 내용에 대하여 잘 이해하고 또 그 내용을 마음에 믿을 때 비로소 그 사람에게는 그것이 진정한 신앙고백이 되는 것이다. 그러한 개인적 의식과 성찰 없이 신앙고백문을 낭독하는 것은 개인적이고 주체적 신앙을 추구하는 침례교인들에게는 적합하지 않다. 신앙고백은 공동체적인 측면도 있지만 개인적인 측면도 반드시 고려되어야 할 것이다. 마음속에 받아들이지 않는 내용을 고백하는 것은 하나님 앞에서 위선적 행위가 될 수 있고 진정한 예배의 자세에서 벗어날 수밖에 없다.

Ⅳ. 나가는 말

신조는 원래 신앙고백이었다. 신조가 '나는 믿는다'(I believe)라는 술어였다는 것은 정형화되고 규범화된 교리이기보다는 역동적이고 살아 있는 신앙의 고백이자 헌신이었음을 말해준다. 신앙고백은 귀중한 일이다. 김용복이 "신앙고백은 신앙하는 사람의 주체성을 정립하는 데 도움이 된다. 다른 사람의 신앙을 그대로 답습하는 것이 아니라, 자기 자신의 인격적인 체험과 성서의 가르침을 토대로 주체적인 신앙을 확립하는 일은 모든 그리스도인의 과제요 권리"라고 한 것은 신앙고백이 어느 누구의 강요나 간섭에 의해서가 아니라 자원하는 마음으로, 자발적으로 그리스도를 주님으로 고백하는 것임을 잘 말해준다.[66)]

신조는 원래 교회가 복음을 전하고, 믿는 자들을 교육하여 성경의 가르침에 어긋나지 않는 신앙고백을 하게 하는 기능을 가지고 있었다. 또한 세상의 가치관, 잘못된 신앙으로부터 성경적 신앙을 지키고 보존하는 안내자(guide)의 역할을 하였다. 시간이 흐름에 따라 이러한 신앙고백은 점차적으로 규범화되고 정형화(고착화)되고 심지어는 제도교회의 권위 하에 강요되는 성격을 띠게 되었다. 원래 신앙고백은 개인적인 측면과 공동체적인 측면이 있는데 교회의 공교회화 현상이 심화되면서 점점 신앙고백의 개인적인 측면은 약화되고 공동체적인 측면만 지나치게 강조되어 갔다. 이에 따라 신조는 제도교회의 이데올로기로 등장하면서 제도교회의 획일적 일원화의 도구가 되었고 원래의 기능을 넘어서서 성경의 권위와 동등한 위치를 차지하게 되었다.

신조의 문제, 더 정확하게 신조주의의 문제는, 그것이 성경의 권위와 동등하게 되었고 많은 경우에 성경을 대신하게 되었다는 점이다. 성경을 읽고 이해하고 해석한 것을 바탕으로 사람이 고백한 것에 하나님의 말씀인 성경과 동등한 권위를 부여하면 교회의 권위는 하나님으로부터 오는 권위가 아니라 사람으로부터 오는 권위로 대체될 수밖에 없다. 월터 셔든(Walter Shurden)의 말은 의미심장하다: "신조들이 성서를 대신할 때 우리는 성서와 성서에 접근할 수 있는 자유 이 두 가지를 모두 잃게 된다."[67] 중세의 교인들이 신조에 대한 의존도가 커지면서 성경과 점점 멀어졌던 사실, 교회에서 일반 신자들에게 성경을 가르치는 일은 사라지고, 교회역사의 상당한 기간 동안 성경은 성직자들의 전유물이 된 사실을 기억해야 한다.[68] 신조가 성경을 가리는 역할을 한 것이다. 침례교회가 신조를 사용하지 않는 것은 그것이 역사적으로 성경의 권위를 해쳐왔다고 믿기 때문이다. 침례교회는 교회가 성경을 읽으면서 끊임없이 갱신되어야 할 것을 믿으며 하나님께서는 그 말씀에서 더 많은 빛과 진리를 이끌어내 주실 것이라는 것을 확신한다.[69] 신조의 문제는 그 내용의 문제보다는 일차적으로 그것이 성경을 대신하여 권위의 원천이 된 사실에 있다. 침례교회가 신조를 사용하지 않는 전통을 고수하는 이유는 그 내용보다는 그것이 도구화되어 있는 제도교회의 획일적 권위주의를 반대하는 데 있다. 침례교회는 신자의 교회로서 각 개인의 신앙고백을 통한 주체적 신앙생활을 지향한다. 침례교회는 각 개인의 다양한 신앙고백을 존중하면서 하나됨을 추구한다. 동일한 신조문을 통해서가 아니라 다양하지만 한 주님을 고백하는 일을 통하여 교회의 하나됨을 추구한다. 같기 때문에 한 교회를 이루는 것이 아니라 다름에도 불구하고 한 교회를 이루어간다는 것이다. 침례교회가 신조주의를 배격하는 것은 그것이 신앙생활에 있어서 개인의 자발성을 심각하게 해치기 때문이다. 각 개인은 자유로운 양심으로 자발적으로 하나님께 나아가야 한다는 것이다. 그것이 진정한 신앙고백의 행위이다. 침례교회가 국가교회(state church), 혹은 영역교회(territorial church) 형태의 제도교회를 반대하고 정교분리와 종교의 자유를 역설한 것은 우연이 아니다. 진정한 신앙고백이란 철저하게 개인의 자유와 자발성에 근거해 있다고 믿기 때문이다.

사도신경은 2세기의 교회가 그 시대의 상황 속에서 성경 혹은 사도들이 전한 가르침에 따라 올바른 기독교의 정체성을 세워나가고자 하는 일환으로 만들어진 '하나의 신앙의 원칙'(a rule of faith)이었다. 그것은 그 시대를 살아가는 기독교인들의 신앙고백이었으며, 그들은 그 고백을 통하여 세상(당시에는 로마제국)의 가치관과 이단이라는 위기의 소용돌이 속에서 사도들이 전한 복음을 놓치지 않고 붙잡으려고 하였다. 오늘날 기독교인들은 21세기라는 시대에 그들 나름대로의 구체적인 역사적 현실 가운데 살아가고 있다. 21세기의 기독교인들은 시대와 상황은 다르지만 기독교인으로서 그리스도의 가르침에 순종하고 그 뜻을 세워가야 한다는 점에서 초대교회의 기독교인들과 같은 입장에 서있다. 그들에게 동일하게 주어진 것은 그 때나 지금이나 동일한 하나님의 말씀인 성경이다. 초대교회의 기독교인들이 그들의 상황에서 성경을 읽고 그들이 무엇을 믿는 자들인가를 보여주는 신앙고백을 했듯이 21세기의 기독교인들도 오늘날의 시대 상황에서 동일한 성경을 읽고 그들 역시 그리스도의 제자가 어떤 자들인가를 보여주는 신앙고백을 해야 할 것이다. 그리고 그것이 사도신경이든, 수정된 사도신경이든, 아니면 완전히 다른 형태의 신앙고백이든, 성경이 아니라는 사실을 분명히 인식해야 할 것이며 허황된 권위주의를 조장할 위험성을 가지고 있는 '신조주의'에 빠지지 않도록 최선을 다해야 할 것이다.

침례교회는 과거의 역사 속에서 다른 기독교 교단들에 의하여 많은 영향을 받았다. 16세기 종교개혁운동의 결과로 생겨난 개신교(Protestantism)의 한 교단으로서 루터교의 전통, 개혁교의 전통, 재침례교의 전통으로부터 받은 신학적 영향은 말할 수 없을 정도로 크다. 18세기에는 영국과 미국에서 각각 일어난 감리교운동(Methodist Movement)과 대각성운동(The Great Awakening)의 영향으로 교단의 발전을 이루었다. 한국의 침례교는 그 동안 한국적 상황에서 다른 교단으로부터 많은 영향을 받아왔다. 이제 역으로 침례교가 다른 교단들에게 끼칠 수 있는 영향이 있다면 그것은 자유교회의 전통이 가지고 있는 고유의 특성일 것이다. '신조'가 아닌 '신앙고백'의 전통은 한국의 침례교회가 다른 교단으로부터 영향을 받아야 할 부분이 아니라 영향을 끼쳐야 할 부분이다. 역사적으로 많은 오류를 드러낸 '신조주의'에 대항하여 성경의 권위를 세우고, 각 신자들, 각 교회들, 각 교단들의 다양하고 자율적인 신앙고백 행위가 존중 받되 그 누구의 신앙고백도 절대적일 수 없으며, 성경에 종속적이며, 언제든지 성경의 빛에 비추어 수정되어야 할 가능성을 열어두어야 한다는 사실을 인정하는 전통이 그것이다.

주

1) 서방교회(Western Church) 전통에서 대표적인 3대 신조로는 사도신경, 니케아신조(Nicene Creed), 아타나시우스신조(Athanasian Creed)가 꼽혀왔다.

2) J. N. D. Kelly, *Early Christian Creeds* (London: Longmans, Green and Company, 1950), 1-2. Tyrannius Rufinus, "A Commentary on the Apostles' Creed," *Nicene and Post Nicene Fathers,* ed. Philip Schaff, Series 2, vol. 3 (Peabody, MA: Hendrickson Publishers, 1994), 542를 참조.

3) Kelly, *Early Christian Creeds*, 3; Philip Schaff, *The Creeds of Christendom, with a History and Critical Notes, vol. 1, The History of the Creeds*, 6th ed. (Grand Rapids, MI: Baker Book House, 1984), 22. 지금부터는 Schaff, *History of Creeds*, 1:22.

4) Justo L. Gonzalez, *The Apostles' Creed for Today* (London: Westminster John Knox Press, 2007), 2; *Kelly, Early* Christian Creeds, 3-4. 켈리는 튜린(Turin)의 감독 막시무스(Maximus, c. 380-465), 요한 카시아누스(Johann Cassianus, c. 360-435), 세비야(Seville)의 이시도레(Isidore, c. 560-636) 등과 같은 기독교 저술가들도 사도신경이 사도들에 의하여 작성되었음을 확신했다고 쓰고 있다.

5) 칼케돈종교회의는 소위 "신앙의 정의"(the Definition of Faith)라는 보다 발전된 형태의 니케아신조를 통하여 수세기 동안의 신학적 논쟁을 어느 정도 매듭짓기는 했지만 이후에도 두 차례 더 종교회의를 필요로 하였다. 그러나 이 시점에서 주요 논점에 대해서는 거의 마무리가 된 것으로 봐야 할 것이다.

6) 동방교회가 신학적 논쟁의 결과로 정리한 니케아신조를 선호하고 서방교회가 보다 실제적인 교회생활의 배경에서 나온 사도신경을 선호하는 것은 양 교회의 특징을 그대로 보여준다.

7) Kelly, *Early Christian Creeds*, 5.

8) Gonzalez, *The Apostles' Creed for Today*, 2; Liuwe H. Westra, *The Apostles' Creed: Origin, History, and Some Early Commentaries* (Turnhout, Belgium: Brepols Publishers, 2002), 22, 24. 17세기에 사도신경에 대하여 연구한 대표적인 학자로는 게라르두스 보시우스(Gerardus Joannes Vossius)와 제임스 어셔(James Usher)가 있다. 17세기 이후에도 로마가톨릭은 여전히 사도신경의 '거룩한 기원'을 쉽사리 포기하지 않았으며, 심지어는 18-19세기의 개신교 학자들(예를 들면 G. E. Lessing) 가운데서도 그것을 받아들이는 경우들이 있었다. Schaff, *History of Creeds*, 1:23. 샤프는 사도신경의 사도 저작론(Apostolic authorship)을 부인하는 이유를 다음과 같이 들고 있다: 1) 사도신경의 문학적 구조의 일원성은 여러 사람이 썼을 가능성을 배제한다는 점; 2) 성경에서 그 흔적을 찾아볼 수 없는 점; 3) 사도적 교부들(Apostolic Fathers)에게서 그 흔적을 찾아볼 수 없고 심지어는 니케아 이전의 교부들(Ante-nicene Fathers)이나 니케아 교부들(Nicene Fathers)에게서도 그 흔적을 찾아볼 수 없는 점; 4) 사도신경의 모체가 되는 '신앙의 원칙'(Rule of Faith)이 8세기에 이르러 고착될 때까지 다양한 형태로 존재했다는 점; 5) 사도신경이 동방교회에서는 일반적으로 받아들여지지 않았다는 점. Ibid.

9) Kelly, *Early Christian Creeds,* 29; Schaff, *History of Creeds*, 1:14.

10) Charles Augustus Briggs, *The Fundamental Christian Faith: The Origin, History and Interpretation of the Apostles' Creeds* (Edinburgh: T & T Clark, 1913), 22; Westra, *The Apostles' Creeds*, 21. '구 로마신조'와 현재의 사도신경의 비교를 위해서는 Schaff, *History of Creeds*, 1:21-2를 참조.

11) 마르켈루스의 서신은 당시 로마의 감독이었던 율리우스(Julius)에게 보내는 것이었는데 자신의 신앙의 입장이 로마교회의 입장, 즉 사도적 전통에 서 있음을 보여주려고 한 것으로 보인다. 1-2세기에는 서방교회에서도 주로 희랍어를 사용한 것으로 미루어 보면 희랍어본이 라틴어본보다 먼저 있었던 것은 당연하다. *Schaff, History of Creeds*, 19-20.

12) 좀 더 정확하게 이 편지는 390년 밀라노에서 있었던 종교회의가 교황에게 보내는 공식 편지였으며 암브로시우스가 그 기초를 잡은 것으로 알려져 있다.

13) "Apostles' Creed," *Wikipedia: The Free Encyclopedia.* [인터넷자료] http://en.wikipedia.org/wiki/ Apostles%27_Creed, 2008, 12월 10일 접속.

14) Kelly, *Early Christian Creeds*, 6. 영어 'rule of faith'를 '신앙의 원칙'으로 해석한 것은 '원칙'이라는 용어가 가지는 경직성 때문에 완전히 만족스럽지는 않다. 그러나 분명한 것은 '신조'라는 말에 비하여 '믿음의 원칙'이라는 말은 신앙의 내용이 아직 덜 정형화된 형태를 전제하고 있다는 것이다.

15) Frances M. Young, *The Making of the Creeds* (London: SCM Press, 1991), 10-11; Briggs, *The Fundamental Christian Faith*, 10-14. 브릭스는 이레니우스와 테르툴리아누스의 저작들에서 각각 3가지 형태의 "신앙의 원칙"을 발췌하여 비교를 시도한다. 그 중에 테르툴리아누스의 「처녀 머리가리기에 관하여」에 있는 것을 소개하면 다음과 같다: "The rule of faith is altogether one, sole immoveable and irreformable-namely, to believe in one God Almighty, the Maker of the world; and His Son, Jesus Christ, born of the Virgin Mary, crucified under Pontius Pilate, on the third day raised again from the dead, received in the heavens, sitting now at the right hand of the Father, coming to judge the quick and the dead, also through the resurrection of the flesh." Ibid., 13.

16) 초기의 '신앙의 원칙'은 정확한 문구나 형식을 중시했다기보다는 그것이 전하는 실질적인 내용에 초점이 맞춰져 있었으므로 기본적인 내용과 그 구조는 비슷하지만 사용된 문구의 표현들이 다양했던 것을 알 수 있다. Briggs, *The Fundamental Christian Faith*, 9.

17) Young, *The Making of the Creeds*, 15.

18) 학자에 따라서는 신조(creed)와 신앙고백(confession of faith)을 같은 의미로 사용하는 경우가 흔히 있지만 자유교회 전통에 서있는 학자들은 이 둘의 의미를 분명히 구별하는 경향이 뚜렷하다. '신조적 전통'(credal tradition)에 있는 학자들이 신조를 신앙고백으로 보는 일은 자연스러운 일이지만 전통적인 신조의 개념을 받아들이지 않는 학자들에게는 그 둘을 구별하는 일이 대단히 중요한 의미를 가질 수밖에 없다.

19) Young, *The Making of the Creeds*, 3.

20) Kelly, *Early Christian Creeds*, 6.

21) Arthur Cushman McGiffert, *The Apostles' Creed: Its Origin, Its Purpose, and Its Historical Interpretation* (New York: Charles Scribner's Sons, 1902), 6-22.

22) Briggs, *The Fundamental Christian Faith*, 16, 19-21.

23) Kelly, *Early Christian Creeds*, 6

24) Ibid., 8. 그는 신약성경 안에서 복음의 내용이 어느 정도 정형화된 흔적을 찾아서 열거한다: "성도들에게 단번에 주신 믿음의 도"(유다서 3); "내게 들은바 바른 말"(딤후 1:13); "바른 교훈"(딤후 4:3; 딛 1:9); "아름다운 것"(the noble deposit, 딤후 1:14); "가르침을 받은 전통을 지키라"(살후 2:15); "교훈의 본"(롬 6:17), etc. Ibid., 8-9.

25) 샤프 역시 사도신경을 사도들의 가르침을 가장 아름답고도 간략하게(beautifully and simply) 정리한 것으로 표현하면서 그것이 사도들의 전통과 연속성이 있음을 부인하지 않는다. Philip Schaff, *History of the Christian Church, Volume I: Apostolic Christianity. A.D. 1-100*. [인터넷자료] http://www.ccel.org/ccel/ schaff/hcc1.i.XI.67.html, 2008년 12월 5일에 접속.

26) Westra, *The Apostles' Creeds*, 7-8, 10. 서방교회가 니케아신조보다는 사도신경을 선호하게 된 것은 니케아신조가 형성되는 신학적 논쟁이 주로 동방교회 주도로 이루어졌다는 이유 외에도 동서교회 간에 있었던 '필리오쿠에' 논쟁에서도 그 이유를 찾아볼 수 있다. 이 글의 III-1을 참조.

27) Ibid., 13-4.

28) Kelly, *Early Christian Creeds*, 1. 로마 가톨릭교회는 신조를 포함한 교회의 전통에 성경과 동일한 권위를 부여해왔다.

29) 이 설문조사는 침례신학대학교의 조직신학교수 김용복이 2000년 12월부터 2001년 2월까지의 기간 동안 조사에 응한 277명의 침례교 목회자들을 대상으로 실행한 것이다. 김용복, "침례교회가 사도신경을 암송하지 않는 이유는 무엇인가?" 「뱁티스트」, 53호 (2001년 11 · 12월): 83-9; idem, 「침례교신학: 침례교인의 신앙과 신학 유산」(대전: 침례신학대학교 출판부, 2006), 262-4.

30) 김용복, 「침례교신학」, 263.

31) William R. Estep, *The Anabaptist Story: An Introduction to Sixteenth-Century Anabaptism*, 3d ed. (Grand Rapids: William B. Eerdmans Publishing Company, 1996), 190; 남병두, "침례교회의 특성," 「21세기를 위한 교회론: 교회의 일치와 성숙을 위하여」, 국제신학연구원 편 (서울: 서울말씀사, 2004), 194. "성경의 최종적 권위의 회복은 16세기 개신교 종교개혁가들의 공통된 공로이지만 종교개혁이 낳은 교파적 전통들 중에서도 성경을 중시하고 성경의 내용을 실제로 교회의 개혁의 표준으로 삼는 그 진지성에 있어서 침례교는 16세기의 근원적 종교개혁가들(Radical Reformers)과 함께 단연 두드러진다. 그들은 철저하게 신약성경을 기준으로 교회 개혁을 생각하였으며 개혁의 최종 목표는 신약교회로 돌아가는 것이었다." Ibid., 191.

32) William H. Brackney, *The Baptists*, with a foreword by Henry Warner Bowden (London: Praeger, 1994), 23.

33) Herschel H. Hobbs, *The Baptist Faith and Message* (Nashville, TN: Convention Press, 1971), 19.

34) William L. Lumpkin, 「침례교 신앙고백서: 침례교의 역사와 교리연구를 위한 안내서」, 김용복, 김용국, 남병두 역, 침례교신학연구소 편 (대전: 침례신학대학교 출판부, 2008), 194.

35) Ibid., 297.

36) Ibid., 345.

37) Ibid., 379.

38) Ibid., 463.

39) Margaret Deanesly, *A History of the Medieval Church: 590-1500,* 9th ed. (London: Routledge, 1969), 79; Justo L. Gonzalez, *The Story of Christianity, vol. 1: The Early Church to the Dawn of the Reformation* (San Francisco: HarperSanFrancisco, 1984), 264-5. 서방교회에서 니케아신조에 'filioque' 를 추가하여 사용한 관행은 스페인에서 시작되었다고 알려져 있다. 이 문제는 9세기의 포티우스 논쟁(Photian Controversy)에서 불거져 동서교회가 한 동안 절연하는 계기가 되었고 나중에 11세기 때에는 교황 레오 9세와 콘스탄티노플의 대감독 케룰라리우스(Cerularius)가 반목하는 소재가 되었고, 그 결과 동서교회의 분열이 영구적으로 이루어진 계기가 되었다. 물론 동서교회의 반목은 더 심각한 다른 정치적인 이유들에 기인하는 것이었지만 '필리오쿠에 논쟁'은 때마다 동방교회가 서방교회를 비판하는 구실을 제공하면서 어느덧 동서교회의 반목과 분열의 상징처럼 되었다.

40) Gonzalez, *The Story of Christianity*, 1:265.

41) 신학적 논쟁과 신조의 형성은 적어도 4세기 이후로는 항상 정치적 상황과 무관하지 않았다. 313년의 밀라노 칙령 이후 기독교가 실질적으로 로마제국의 공식 종교(official religion)가 되면서 교회의 문제, 신학의 문제는 늘 황제의 관심사 안에 있었다. 첫 대종교회의(ecumenical council)인 니케아종교회의가 콘스탄티누스 황제의 소집으로 이루어졌고 그 진행과정과 결정과정에 중요하게 개입한 것은 주지의 사실이다. 그것은 그로서는 기독교의 일원화가 제국의 일원화에 결정적인 역할을 한다고 보았기 때문에 당연한 정치행위였다. 그 종교회의 결과 니케아신조가 발표되고 그것을 거부하였던 아리우스주의자들은 축출되었다. 공식 신학에 동의하지 않은 결과였다. 그러나 381년까지 니케아신조는 정치적 파고에 따라 좌지우지되었으며 그 신조와 운명을 함께 했던 알렉산드리아의 아타나시우스(Athanasius)는 그 기간 동안 5번에 걸쳐 추방과 복권을 거듭하였다.

42) 이것은 결국 누가 성경을 올바로 이해하고 해석했는가보다는 누가 정통의 잣대를 들이댈 수 있는 권력을 가졌는가에 달렸다는 말이다. 다시 17세기로 돌아가서 보면 그 시대의 정통의 잣대-이것은 마치 칼자루를 누가 잡았는가의 문제와 유사하다-를 쥐고 있었던 영국국교회는 "공동기도문"(the Book of common Prayer)과 "42개 조항"(42 Articles)의 신앙고백서를 기준으로 교회와 국가의 권위에 순응하지 않았던(non-conformist) 가톨릭(영국 땅에서 칼자루를 놓쳐버린 가톨릭도 여기서 예외가 아니다), 청교도들(Puritans), 분리주의자들(Separatists), 침례교인들을 탄압하였다. 아이러니한 일은 영국 땅에서 함께 박해를 당하며 그 폐해를 함께 경험했던 청교도들과 분리주의자들이 신대륙에 가서 자신들의 식민지를 건립했을 때-말하자면 이제 그들이 칼자루를 잡았을 때-그곳에서 침례교인들을 포함한 다른 소수 기독교 그룹들에게 박해를 가한 일이다.

43) 신조주의자들이 교회 반대자들이나, 분파주의자들이나, 이단들에게 그들의 신앙이 잘못되었다고 몰아세울 때 성경을 들이대는 경우는 드물다. 그들은 신조를 들이댄다. 초기의 침례교인들은 끊임없이 성경으로 자신들이 이단이 아님을 강변해야 했다.

44) 사실 동방교회는 사도신경을 인정하지 않았고 그 짧은 신조 안에도 여전히 그 내용을 두고 차이점이 있음을 보여주고 있다. 미묘하지만 현재 가톨릭교회와 개신교회가 사용하는 사도신경도 완전히 같지 않다. 사도신경의 구체적인 내용의 문제에 관해서는 이글의 나중에 다룰 것이다.

45) Cecil E. Sherman, "성경은 신자들의 신앙과 삶을 위해 기록된 유일한 권위이다," 「21세기 속의 1세기 신앙: 침례교 신앙 정의하기: 21세기를 위한 안내서」, ed. Charles W. Deweese, 김승진 옮김 (대전: 침례신학대학교출판부, 2005), 94-5.

46) 여기서 교회지상주의(敎會至上主義)는 가시적 제도교회가 '구원의 방주' 이며 '진리의 보고' 이며 그것을 떠나서는 어떤 형태의 신앙행위도 가능하지 않다는 개념으로서 중세 로마 가톨릭교회에서 그 전형을 찾을 수 있다.

47) 남병두, "James McClendon의 'baptist vision' : 침례교 신학의 한 방법론으로서의 가능성," 「복음과 실천」, 32 (2003년 가을호):126-8; idem, "침례교의 특성," 192.

48) 김용복, 「침례교신학」, 73.

49) Lumpkin, 「침례교 신앙고백서」, 19.

50) Ibid., 20.

51) H. Leon McBeth, *The Baptist Heritage: Four Centuries of Baptist Witness* (Nashville, TN: Broadman Press, 1987), 66.

52) Lumpkin, 「침례교신앙고백서」, 462.

53) 남병두, 「침례교의 특성」, 193.

54) Hobbs, *The Baptist Faith and Message*, 16.

55) McBeth, *Baptist Heritage*, 68-9. 같은 자유교회 전통에 있는 메노파도 신앙고백의 기능에 대한 생각이 유사하다: 1) 성경을 해석하는 지침 (그러나 성경의 권위에 종속적임을 부연한다); 2) 믿음과 실천의 지침; 3) 교회의 내외적 연합의 토대; 4) 새로운 교인들을 가르치고 의문에 대한 답변하는 자료; 5) 시대의 변화에 따라 믿음과 실천에 대한 해석의 경신; 6) 메노파의 신앙을 다른 기독교인들에게 소개하는 일. Marlin E. Miller and others, *Confession of Faith in a Mennonite Perspective*, published by arrangement with the General Board of the General Conference Mennonite Church and the Mennonite Church General Board (Scottdale, PA: Herald Press, 1995), 8.

56) 남병두, 「침례교의 특성」, 192-3. 김용복은 신조의 특징을 4 가지로 정리한다: 1) 신앙고백을 고정된 틀에 가두는 형식성; 2) 신앙고백이 자신이 믿는 바를 표현하는 단계를 넘어서서 다른 사람의 신앙을 통제하는 강제성; 3) 신앙의 다양성을 인정하지 않는 획일성; 4) 신앙고백에 성서보다 높은 권위를 부여하는 우위성. 김용복, 「침례교신학」, 261.

57) Schaff, *History of the Creeds*, 1:7.

58) 김용복, 「침례교신학」, 263.

59) "The Apostles' Creed," *Catholic Encyclopedia*. [인터넷자료] http://www.newadvent.org/cathen/ 01629a.htm, 2008년 11월 14일 접속.

60) Wolfhart Pannenberg, 「사도신경 해설」, 정용섭 옮김 (서울: 한들출판사, 2000), 122-9.

61) 김용복, 「침례교신학」, 266.

62) Westra, *The Apostles' Creed*, 21.

63) 남병두, "교회예전에 관한 역사적 고찰과 교회회복에 대한 전망," 「침례교회예전: 침례와 주의 만찬」, 침례교신학연구소 펴냄 (대전: 침례신학대학교출판부, 2008), 18; Samuel Byungdoo Nam, "A Comparative Study of the Baptismal Understanding of

Augustine, Luther, Zwingli, and Hubmaier" (Ph.D. diss. Southwestern Baptist Theological Seminary, 2002), 20-36을 참고.

64) Schaff, *History of Creeds*, 1:22. 각주 40을 참조. 로마 가톨릭교회에서 발전된 성인숭배사상은 초대교회 때 믿음을 지키다가 순교한 성도들에 대한 존경심에서 발전된 것으로 보인다. 초대교인들은 종종 순교자들이 묻혀 있는 무덤에서 주의 만찬을 나누곤 했는데 그들도 한 교인이라는 연대감에서 비롯되었다. Gonzalez, *The Story of Christianity*, 1:95.

65) 김용복,「침례교신학」, 266-7.

66) Ibid., 260.

67) Walter B. Shurden, *Baptist Identity: Four Fragile Freedom* (Macon: Smyth & Helwys Publishing, 1993), 14. 김용복,「침례교신학」, 261에서 재인용.

68) 12-3세기의 발도파(Waldenses)가 평신도들에게 성경을 가르치고 설교하는 활동을 했을 때, 제도교회는 그들의 활동을 금지시켰던 일이 있었다.

69) James Leo Garrett, Jr. and others, *We Baptists*, Study and Research Division, Baptist World Alliance (Franklin, TN: Providence House Publisher, 1999), 24.

참고문헌

김용복. 「침례교신학: 침례교인의 신앙과 신학 유산」. 대전: 침례신학대학교 출판부, 2006.

__________. "침례교회가 사도신경을 암송하지 않는 이유는 무엇인가?" 「뱁티스트」, 53호 (2001년 11 · 12월): 83-89.

남병두. "교회예전에 관한 역사적 고찰과 교회회복에 대한 전망." 「침례교회예전: 침례와 주의 만찬」, 13-42. 침례교신학연구소 펴냄. 대전: 침례신학대학교출판부, 2008.

__________. "침례교회의 특성." 「21세기를 위한 교회론: 교회의 일치와 성숙을 위하여」, 161-200. 국제신학연구원 편. 서울: 서울말씀사, 2004.

__________. "James McClendon의 'baptist vision' : 침례교 신학의 한 방법론으로서의 가능성." 「복음과 실천」, 32 (2003년 가을): 107-34..

Brackney, William H. *The Baptists*. Foreworded by Henry Warner Bowden. London: Praeger, 1994.

Briggs, Charles Augustus. *The Fundamental Christian Faith: The Origin, History and Interpretation of the Apostles' Creeds*. Edinburgh: T & T Clark, 1913.

Deanesly, Margaret. *A History of the Medieval Church: 590-1500*, 9th ed. London: Routledge, 1969.

Deweese, Charles W., ed. 「21세기 속의 1세기 신앙: 침례교 신앙 정의하기: 21세기를 위한 안내서」. 김승진 옮김. 대전: 침례신학대학교출판부, 2005.

Durnbaugh, Donald F. *The Believers' Church: The History and Character of Radical Protestantism*. Scottdale, PA: Herald Press, 1985.

Estep, William R. The *Anabaptist Story: An Introduction to Sixteenth-Century Anabaptism*, 3d ed. Grand Rapids: William B. Eerdmans Publishing Company, 1996.

__________. *Revolution within the Revolution: The First Amendment in Historical Context, 1612-1789.* Foreword by Bill Moyers. Grand Rapids, MI: William B. Eerdmans Publishing Company, 1990.

Garrett, James Leo, Jr. and others. *We Baptists*. Study and Research Division, Baptist World Alliance. Franklin, TN: Providence House Publisher, 1999.

Gonzalez, Justo L. *The Apostles' Creed for Today.* London: Westminster John Knox Press, 2007.

__________. *The Story of Christianity, vol. 1: The Early Church to the Dawn of the Reformation.* San Francisco: HarperSanFrancisco, 1984.

Harnack, Adolf. *The Apostles Creed,* 2nd. Revised and edited by Thomas Bailey Saunders. Translated by Stewart Means. Eugene, OR: Wipf and Stock Publisher, 2001.

Heim, S. Mark, ed. *Faith to Creed: Ecumenical Perspectives on the Affirmation of the Apostolic Faith in the Fourth Century*. Papers of the Faith to Creed Consultation Commission on Faith and Order NCCCUSA. Grand Rapids, MI: William B. Eerdmans Publishing Company, 1991.

Hobbs, Herschel H. *The Baptist Faith and Message*. Nashville, TN: Convention Press, 1971.

Kelly, J. N. D. *Early Christian Creeds*. London: Longmans, Green and Company, 1950.

Küng, Hans and Jürgen Moltmannin, eds. *An Ecumenical Confession of Faith?* New York: Seabury Press, 1979.

Lumpkin, William L. 「침례교 신앙고백서: 침례교의 역사와 교리연구를 위한 안내서」. 김용복, 김용국, 남병두 역. 침례교신학연구소 편. 대전: 침례신학대학교

출판부, 2008.

McBeth, H. Leon. *The Baptist Heritage: Four Centuries of Baptist Witness*. Nashville, TN: Broadman Press, 1987.

McGiffert, Arthur Cushman. *The Apostles' Creed: Its Origin, Its Purpose, and Its Historical Interpretation.* New York: Charles Scribner's Sons, 1902.

Miller, Marlin E. and others. *Confession of Faith in a Mennonite Perspective*. Published by arrangement with the General Board of General Conference Mennonite Church and the Mennonite Church General Board. Scottdale, PA: Herald Press, 1995.

Pannenberg, Wolfhart. 「사도신경 해설」. 정용섭 옮김. 서울: 한들출판사, 2000.

Rogers, Jack. *Presbyterian Creeds: A Guide to the Book of Confessions.* With a foreword by Charles A. Hammond. Philadelphia: Westminster Press, 1985.

Schaff, Philip. *The Creeds of Christendom with a History and Critical Notes, vol. 1, The History of the Creeds*, 6th ed. Grand Rapids, MI: Baker Book House, 1984.

__________. *History of the Christian Church, Volume I: Apostolic Christianity. A.D. 1-100.* [인터넷자료] http://www.ccel.org/ccel/schaff/hcc1.html.

__________. ed. *Nicene and Post Nicene Fathers,* Series 2, vol. 3. Peabody, MA: Hendrickson Publishers, 1994.

Westra, Liuwe H. *The Apostles' Creed: Origin, History, and Some Early Commentaries.* Turnhout, Belgium: Brepols Publishers, 2002.

Wikipedia: The Free Encyclopedia. [인터넷자료] http://en.wikipedia.org/wiki/Main_Page.

Young, Frances M. *The Making of the Creeds*. London: SCM Press, 1991.

제6장

한국 침례교의 정교(政敎)분리

장 수 한 | 침례신학대학교 | 역사신학

Ⅰ. 들어가는 말

기독교한국침례회 총회는"교회와 국가는 상호 분리되어 있다."고 천명하고 있다.[1] 이 선언은 규약의 전문에 앞서 있는 <침례교회의 이상과 주장> 의 제9항이다. 곧 이어 <침례교회의 이상과 주장> 제10항은 "신앙의 자유는 절대적이다."라고 쓰고 있다. 이는 기독교한국침례회가 "교회와 국가의 분리"를 그만큼 중요한 이상으로 삼고 있으며 주장하고 있다는 것을 의미한다. 따라서 기독교한국침례회에 속한 모든 교회와 신자들에게 "교회와 국가의 분리"는 의문을 제기할 수 없는 신앙의 한 원리(原理)라 하겠다.

이 글은, 한국 침례교에 이토록 중요한 의미를 갖는 정교분리에 대한 한국 침례교의 이해를 재구성하여 한국 침례교의 정체성을 더욱 뚜렷이

하려는 데 목적을 둔다.

이를 위해서 이 글은 먼저 기독교의 역사에서 "정교분리"의 의미와 그것이 가져 온 역사적 성취와 문제들을 뒤 짚어 보기로 한다. 그 이유는, 많은 신학자들이 이 문제에 대해 이미 글을 쓰기는 했지만 아직 고려되지 않은 측면들이 있다고 보기 때문이다. 예수 그리스도의 가르침은, 국가의 권력은 제한적이어야 하며 교회와 국가는 분리되어야 하고 모든 생활 영역에서 종교적 표현이 자유로워야 한다는 것이었다. 이 생각은 기독교 신앙의 토대이다.

그러나 교회는 그 가르침을 충실히 그리고 지혜롭게 실천하는 대신 많은 문제들을 노정하였다. 교회가 하나의 사회적 제도가 되면서 국가 권력과 오랫동안 유착하여 고유한 신앙을 왜곡하거나 버리기에 이른 때도 있었다. 한편 오랜 노력과 투쟁 끝에 정교분리를 성취해낸 시기에는 반대로 종교복수주의를 동시에 받아들여야 했다. 교회는 개별 교회들이 서로 경쟁하는 '시장 상황' 에 빠지게 되었다.

특히 현재 한국의 침례교에 지대한 영향을 끼치고 있는 미국의 교회들이 미국 독립 이후의 교회의 성장과 발전을 이룩하는 과정은 좋은 보기이다. 미국의 교회들은 영국 교회 그 중에서도 영국 침례교의 '신앙의 자유' 라는 전통을 실현하는 현실적인 방안으로 '국교의 금지' 라는 헌법 규정을 '쟁취' 하였다. 이를 '쟁취' 라고 표현할 수 있는 것은 그것의 실현을 위해 분투해 온 교회의 노력이 역사적 결실을 맺었다는 한 측면을 잘 드러내 준다고 보기 때문이다.

그러나 동시에 그 후의 미국교회들은 여러 교파로 나누어졌고 서로 경쟁할 수밖에 없었다. 유럽과 달리 미국에 특유한 개신교의 다양한 분파와 각 분파 내부에서조차 만연하는 개별 교회들의 경쟁 상황은 정교분리가 가져 온 또 다른 한 측면이다. 말하자면 정교 분리는 종교의 시장화 내지 다원주의의 도래라는 다른 측면을 갖고 있다.

이에서 나아가, 미국의 교회들은 서로 경쟁하고 분열하면서도 시간이 흐르면서 대부분 애국주의적 경향을 보여 왔다. 이런 사실들은 정교분리에 대한 이해가 그다지 단순하지만은 않다는 점을 쉽게 깨닫게 한다.

그래서 이 글은 정교분리의 다양한 측면들을 정확히 이해함으로써, 한국침례교회가 정교분리 원칙을 무너뜨려 권력집단화하거나 지나친 국가주의적 경향에 빠져서도 안 되지만 정교분리를 이유로 복음의 사회적 실천을 미루는 핑계로 삼아서도 안 된다는 인식 아래 다양한 입장을 비판적으로 검토하고자 한다. 이러한 노력은 '한국 침례교의 정교분리' 라는 주제를 두고 한국 침례교가 보이고 있는 입장을 더 분명히 밝힐 수 있고 한국 침례교가 앞으로 이 문제에 대하여 갖게 될 입장의 정립에도 크게 도움을 줄 것으로 기대할 수 있기 때문이다.

그러나 한국침례교회의 정교분리에 대한 이해와 입장을 정리하는 작업은 현실적으로 커다란 성과를 기대하기 어렵다. 이 주제를 다루는 최선의 방법은, 먼저 기독교한국침례회가 이 주제에 대해 개진한 견해를 자세히 분석해 보는 일일 것이다. 그렇지만 유감스럽게도, <침례교회의 이상과 주장> 에서 천명한 선언 외에 기독교한국침례회가 이 주제에 대해 공식적이고 공개적으로 밝힌 자세한 논의는 거의 전무하다. 정교분리 문제를 신조(creed)나 신앙고백서(confession)로 정리하여 발표한 일이 없다. 그 다음의 방법으로, 개교회의 설교에서 목회자들이 이 주제에 대해 어떤 이해와 입장을 개진했는가를 검토하는 방법을 택할 수 있을 것이다. '정교분리'는 개별교회 차원의 대응을 넘어서는 규범이어서 개별 교회에서 다루어야 할 핵심주제는 아니라 하더라도, 이 주제에 대한 교단 차원의 석명서가 없는 사정을 고려하면 이 방법은 연구자가 구체적인 결론을 끌어내는 데 대단히 유용한 방법의 하나가 될 수 있을 것이다. 그러나 한국 침례교단 내 소수 목회자들의 설교집이 간행되기는 했지만, 아직까지는 이 주제에 대해 아주 구체적이고 체계적인 논리 체계를 갖춘 경우를 찾지 못했다. 그것은 연구자가 들인 시간과 노력이 미흡했다는 증거이기도 하겠지만 동시에 주목할 만한 주장이 없었다는 사정 또한 한 몫을 하였다.

이에 대한 대안으로, 연구자는 침례신학대학교 교수들의 이 주제에 대한 이해와 견해를 살펴보려고 한다. 그것은 다른 사람들이 이 주제에 대해 상대적으로 큰 관심을 기울이지 않았기 때문이기도 하지만, 앞으로 이들의 견해가 학생들을 통해 한국 침례교의 입장으로 일반화할 여지가 크다는 점이 작용하였다. 특히 현재 조직신학이나 교회사를 담당하고 있는 교수들의 견해를 그 대상으로 하였는데, 그것은 조직신학에서 이 주제가 차지하는 비중을 가늠할 수 있으리라는 기대에서 비롯되었고 교회사 특히 '자유 교회'를 지향해 온 침례교의 역사에서는 이 주제가 가장 주요한 관심사의 하나였기 때문이다. 이를 증명이라도 하듯이 실제로 침례신학대학교 신학과 교수들 가운데 조직신학 교수와 교회사 담당 교수들이 이 주제를 직접적으로 다룬 논문들을 발표하였다.[2)]

이 연구는 정교분리에 대한 한국 침례교의 입장을 역사적으로 정리하려는 시도 대신, 현재의 인식을 점검하여 침례교의 정체성을 더욱 뚜렷이 하고 다듬어나가는 데 도움이 되고자 할 뿐이다. 그렇게 한다 하더라도 이 연구는 위에서 말한 여러 사정 때문에 대단히 제한적이고 서설적인 연구에 그칠 수밖에 없다는 점을 미리 밝혀둔다. 그럼에도, 앞으로의 연구를 위해서는 이러한 서설적인 연구 역시 의미가 있으리라는 생각에서 미진한 내용이지만 하나의 글로 구성하기로 하였다.

Ⅱ. 정교분리에 관한 교회사의 교훈

기독교는 초기에 무기를 드는 것을 엄격하게 금지하였다. 그것은 무력을 통한 통제가 없이는 존속하기 어려운 국가의 폭력성에 반대했다는 것을 의미한다. 여기에서 드러나듯이 초기의 기독교는 국가 권력을 지지하지 않았으며 국가의 도움을 받아 출발하지도 않았다. 따라서 정교는 당연히 분리되어 있었다.

그러나 로마제국의 정치적 필요와 제도로서의 기독교의 정착 및 확대는 점차 국가와 교회의 친연성(親緣性)을 높였다. 정교의 분리 상황에 변화가 일어났다. 로마의 콘스탄티누스 대제가 313년 밀라노칙령을 발표하여 로마제국 신민들의 종교의 자유를 선언한 지 꼭 일 년 후인 314년 기독교는 주교의 관할권 아래 있는 교리, 규율, 전례의 문제를 토의하고 결정하기 위한 교회회의 즉 시노드에서 군사복무를 기피한 기독교도 병사들에게 파문의 벌을 내리도록 규정하였다.[3] 이 이래 점차 교회와 국가는 가까워졌다.

중세 가톨릭교회는 서방에서 서로마제국이 멸망(476년)한 이래 세속 권력이 약화된 시대를 배경으로 하여 스스로 세속 권력이 맡아야 할 세속적 의무를 담당하였다. 가톨릭교회의 조직이 다수의 토지 귀족들로 분열된 권력을 대체하게 된 것은 자연스러운 결과였다. 그 후에 국가 권력이 형성되기는 했지만 국가 권력은 가톨릭 사제들의 읽고 쓰는 능력의 도움을 받아 행정을 집행할 수 있었다. 중세 전시기를 통해 가장 중요한 정치 지도자에 속하는 샤를마뉴 대제(768~814)조차 글을 읽을 수는 있었지만 쓸 수는 없어서 가톨릭 사제 집단에 의존할 수밖에 없었다는 사실은 이에 대한 좋은 사례이다. 한편, '서유럽의 형성' 을 이룩한 샤를마뉴 대제는 기독교의 확산에도 크게 기여하였다는 점 역시 교회와 국가의 관계가 절연되지 않았다는 사실을 보여준다.

국가와 교회의 유착은 종교개혁가들에 의해서도 달라지지 않았다.

흔히 루터의 두 왕국론(die Zwei-Reiche Lehre)[4]은 국가와 교회의 분리를 주장하는 논리로 이해되지만, 실은 그가 세운 독일의 영방교회(Landeskirche)는 영주가 성직자를 임명하는 국가교회로서[5] 그가 이룩한 신앙의 자유는 기껏 영방군주에 의해 신앙이 결정되는(가톨릭 혹은 프로테스탄트) 것에 지나지 않았다. 1555년 아우그스부르크에서 가톨릭과 프로테스탄트 사이에 맺은 종교화의는 정치 세력들 사이의 타협에 지나지 않았다. 그리고 울리히 츠빙글리와 장 칼뱅 역시 신정정치(神政政治)를 구현하려했다는 비판으로부터 자유롭지 않다.[6] 잉글랜드의 종교개혁 역시 근대 중앙집권 국가를 건설하려는 권력자의 야심에서 출발하여 국가교회(Anglican Church)로 시작하였다. 다른 여러 나라에서도 근대국가의 태동과 종교개혁의 시기가 일치한 것은 우연의 산물이 아니었다.

따라서 국가의 통제로부터 자유로운 신앙 즉 '신앙의 자유' 를 위한 노력은 재침례파를 대표로 하는 급진적 종교개혁 운동에서 출발하였다고 보는 것이 타당할 것이다.

1. 신앙의 자유와 종교 복수주의

재침례파의 신앙의 자유를 위한 논리와 그들의 노력은 교회사에서 단연 돋보인다. 그들은 국가교회에 대해 분명하게 반대하였다.

그러나 16세기의 재침례파는 '신앙의 자유'를 현실적으로, 다시 말하면 법제적으로 쟁취하지는 못했다. '종교의 자유'를 위한 긴 투쟁을 보여준 것은 영국의 침례교도들이었고 '종교의 자유'를 '국교의 금지'로 제도적으로 실현한 것은 미국 침례교도들의 노력에 힘입은 바 크다. 이에 대해서는 침례교 신학대학 교회사가들의 글을 참고로 앞으로 더 자세히 설명할 것이다.

그 보다, 여기에서는 그것으로부터 유래한 몇 가지 경계해야 할 사실들을 미리 지적해 두려고 한다. 먼저, 간과하지 말아야 할 것은 종교의 자유가 또 하나의 필연적인 결과로 종교복수주의를 낳았다는 사실이다. 재침례파의 반국교회 운동은 처음부터 정확하게 종교 복수주의를 전제로 하고 있었다. 모라비아 공동체의 지도자 중 한 사람이었던 킬리안 아우어바허(Kilian Aurbacher)는 뜻이 있고 준비된 사람을 그리스도에게로 인도해야 하지만 신앙의 문제에서 그리스도인들은 누구도 강제해서는 안 된다는 점을 다음과 같이 주장하였다.

> 어떤 사람이 신앙을 갖든 그렇지 않든, 유태교도이건 이슬람이건 신앙의 문제에서 그를 강제하는 것은 옳지 않다. 옳은 믿음을 갖지 않았거나 구원을 올바로 이해하려고 하지 않더라도… 그 자신이 벌을 받게 될 것이며 누구도 그를 대신해서 심판대에 설수는 없다…. 그래서 그리스도의 모범을 따라서 살면서, 그리스도께서 우리에게 주신 은혜에 따라 복음을

선포하는 우리는 누구든 강제해서는 안 된다.[7]

여기에서 그는 신앙은 개인의 자유로운 선택에 맡겨져야 한다는 점과 그것의 논리적 귀결은 결국 종교 복수주의가 될 것이라는 사실을 아주 분명하게 인식하고 있다. 아직 근대국가가 이룩되기도 전에 근대국가의 종교정책의 기초를 미리 제시했다는 점에서 그의 주장은 실로 중요한 역사적 의미를 갖는다고 하겠다. 실제로 헌법에서 국교를 금지함으로써 신앙의 자유를 명문화한 미국은 종교 복수주의의 원칙을 따르고 있으며 근대의 국민국가들은 모두 헌법에서 종교 복수주의를 명문화하고 있다.

유념해야 할 것은, 종교 복수주의는 불가피하게 다원적 경향을 갖는다는 점이다. 스킬런(J. W. Skillen)은 정치적으로 조직된 사회에 두 개의 서로 다르면서도 서로 밀접하게 관련되어 있는 두 종류의 다원주의가 있다고 보고 그 하나를 구조적 다원주의(structural pluralism)라 부르고 다른 하나를 종교적 다원주의(confessional pluralism)라고 불렀다. 그에 따르면 조직적 역량과 사회적 책임감의 다양성이 곧 구조적 다원주의이다. 종교적 다원주의가 우리의 논의에서 더욱 중요한 의미를 갖는 것인데, 그는 먼저 미국의 제1차 헌법 수정 이래 미국의 정부는 시민의 종교적 자유를 보호해야 할 의무를 지게 되었다는 점을 지적한다.[8]

모든 시민에 대해 공정하다는 것은, 다양한 종교에 대한 공정하고 공평한 보호를 의미하는 것이었다. 물론 모든 종교가 신학적인 면이나 제도라는 면에서 마찬가지로 옳거나 진실이기 때문에 그래야 하는 것은 아니었다. 정부가 공공의 정의를 바로 세울 수는 있지만 종교적 교리를 규정하고 강제할 힘은 없다는 사실이 공정하고 공평한 종교적 복수주의 내지 다

원주의라는' 시민-도덕적' 결론을 낳았다고 스킬런은 이해한다.[9)]

따라서 미국에서 종교들 사이의 경쟁은 불가피해졌다. 이미 존재해 온 기독교 내부의 다양한 교파들을 인정함과 동시에 더 많은 교파들이 나타날 여지가 확대된 것은 종교 복수주의 내지 다원주의가 낳은 직접적인 결과였다. 각 교파들 내부에서도 곧 바로 교회들 사이에 경쟁이 치열해졌다. 종교는 이제 국가의 종교가 아니라 '시민의 종교' 가 되었고 따라서 시민의 선택을 받기 위한 경쟁에 돌입할 수밖에 없었다. 이른바 '종교의 시장화' 현상이 나타나게 되었다.[10)] 교회들 사이의 경쟁은 교회의 성장과 발전에 도움을 주기도 하지만 각 교회들이 때로는 경쟁에서 승리하기 위해서 성서의 가르침을 왜곡하는 사태를 낳기도 했다.

그 한 예로 영국 국교회가 철수 한 후 남부주들에서 일어난 교회들 사이의 경쟁이 노예제의 존속을 지지하는 등 왜곡된 방향으로 흘러갔다는 사실을 들 수 있다. 18세기 말에 남부의 침례교회들 역시 노예제에 대해 그 필요성을 인정했다기보다 흑인 집사를 세우는 등 포용적인 인종정책을 지지했다. 그러나 영국 국교회가 철수한 지역에서 감리교나 장로교와 경쟁하는 새로운 국면을 맞아 노예제 지지로 돌아 선 것은 경쟁이 빚은 결과로 볼 수 있다.[11)]

신앙의 자유는 침례교도들이 이룩한 위대한 역사적 성취임이 분명하다. 그것을 지켜내는 것이 복음적이라는 점에 의문의 여지가 없다.

그럼에도 그것이 낳은 역사적 결과는 유감스럽게도 종교 복수주의가 되어 교파들 사이에, 교회들 사이에 지나친 경쟁을 낳았음을 부인하기 어렵다. 따라서 이런 부정적인 결과에 대해 경계하고 교회들 사이의 경쟁을 완화하는 제도적 장치를 마련함으로써 '합심하여 선을 이루는' 길을 찾아야 한다는 점을 교회의 역사는 '정교분리'의 교훈으로 주고 있다.

2. 복음의 사회적 실천과 정교분리

종교는 내세에 있을 인간 영혼의 운명에 대한 관심으로서 종교인들은 정치 생활에서 비타협적인 태도를 보이는 반면 정치 공동체는 세속적 이익에 관심을 가져 이성적인 논의와 토론을 토대로 서로 조화를 이루고 타협한다고 흔히 생각한다. 근대성(Modernity)을 그 특징으로 하며 널리 받아들여지고 있는 이 견해는 자유주의자들이 개발한 것이었다. B. Parekh는 자유주의적 견해를 다음과 같이 요약하였다.

1) 종교와 정치는 인간 생활의 서로 다른 영역이다. 종교는 인간 영혼의 운명과 내세에 관심을 갖는 데 반해 정치는 인간의 세속적 이익에 관심을 갖는다. 양자는 분리될 수 있고 분리되어야 한다.
2) 시민권은 종교적 신념을 떠나 오직 세속적이고 집단적으로 공유할 수 있는 이성의 인도를 받는다.
3) 종교는 정치 생활에 기여할만한 것을 거의 갖고 있지 않다.
4) 종교는 때로 정치 생활에 해악을 미치기도 하며 몇몇 기본적인 전제 조건을 전복시키기도 한다.[12)]

B. Parekh는, 1)은 부분적으로만 진실이고 2)는 자유주의자들의 의도라는 의미에서만 진실이고 3)은 틀린 견해이며 4)는 진실이라고 보았다.[13)] 그의 견해를 자세히 설명하지 않더라도 대부분의 연구자들은 그의 견해가 대체로 받아들일만한 견해라고 보고 있다.

그리스도의 복음을 실천하려고 할 때 우리는 사회라는 공간 속으로 들어갈 수밖에 없다. "네 이웃을 네 몸같이 사랑하라"는 그리스도의 교훈은 곧 바로 이웃을 향하게 만든다. 그리고 그 가르침의 실천은 단순히 개인적인 선행만을 의미하지 않는다. 그래서 기독교인이 자신의 이웃들이 살아가는 사회에 대해서 관심을 갖고 참여하는 것은 지극히 자연스러운 일이고 또 필요하기도 한 일이다. 오히려 정치에 적극적으로 기여하는 것이 그리스도의 가르침을 실천하는 길이 될 수 있다. 이 점에서 정교분리는 복음의 사회적 실천과 배치되지 않아야 한다는 점을 지적해 둘 필요가 있다.

그러나 국가와 정치에 대한 교회의 모든 개입과 참여가 정당화되는 것은 물론 아니다. 성속(聖俗)의 분리라는 이원론적 사고체계를 내세운 가톨릭교회는 실은 분리를 성의 속에 대한 정치적 지배를 관철시키는 방편으로 이용하였다. 성직자와 교회의 권위가 세속의 권위에 우선한다는 주장은 그리스도의 복음과 세속적 권력 모두를 자신들의 손아귀에 넣으려는 수단으로 이용되었다는 사실을 기억해야 할 것이다. 따라서 모든 정치적 견해 또는 정치적 참여가 복음과 일치하는 것은 아니다.

이와 관련하여 미국의 경우는 좋은 사례이다. 미국 침례교의 신앙이 한국 침례교의 신앙과 신학에 거의 무비판적으로 채용되었다는 점에서, 헌법으로 규정하고 있는 정교분리 원칙('국교 금지')이 미국에서 어떤 방향으로 가고 있는지를 검토하는 일은 한국교회의 정교분리 내지 정치 참여의 현실적 어려움을 확인하기에 가장 적절한 사례라고 할 수 있다.

인간의 궁극적인 충성심은 하나님에게로 향해야 한다는 성서적 견해에 우리는 동의한다. 미국인 기독교인들 역시 이 점에 동의한다. 하나님의 손에 있기는 하지만 티끌과 같은 나라들 혹은 민족들이 아니라 즉 아메리카가 아니라 하나님에게 충성하는 것이 신앙인의 자세이다. 성서적 가르침에 따르면 종교적 충성심은 국가나 민족을 넘어선다. 그럼에도 불구하고 많은 경우에 하나님과 국가는 일상적인 신앙생활에서 엄격하게 분리되기보다는 서로 결합하기도 하는 것이다.[14] 미국에 현존하는 많은 "종교적 민족주의'(religious nationalism)[15]가 민족국가를 다스리는 하나님에 대한 성서적 신앙과 정면으로 배치되는 것은[16] 분명한 사실이지만, 그럼에도 불구하고 실제에 있어 미국인들은 애국주의적 경향을 강하게 보여준다.

이와 관련하여 초국가적 경향이 강한 가톨릭 신자들조차 미국에서는 '미국의 가톨릭 시민'(I am an American Catholic citizen)이라는 점을 고백해야 했다는 점은 주목을 끈다. 1492년부터 유럽의 가톨릭 신자들이 미국에 들어가기 시작했고 많은 수의 아일랜드계 가톨릭 신자와 독일계 가톨릭 신자들이 시민전쟁(미국의 남북 전쟁, 1861~65) 이전에 미국으로 이주하였으며 1924년 이전 반세기 동안에 대대적인 이주가 이루어졌다. 그런데 애국주의적 경향이 강한 과격 프로테스탄트 단체(American Protective Association, APT)는 이들 가톨릭 신자들이 미국이라는 나라에 충성심을 보이지 않는다고 의심하고 있었다. 1893년 디트로이트의 <애국적 미국인>은 "미국의 사법권이 미치는 곳에서 발견된 모든 이단들을 박멸하는 것이 신자의 의무"라고 선언하였다.[17] 가톨릭 신자들은 이들이 지목한 이단이었다. 여기에서 가톨릭이 그 대상이었다는 점에 주목하기보다 프로테스탄트 신자들 가운데에는, APT와 같은 과격 단체를 논외로 하더라도, 강력한 애국주의적 경향이 흐르고 있다는 점에 주목할 필요가 있다.

이러한 애국주의적 경향은 초기 이주자들의 종교적 신념에서 이미 뿌리를 내리고 있었다. 그들의 종교적 신념은 '조국'을 위한 그들의 영웅적인 희생과 명백하게 연결되어 있었던 것으로 아동문학, 설교, 연설 등은 모두 기독교 신앙과 애국주의의 이러한 연대를 강조하였다. 설교단의 목소리는 국법과 정책이 하나님의 "더 높은 법"에 맞서는 것으로 보이기만 하면 침묵을 지키지 않았지만 동시에 대부분의 설교들은 조국에 대한 사랑을 가르치고 있었다.[18)]

제러미 리프킨은 그의 명저 「유러피언 드림」에서 미국의 종교적 열정 즉 '선택받은 사람들'이라는 선민의식이 어떻게 애국주의와 결합하고 있는지를 잘 설명하고 있다.[19)]

Ⅲ. 한국 침례교 신학자들의 '정교분리' 이해

위에서 이미 밝힌 바와 같이 한국 침례교 신학자들의 정교분리에 관한 논의는 그다지 활발하지 않다. 조직 신학자와 몇몇 교회사 전공자들의 글이 전부이다. 그러나 바로 그런 점 때문에 이들의 글이 갖는 의미와 영향력은 오히려 크다고 할 수 있다. 따라서 이들의 글을 통하여 침례교 신학자들의 정교분리에 관한 이해를 가늠해 보고자 한다. 먼저 침례교회의 신앙원리로 받아들여지고 있는 "신앙의 자유"를 정교분리와 연결시킨 이해들(순수하게 '신앙의 자유'만을 다룬 경우는 제외)을 살펴본 다음, 재침례파와 영국 침례교 그리고 미국 침례교에서 정교분리가 갖는 역사적 의미에 대한 이해를 차례로 살펴보기로 하겠다.

1. '신앙의 자유'와 정교분리의 관계에 대한 이해

조직신학자 김용복은 '침례교의 신앙과 신학 유산'이란 부제가 붙은 책 「침례교신학」의 '침례교신앙의 기본 원리와 특성'을 서술하는 첫머리 글에서, "침례교의 주장과 태도를 결정짓는 하나의 정신이 있다면 그것은 '신앙의 자유'(freedom of faith)라는 개념이다"[20]라고 쓰고 있다. 그는 국내외 학자들의 주장을 인용하여 '신앙의 자유'가 침례교의 정체성을 이루는 핵심적인 내용임을 잘 밝혀주고 있다.

나아가 그는 자유의 의미를 "존재의 가장 깊은 곳에서의 자기 결정이며 모든 형태의 강제적인 외부 결정에 반대되는 것"으로 보는[21] 선임 조직신학자 이상배 등을 인용하여 개별 인간의 자기 결정력이 '신앙의 자유'의 바탕을 이루는 것으로 보았다. 침례교는 바로 이러한 '신앙의 자유'를 지키기 위해 노력해 온 세력이었다.

김용복은 자유의 의미를 월터 셔든(Walter B. Shurden)을 인용하여 설명하고 있다. 셔든에 따르면, 침례교신앙은 네 가지 자유, 즉 성서의 자유, 영혼의 자유, 교회의 자유, 종교의 자유로부터 나온 것이다. 교회사를 전공하는 김용국은 이 네 가지 자유를, 성서의 자유는 성경을 스스로 해석할 수 있는 권리를 말하며, 영혼의 자유란 아무런 방해 없이 하나님과의 관계를 가질 수 있는 자유이며, 교회의 자유는 개교회가 하나님 앞에서 자신의 체제와 신앙생활을 결정할 수 있는 권리이며, 종교의 자유란 교회와 국가의 분리를 뜻하는 것으로 쉽고 명쾌하게 설명하고 있다.[22]

김용복은 "구원을 성례전적으로 이해하는 사람에게는 개인주의적인 자유가 위협적이며, 성서해석을 독점하려는 사람에게는 성서의 자유가 위협적이며, 교회의 독재자들에게는 교회의 자유가 위협적이고, 사회를 자신들의 생각대로 만들려는 사람에게는 종교의 자유가 위협적이다"[23] 라는 서든의 주장을 통해, 침례교의 '신앙의 자유'를 누가 위협으로 느끼는가를 드러내고 있다.

'신앙의 자유'를 토대로 김용복은 교회와 국가의 분리를 침례교 신앙의 여덟 가지 기본원리 중 하나로 서술하고 있다.

그는 교회와 국가의 분리를 1) 종교의 자유, 2) 국가교회 반대로 나누어 설명하고 있다. 김용복은 정교분리 원칙을 종교의 자유를 위한 기본원리로 여기면서 종교의 자유는 영국 침례교와 미국 침례교가 인류 역사에 남긴 대표적인 유산이라고 이해하고 있다.[24]

김용복은 아나뱁티스트들의 급진적 개혁이나 (영국의)비국교도의 운동을 국가교회에 대한 강력한 저항으로 인식하면서 토마스 헬위스의 국가교회 반대의 주장을 인용한다. 한편 김용복은 국가교회 반대의 의미를 다음과 같이 풀이하고 있다.

> 국가교회를 반대한다는 것은 국가가 특정 종교에 세금 혜택을 주거나 국고로 지원할 수 없다는 것을 의미한다. 동시에 국가는 교회에 세금을 부과할 수도 없다. 따라서 국기에 십자가를 그릴 수도 없다. 그리고 이 원리는 모든 종교에 적용되어야 한다.[25]

김용복의 이해는 종교 복수주의를 직접 거론하지는 않고 있으나 "이 원리는 모든 종교에 적용되어야 한다"고 함으로써, 정교분리를 외치면서도 국가의 지원을 기대하는 일부 신자들의 이중적인 태도에 선을 긋고 있다는 점에서 진전된 인식을 보여주고 있다. 이런 논리의 연장선에서 특정 종교나 교파가 자신들의 교리를 지탱하고 변호하기 위해서 국가의 권력을 이용해서도 안 된다고 그는 주장하고 있다.

그러나 그는 다른 한편으로,

> 정교분리가 국가와 교회 사이의 무관계성이나, 상호 배타성을 주장하는 것은 아니다. 사실 국가와 교회는 상호 책임이 있다. 교회의 사회적 책임이나 국가의 행정에 대한 선지자적 비판을 교회가 하는 것은 일종의 교회 사명이다. 하지만 교회가 국가의 일을 간섭하거나 감독하려고 해서는 안 된다.[26)]

라고 쓰고 있다. 비교적 짧은 글이지만 교회의 '책임'에 대한 그의 균형잡힌 인식을 드러내고 있는 점이 돋보인다. 그러나 지면의 한계를 감안하더라도, 균형이 잡혀있는 그의 글 속에 "선지자적 비판"과 "간섭이나 감독"사이의 경계와 갈등에 대한 언급은 보이지 않는다.

'신앙의 자유'에 대한 다른 글로 김용국의 "신앙의 자유와 17-18세기 미국 침례교회"와 "신앙의 자유와 책임에 대한 침례교 전통"이 있다. 김용국은 자유를 강조한 침례교의 전통을 17세기 영국 일반침례교 지도자들, 17세기 미국 침례교 지도자들, 분리주의 침례교회 및 샌디 크릭 전통, 18세기 미국 침례교 지도자들, 19세기 개인주의의 확장, 그리고 20세기 신학자들의 영향 등을 역사적으로 종합하고 있다.

김용국은 이미 2003년에 발표한 "신앙의 자유와 17-18세기 미국 침례교회"라는 논문에서 로저 윌리엄스(Roger Williams: 1603?-1683), 존 클라크(John Clarke: 1609-1676), 아이작 바쿠스(Isaac Backus: 1724-1806), 존 릴랜드(John Leland: 1745-1841) 등 미국 침례교 지도자들의 '신앙의 자유'에 끼친

영향을 다루었는데, 이들에 대한 그의 연구는 미국 침례교의 '국교 금지'를 다루면서 다른 교회사 교수들의 이해와 함께 언급하기로 하겠다.

김용국의 "신앙의 자유와 책임에 대한 침례교 전통"이 돋보이는 점은 신앙의 자유와 관련하여 최근 미남침례교회 내부의 논쟁을 소개하고 있다는 사실이다.

김용국은 알바 호베이가 우주적 교회의 개념을 인정하지 않음으로써 각 교회들이 본질적으로 독립된 몸임을 강조하고 있다고 소개하는 한편, 특히 에드가 영 멀린스의 "영혼의 자유"는, 모든 신자는 하나님 앞에서 그리고 교회에서 동등한 권리와 책임을 가지고 있는 자유로운 존재임을 강조하는 것으로 정교분리, 믿는 자의 침례, 중생자 회원 등의 침례교 교리의 근저에 이른바 (개인의) 영혼의 능력이 자리하고 있다는 것을 뜻한다고 소개하고 있다.[27]

한편, 미남침례교단의 근본주의자들이 교단을 장악하자 온건파 교회들은 <남침례교 연맹> (Southern Baptist Alliance)을 창설하고 이어 1992년, 모든 침례교 단체들과의 연대의 가능성을 열어 두기 위해서 이 연맹의 명칭을 <침례교인들의 연맹> (Alliance of Baptists)으로 바꾸었다. 김용국은, <침례교인들의 연맹> 사무국장이며, 대 정부 관계를 위해 미국의 여러 침례교단들이 연합하여 만든 기구인 <공공사업을 위한 침례교 연합위원회> (Baptist Joint Committee on Public Affairs)의 정보책임자를 역임한 스탄 헤스티의 말을 인용하여 현재 미국 침례교의 '신앙의 자유' 와 정교 분리에 대한 이해를 전달해 주고 있다.

스탄 헤스티는, 현재 미국 남침례교단을 장악한 근본주의자들은 자신들의 성서해석을 타인들에게 강요하고, 성서 무오설에 찬성 서명하지 않는 사람들을 이방인 취급하고 있다고 비판하였다. 또한 그들은 침례교의 세 가지 신학적 공헌 즉, 만인 제사장주의, 개교회 자치, 정교분리 등을 파괴시키고 영혼의 자유를 약화시켰다고 하였다. 즉 근본주의자들은 여성 안수를 불허하여 개교회의 자치를 파괴하였고 공립학교에서 기도문을 외우도록 헌법 개정을 시도함으로 정교분리 전통을 무색하게하며, 교단을 중앙집권화하여 자유의 전통을 없애버리고 있다고 주장하였다.[28)]

같은 글에서 김용국은 침례교의 "책임을 강조한 전통"을 동시에 기술함으로써 '자유'와 '책임' 사이의 균형을 잃지 않으려는 노력을 보이고 있는데, 여기에서는 정교분리라는 주제에 맞추어 '자유'에 관한 최근의 논의를 소개한 부분만을 인용하였다. 그의 글은 각 주장들에 대해 비평을 극히 자제하는 신중함을 보이고 있어 독자들이 세심하게 읽어야 한다는 점을 지적해 두고 싶다.

2. 재침례파의 '정교분리'에 관한 해석

한국 침례교 신학자들은, 16세기 재침례파 운동이 정교분리라는 주제를 두고 어떤 입장을 가졌으며 이 문제에 어떻게 대응했는가에 대해 상당한 관심을 보여주고 있다. 그 중에서도 재침례파를 직접적으로 다룬 교회사 연구자들의 논문들을 중심으로 그 견해를 정리해 보고자 한다.

김승진은 16세기 아나뱁티스트(재침례파)와 침례교 사이의 "가장 중대한 차이점이라면 세속정부나 세상에 대한 태도"라고 보았다. 그는 교회사가 이스텝(W. R. Estep)을 인용하여, Balthasar Hubmaier를 제외하고는 일반적으로 세속정부를 자신들의 "복음적인" 기독교운동에 대한 핍박을 가

하는 적그리스도적인 기관으로 이해했고 따라서 세속정부의 공무원이 자신들의 교회에 회원으로 들어오는 것을 금했을 뿐 아니라 교회 회원이 공무원이 되는 것을 허용하지 않았다고 쓰고 있다.[29]

장수한은 논문의 제목을 "16세기 재침례교도의 반국교회운동"이라고 정함으로써, 재침례파 운동을 반(反)국교회운동으로 규정했다는 점에서 재침례파의 정교분리 원칙을 대단히 적극적으로 서술하고 있다.

장수한은 스트라스부르 시에서 재침례파 운동을 이끈 야콥 그로스(Jakob Gross)와 미하엘 자틀러(Michael Sattler)의 주장에 대해 서술하고 있다. 특히 미하엘 자틀러는 재침례파의 신앙을 정식화한 슐라이트하임 신앙고백서(Schleitheim Konfession)를 주도적으로 작성한 주요 인물이었다.

야콥 그로스는 이미 후브마이어가 재침례파를 지도했던 발트스후트에서도 추방당한 사람이었는데, 추방 이유는 그가 농민들의 편에 서서 군사적 봉사를 거부했다는 것이었다. 그러나 그는 전혀 반국가적 행동을 하지 않은 사람이었고, 다만 경계에 임하고, 갑옷과 투구를 쓰거나 창을 잡을 수는 있지만 하나님의 명령에 따라 국가가 시킨다고 해서 사람을 죽일 수는 없다고 믿었을 뿐이었다.[30] 그러나 스트라스부르 시 의회는 첫째, 재침례파는 권위를 존중하지 않고 둘째, 어떠한 사람도 존중하지 않으며, 셋째, 자신들의 소유물을 서로 나누어 갖는다고 보았다.

취리히에서 추방된 후 스트라스부르에서 재침례파의 지도자가 된 미하엘 자틀러 또한 재판을 받게 되었다. 자틀러에 대한 시 당국의 기소 이유는, 그가 황제의 법령을 위반했으며, 충성서약을 거부하였고 터키족이 침략해 오더라도 신자는 무저항을 택해야 한다고 주장하였다는 것 등이었다. 이에 대해 자틀러는 우선, 황제의 명령이 하나님의 말씀 보다 앞서는 것이 아니라는 주장으로 법령 위반이 무죄임을 주장했다. 그는 충성서약을 거부했다는 사실을 시인했는데, 당시 영주나 길드는 이를 봉건적 지배를 유지하는 수단으로 삼았다는 점에서 자틀러는 인간의 자유를 위해 용감한 행동을 보여주었다고 할 수 있다. 자틀러는 마태복음 5장 34절의 '도무지 맹세하지 말지니'라는 말씀을 들어 재침례파의 신앙을 옹호하였다.

장수한은 이 글에서, 크리스천 휴머니즘의 종교적 개인주의의 발양을 루터의 개혁에서가 아니라 국교회에 반대한 재침례파운동에서 찾아야 할 것이라고 주장한다.[31] 동시에 그는, 재침례파는 종교 복수주의의 기초를 마련하였으며, 국교회에 반대함으로써 교회가 체제 이데올로기로 전락할 위험성을 충분히 경고했다는 점, 재침례파의 국교회에 대한 부정과 신앙공동체에 대한 이상은 회중중심교회의 정신적 기틀이 되었다는 점, 나아가 봉건 국가에 대한 충성서약, 군사적 봉사 등의 거부 역시 논란의 여지는 있지만 근대적 개인주의와 사회의 민주화에 이바지한 것으로 보는 등 적극적인 평가를 하고 있다.[32] 그 연결이 다소 거칠게 이루어졌다는 점은 아쉬움으로 남는다.

남병두는 "Balthasar Hubmaier 의 '검' (the sword)에 대한 이해"라는 논문에서 재침례파 가운데 훌륭한 신학적 저작을 남긴 후브마이어의 검에 대한 이해를 통해 정교분리에 대한 후브마이어의 사상, 나아가 정교분리라는 주제에 대한 그의 이해를 정리하고 있다.

남병두는 후브마이어의 "검에 관하여"(1527)라는 글을 자세히 분석한 다음, 후브마이어의 '검'에 대한 입장의 특징 중의 하나는, "정부의 관료가 해야 할 일과 그리스도의 제자들이 할 일을 명확하게 구분하고 있다는 것"이라고 지적한다.[33] 남병두는 후브마이어의 "검에 관하여" 뿐만 아니라 이미 수년 전에 쓴 "이단과 그들을 불태우는 자들"(1524) 역시 같은 생각을 밝히고 있다고 본다. 특히 1524년의 글에서 후브마이어는 "관료는 악인들을 재판해야지 불신앙인들을 판단해서는 안 된다. 후자는 사람의 육신이나 영혼을 해치지도 않으며 오히려 악으로부터 선을 이루는 하나님의 일을 알게 하는 데 유용한 면이 있다"고 한 것은, 후브마이어가 정부가 관여할 일은 세상의 법을 어긴 사람들을 다루는 일이지 종교적 죄인들을 다루는 일은 아니라고 말하고 있다고 보아, 후브마이어가 분명히 정교분리의 입장에 서 있음을 확인해 주고 있다.[34)]

남병두는 이를 근거로 스테이어의 경우처럼 후브마이어가 "기독교적 강압"(Christian coercion)의 논리에 찬성했다고 보는 견해에 비판적이다. 그러한 해석은, 기독교인으로서 그리스도의 모델에 따르는 일과 정부의 관료로서의 역할 수행에 대한 후브마이어의 이해를 (정확하게) 구별하지 않은 채 일반화한 데서 온 오류라고 지적한다. "스테이어가 보는 것처럼 후브마이어는 기독교인이 정부의 일을 통하여 기독교적 이상, 즉 '기독교의 목적'을 실현해야 한다고 말한 적이 없다. 정부의 일을 기독교인이 더 잘할 수 있다는 말은 기독교인이 관료가 되어 정부의 일을 할 때 그 일을 통하여 복음의 사역을 이루는 것이 아니라 그 일과는 구별되어 하나님에 의하여 따로 제정된 사회의 정당한 통치를 하는 것이다"[35)]라고 남병두는 해석하고 있다.

복음의 선교에도 가능한 한 정부의 힘을 빌리려는 일부 기독교인들의 태도에 대한 성찰을 끌어내고 있다는 점에서 이러한 지적은 중요하다고 하겠다. 남병두의 논문이 쓰인 시점은 최근이지만, 그 시기를 감안하더라도 후브마이어의 검에 대한 이해를 자세히 검토하여 정교분리에 대한 이해에서 그 동안 재침례파의 비주류로 이해해 온 후브마이어의 견해가 슐라이트하임 신앙고백서로 대표되는 재침례파 주류의 그것과 그다지 다르지 않다는 점을 밝히고 있어 후브마이어에 대한 이해 뿐 아니라 재침례파의 정교분리에 대한 이해를 높인 훌륭한 연구 결과라고 하겠다.

3. 영국 침례교의' 자유교회' 에 대한 이해

김승진은 「침례교회와 역사」의 제3장 "스튜어트 왕조시대 영국 침례교 지도자들의 종교의 자유를 위한 투쟁"에서 영국 침례교가 '신앙의 자유' 를 위한 투쟁에 나서게 되는 역사적 배경을 쉽고 선명하게 정리한 다음 존 스마이드, 토마스 헬위즈, 레오나르드 부셔, 존 머턴 등 초창기 침례교 지도자들의 종교의 자유를 위한 사상의 발전과 투쟁을 자세히 서술하고 있다.

김승진은, 1605년 "세속 정치인은 그리스도의 왕국을 확대해 나가는데 탁월한 수단이 되며… 신앙심 좋은 세속 정치인은 무력을 동원하여(by sword) 믿음과 참 종교를 세우고 유지해야 한다"[36] 고 주장하던 스마이드의 생각이 메노나이트들의 신앙에 영향을 받으면서 1610년에 쓴 「간략한 신앙고백」에 나타난 입장으로 전환했다는 점을 상기시킨다. 그 근거로 김승진은"… 그런데 세속적인 권위의 이 직분은 주 예수님이 자신의 영적인 왕국, 즉 신약성서적인 교회 안에서 부여한 것이 아니며 자신의 교회직분과 직접 연관되는 것이 아니다"[37] 는 35조항을 인용하고 있다. 이와 관련하여 남병두는 스마이스(혹은 스마이드)공동체가 발표한 신앙고백서 85항은 메노파의 영향 아래 기독교인이 관료의 일을 맡는 것이 불가함을 밝히

고 있다는 점을 지적하여 그 후 영국 침례교도들이 갖게 된 입장과의 차이점을 드러내고 있다.[38]

나아가 김승진은, 헬위즈가 교회와 국가의 분리라는 용어를 명시적으로 사용하고 있지는 않지만 여러 곳에서 그러한 주장을 하고 있다고 보면서 특히 헬위즈가 "이단자든, 터키인이든, 유대인이든, 그 어떤 사람이든, 지상의 권력(earthly power)으로 영적인 문제들(spiritual matters)에 관해 그들을 벌주려 해서는 안 됩니다"라고 말한 것은, 침례교인들에게만 신앙의 자유를 줄 것을 주장한 것이 아니라 모든 사람을 위한 자유(freedom for all)를 요구한 것이라고 해석하였다.[39] 이 점에서 김승진은 헬위즈가 재침례파의 종교복수주의를 받아들이고 있다는 사실을 드러내고 있다.

한편 남병두는 "침례교회사에 나타난 정교분리: 영미 침례교를 중심으로"에서, 헬위스(또는 헬위즈)와 관련하여, 헬위스는 자신들이 재침례교와는 다르다는 것을 분명히 하였다고 보았다. 그 다른 점 가운데 하나는 재침례교, 그리고 재침례교의 주장을 수용한 스마이스(혹은 스마이드)가 쓴 1610년의 "짧은신앙고백서"(혹은「간략한 신앙고백」)가 기독교인들은 정부의 관료가 될 수 없다고 한데 비하여 헬위스 그룹은 될 수 있다고 주장하는 것이라고 예시하고 있다.[40]

김승진은 부셔가 1614년에 출판한「교의 평화: 양심의 자유를 위한 탄원」을 인용한 다음, "부셔에게 있어서 종교의 자유는 왕의 기분에 따라서 자의적으로 허용되거나 주어질 성격의 것이 아니었다. 그것은 하나님이 인간에게 부여하신 천부적인, 양도할 수 없는 권리였다"고 평가한다.[41] 이어 머턴의 책,「대화의 방식으로 답변한 반대 주장들」(1615)의 서문 가운데 "…어떤 사람도 왕에 대한 충성심을 증명해 보이도록 하기 위해서 그것이 참이든 거짓이든 자신의 종교 때문에 핍박을 받아서는 안된다"는 대목을 인용하고 머턴 역시 정치와 종교, 국가와 교회의 분리를 강하게 주장하고 있음을 설명해 준다.[42)]

남병두는 영국의 특수침례교회(Particular Baptists)와 일반침례교의 신앙고백서들을 분석하여 영국침례교회가 가졌던 정교분리 입장을 확인하고 있다.

우선 영국의 특수침례교가 1644년에 발표한 최초의 신앙고백서인 "런던신앙고백서"의 48항과 49항을 인용하고 있다. 그 48항은, "시민 관료직은 악행하는 사람을 벌하고 선행하는 사람을 상주기 위해 제정된 하나님의 제도"라고 이해하면서 49항에서"우리가 어떤 교회의 법들을 그들에게 적극적으로 양보하지 않을 경우에, 그들로부터 결코 크게 고통을 받는 일이 있어서는 안 된다"고 강조하여 국가가 교회의 일에 개입하는 것이 허용되어서는 안 된다는 점을 분명히 하고 있다고 보았다.[43)]

1660년에 발표된 "표준신앙고백서"를 통해 일반침례교 역시 "신앙과 예배의 문제에는 어떤 권위도 개입되어서는 안 된다"고 선언한 사실과 세속 정부의 존재 당위성을 역설하고 있다는 점 또한 확인해 주고 있다. 남병두는, 1677년 특수침례교가 발표한 "제2런던신앙고백서"의 24장은, 세속 정부의 역할을 "선을 행하는 자들을 보호하고 격려하며, 악을 행하는 자들을 징벌"하는 데 있다고 규정했으며 기독교인도 관료가 될 수 있으며 정당한 전쟁을 수행할 수 있음을 밝히고 있다고 소개하고 이어서 다음 해(1678) 이에 대응하여 만들어진 일반침례교의 "정통신조" 또한 "건전한 법과 공동복지에 따라 정의와 평화를 보존"하는 것을 관료의 역할로 보았으며 동시에 부득이한 경우에는 전쟁도 할 수 있다고 했다는 사

실을 밝혀주고 있다.[44]

4. 미국 침례교의 '종교의 자유' 및 '국교 금지'에 대한 이해

미국 침례교는 미국에서 정교분리의 원칙을 가장 강력하게 주장하고 이의 법제화를 위해서 가장 많은 노력을 기울인 집단이라는 평가를 받는다. 여기에는 탁월한 몇 몇 지도자들의 역할이 크게 작용하였다.

김승진은 「침례교회사」의 제7장을 "로저 윌리암즈와 종교의 자유를 위한 그의 기여"(이 논문은 원래 2003년 봄에 출간된 「복음과 실천」, 31집에 실렸다)에 할애하였고[45] 그 후 김승진은 2008년에 다시 "Isaac Backus와 종교의 자유를 위한 그의 기여"에서 정교분리를 포함한 종교의 자유 획득에 끼친 벡커스(혹은 백커스)의 역할을 추적하고 있다.[46] 그 이후 남병두는 "침례교회사에 나타난 정교분리: 영미 침례교를 중심으로"에서, 로저 윌리엄스와 존 클락을 중심으로 17세기 뉴잉글랜드의 투쟁을, 그리고 아이작 벡커스와 존 릴랜드를 통해 각각 워렌지방회와 버지니아 침례교의 투쟁을 서술하고 있다.

김승진은 로저 윌리암즈의 교회와 국가에 관한 인식을 다루면서 윌리암즈가 콘스탄티누스 황제 이래 진행된 국가와 교회의 공생(Constantine Symbiosis)를 "기독교 역사상 최대의 재앙"으로 이해하고 있음을 들고, 그의 분리주의는 "참 교회를 이루기 위해서는 국교화된 영국 국교회로부터 분리되어 나와야 한다는 것이며 국교화된 회중교회를 떠나야 한다는 것이었다"고 해석한다.[47] 윌리암즈는 교회와 국가의 분리를 선명하게 드러내기 위하여 모세가 하나님으로부터 받은 십계명은 "두 개의 분리된 돌판"에 새겨져 있었음을 상기시키면서 첫 번째 돌판에는 하나님과의 관계, 즉 영적 영역에 관계된 계명들이 기록되어 있고, 두 번째 돌판에는 다른 인간들과의 관계, 즉 민사적(civil) 영역에 관계된 계명들이 기록되어 있는데, 이 두 돌판은 분리되어 떨어져 있다고 주장하여 세속국가의 관리들의 영역은 오직 "두 번째 돌판"에 머물러 있어야 한다고 주장하였다.[48]

김용국과 남병두는 비록 인용문의 번역에 약간의 차이는 있지만, 당시 매사추세츠만의 보스턴 당국이 경계한 윌리엄스(혹은 윌리암즈)의 주장들을 다음 네 가지로 요약하였다. 즉, 첫째, 지금의 뉴잉글랜드 땅은 왕으로부터 하사받은 우리의 것이 아니라 토착민의 땅이다; 둘째, 국가로부터 강요된 맹세나 기도는 잘못된 것이다; 셋째, 영국국교회 성직자들의 말을 듣는 것은 잘못된 것이다; 넷째, 공직자의 영향력은 사람의 외적인 상황에 국한되어야 한다.[49]

김용국은 뉴포트 침례교회의 워터라는 집사를 심방한 사건 이래 클라크가 적극적으로 신앙의 자유를 위한 투쟁에 나선 것으로 보면서 "나는 어떠한 신자 혹은… 사람이 다른 동료를 구타하거나 외부적인 폭력을 가하거나 육체의 무기를 사용하여 그 사람의 양심을 억압하거나 제지시킬 수 없다고 생각한다"고 한 클라크의 말을 인용하여 그의 사상을 드러내준다.[50] 미국 침례교의 또 다른 탁월한 정교 분리주의자인 벡커스(혹은 바쿠스 또는 벡커스)에 관하여, 김용국은 벡커스의 "An Appeal to the Public for Religious Liberty"를 인용하여 정부의 관리 기능이 세속적인 일들에 국한되어야 한다는 그의 주장을 밝혀 주고 있다.[51]

특히 김승진은, 교회와 국가의 관계에 있어서, 벡커스가 아나뱁티스트들의 입장이었던 양자 간의 배타적인 분리를 지양하고 있는 점, 그리고 로저 윌리암즈의 주장에 비해서도 양자 간의 보다 온건한 관계를 강조하고 있는 점 등을 들어 벡커스의 입장을 선명하게 드러낸 후, 벡커스의 입장은, 세속국가는 종교적인 영역과 관련해서는 입법권을 발휘해서는 안 된다고 보았으며, 국가와 교회 모두 하나님이 허락하시고 창립하신 기관이며, 양자 사이에는 '조화로운 관계'(harmonious relationship)를 가져야 한다는 것이었다고 설명하고 있다.[52]

남병두는 벡커스와 워렌 지방회의 정교분리 노력이 당장 뉴잉글랜드 지역의 헌법을 수정하는 결실을 얻지는 못했지만 그 지역에서 침례교의 주장이 무엇인지를 알리는 역할을 했고 후일에 매사추세츠와 뉴잉글랜드의 여러 지역에서 종교자유의 결실이 맺어지는 데에 많은 기여를 하였다고 평가하고 있다.[53] 이어서 남병두는 릴랜드의 주장을 침례교회사 연구자인 맥베스의 요약을 인용하여 소개한다. 국가가 특정 종교를 세우고 보호할 때 가장 치명적으로 그 종교를 해치게 되며 국가교회의 제도는 결국 국가와 교회 모두를 망친다고 주장함으로써 릴랜드가 국가의 교회에 대한 간섭을 반대할 뿐 아니라 교회가 국가의 도움을 얻는 일에 대해서도 부정적인 입장을 취했다는 사실을 높이 평가하였다.[54] 릴랜드와 버지니아 침례교인들의 노력은 버지니아 헌법에 "종교자유 조항"(bill for Establishing Religious Freedom)을 포함시키는 쾌거를 이룩하였을 뿐 아니라, 제임스 매디슨을 통해 연방의회에서 종교자유와 정교분리의 원칙을 포함하는 헌법 수정안을 제출하여 비준을 받는 데 기여하였음을 남병두는 강조하고 있다.[55]

5. 교회와 국가의 관계에 관한 구체적 사례연구

교회와 국가의 관계에 대한 구체적인 사례연구는 전후 나치 청산에 대한 독일 교회의 입장을 비롯하여 독일 프로테스탄티즘의 사회적 가르침, 동독 복음교회와 국가, 통일 독일에서 교회의 사회 통합 노력 등에 관한 일련의 연구[56]를 지속해 온 장수한의 예가 있다. 여기에서는 동독 공산정권 아래에서 동독 복음교회가 국가와 어떤 관계를 맺으면서 동독 사회의 변화에 영향을 끼쳤는지를 살핀 "동독의 복음교회와 동독의 붕괴"를 한 사례 연구로 간단히 살펴보기로 한다.

장수한은 이 글에서 1989년 동독이 붕괴하는 과정에 동독의 복음교회가 직접 적극적으로 개입한 것은 아니지만 교회를 중심으로 활동해 온 동독 내의 여러 저항 세력들을 교회가 포용함으로써 국가로서의 동독의 붕괴에 교회가 크게 영향을 미쳤다는 사실을 밝히고 있다.

동독의 복음교회는 초기에는 교회 생활 내부에만 관심을 집중할 수밖에 없는 상황을 맞았지만 1970년대 이후 국가와의 관계를 개선하기 시작했다. 교회의 부단한 노력과 기독교의 탄압이 국가에 이롭지만은 않다는 것을 깨달은 동독 공산당 서기장 호네커의 판단이 맞물려 1978년 3월 동독정부는 기독교인들의 교회 생활과 활동에 어떠한 제한도 가하지 않고 자유로운 활동을 보장하였을 뿐 아니라 교회가 사회 및 정치 문제들에 대하여 발언할 수 있는 권한을 부여하였다고 장수한은 밝혔다.[57] 장수한에 따르면, 그 이래 동독에서 가장 자유로운 사회단체가 된 복음교회는 동독 내 비판 세력의 모임 장소로 발전하였다. 특히 평화문제에 관심을 가진 세력들과 환경 운동 그룹 그리고 제3세계 문제 그룹은 교회를 기반으로 활동의 폭을 넓혀갔다.[58] 그러나 1980년대 중반 이후부터 이들 비판 그룹의 주장이 과격하다고 본 교회의 지도부와 비판 그룹들 사이에 조금씩 틈이 벌어지기 시작했다. 그러나 동독에서 양자는 상호 의존적인 관계였다. 비판 그룹은 교회 외에 달리 기댈 곳이 없었고 교회는 이들 외에 다른 입교인들을 찾는 것이 쉽지 않았다. 그 와중에 동독 공산체제는 말기적 양상을 보이면서 교회와 비판 그룹들을 모두 탄압하고자 하였다. 마침내 동독의 복음교회 역시 체제 비판 세력이 되어 가고 있었다. 이러한 양상의 전개는 소련의 해체 이후 동독 공산당 체제의 붕괴에 속도를 더하게 되었다고 장수한은 보고 있다. 결국 동독의 지배 체제는 붕괴하고 말았다.

동독에서 교회와 비판 그룹 그리고 국가 사이의 관계는 정교분리라는 전통적인 기독교의 가르침을 현실에 적용하는 문제와 관련하여 그 함의가 크다고 할 수 있다.

Ⅳ. 남은 과제

우리는 위에서 침례교신학대학교의 교수들, 특히 조직신학과 교회사 연구자들의 논문을 중심으로 한국 침례교의 정체성의 한 근간을 이루는 정교분리 논의가 어떻게 전개되어 왔는가를 살펴보았다. 비록 소수 학자들의 글을 중심으로 고찰한 한계가 있기는 하지만 이 주제에 대한 한국 침례교 신학자들의 문제의식을 대체로 이해할 수 있게 되었다.

여기에서 우리는 한국 침례교 신학자들이 침례교의 정교분리를 침례교의 신앙원리의 하나로 받아들이는 데 한결같이 동의하고 있음을 알 수 있다. 나아가 조직신학자와 교회사가들은 정교분리에 끼친 침례교인들의 기여를 높이 평가하는 동시에 국가의 교회에 대한 지원과 불평등한 우대를 기대해서는 안 된다는 점을 지적하고 있어 정교분리가 각 종교들의 '평등한' 자유를 전제한다는 데에도 인식을 같이 하고 있다고 볼 수 있다.

여기에서 우리는 이렇게 하여 얻어진 정교분리가, 정교분리에 대한 역사의 교훈에서 살펴본 바와 같이, 교회가 원하지 않았지만 불가피하게 종교복수주의 내지는 다원주의를 가져온다는 사실과 그것이 종교간 경쟁이라는 시장상황을 낳는다는 사실에 주목할 필요가 있다. 물론 이를 이유로 정교분리라는 침례교의 역사적 성취를 폄훼하려 하거나 그 자체가 역사적 오류였다고 주장할 사람은 없을 것이다. 그러나 정교분리를 주장하는 한편, 이러한 사태에 대해서도 경각심을 가지고 그러한 상황을 넘어서는 새로운 대응을 모색해야 한다는 점은 중요한 인식이 아닐 수 없다.

한편 침례신학대학교 교수들은 정교분리라는 신앙 원리가 정치에 대한 무관심과 탈정치화의 명분으로 작용해서는 안 된다는 인식을 보여주고 있다. 비록 그 강도에서 개인적인 차이가 크고 또 자세한 입장을 표명한 사례를 찾기도 쉽지 않지만, 문제의식을 갖고 있다는 점에서는 큰 차이를 보이지 않는다. 이 점은 이들의 견해가 정교분리를 극단화하여 교회와 사회를 이원적으로 분리하지는 않고 있다는 것을 보여주는 측면이라고 하겠다.

그렇지만, 정교분리 주장에도 불구하고 미국의 기독교인들이 보이고 있는 애국주의적 경향에 대해서는 전혀 언급이 없다. 탈정치화에 대한 우려가 존재한다는 점을 고려하면, 정치화의 내용 중 현재의 국민국가(national state)에서 주요 내용이 되는 애국주의 내지는 민족주의적 경향(정교분리에 명백히 반대되는 경향)에 대한 관심이 나올 법한데도 이에 대한 논의는 아직 없다는 것을 확인하였다. 이 점은, 침례신학대학교 조직신학 및 교회사 교수들의 정교분리에 대한 이해가 아직 구체적인 사안에 대한 현실적인 고민으로 발전하지 못하고 원론적인 수준에 머물고 있다는 사실을 드러내고 있어서 아쉬움으로 남는다.

앞으로 한국 침례교의 정교분리에 관한 더 많은 구체적이고 실질적인 논의가 이루어져야 할 이유이다. '신앙의 자유'를 역사적으로 실현해 온 위대한 전통을 이어 받은 한국 침례교는 정교분리를 시대의 요구에 맞추어 재해석함으로써만, 복음을 이 땅에 더 널리 확산시키고 굳게 뿌리내리는 데 이바지하게 될 것이다.

주

1) 기독교한국침례회,「기독교한국침례회 제98차 정기총회 의사자료 및 제97차 정기총회 회의록」(서울: 기독교한국침례회 총회, 2008), 455. 이 규약은 한국 침례교가 1976년 <기독교한국침례회>로 재편된 이래 1981년에 1차 수개정을 거친 후 2007년에 제13차로 수개정된 규약이다.

2) 김승진,「침례교회와 역사」(대전: 침례신학대학교 출판부, 2005); 김승진,"Isaac Backus와 종교의 자유를 위한 그의 기여,"「복음과 실천」, 41 (2008): 119-45; 김용국, "신앙의 자유와 17-18세기 미국침례교회,"「역사신학 논총」, 5 (2003): 323-41; 김용국, "신앙의 자유와 책임에 대한 침례교 전통,"「복음과 실천」, 40 (2007): 95-123; 김용복,「침례교신학」(대전: 침례신학대학교 출판부, 2006), 104-09;남병두, "Balthasar Hubmaier 의 '검' (the sword)에 대한 이해,"「복음과 실천」, 38 (2006): 65-95; 남병두, "침례교회사에 나타난 정교분리: 영미 침례교를 중심으로,"「복음과 실천」, 42 (2008): 195-224; 장수한, "16세기 재침례교도의 반국교회 운동,"「수도침신논집」, 1 (1991): 89-108.

3) 조셉 폰타나,「거울에 비친 유럽」, 김원중 역 (서울: 새물결, 1999), 44.

4) 루터는 서로 다른 기능을 소명으로 받은 하나님의 두 기관으로 국가와 교회를 들었다. 국가의 소명은 '통치' 로, 교회의 소명은 '설교' 라고 본 루터는 두 기관이 각각의 소명을 완수해야 할 의무를 가진 독립적인 영역이라고 주장한 바 있다. 아우구스티누스파 수도사였던 루터는, 아우구스티누스가 신국(Civitas Dei)과 인간의 나라(Civitas Terrena)를 구별한 것에서 그의 두 왕국론을 끌어냈다. 1522년 10월 19, 24, 25, 26일에 걸쳐 작센의 요한 공이 배석한 가운데 행한 루터의 설교는 그의 견해를 가장 잘 드러내고 있다. 장수한, "16세기 재침례교도의 반국교회운동," 96 참고.

5) 루터의 개혁이 성취한 독일 북부의 교회들은 영방교회(Landeskirche)로서 토지귀족이 지배하는 국가교회였다.지금도 독일인들은 종교세(교회세)를 납부한다. 교회는 독립적이고 자율적으로 자신의 역할을 수행하지만 동시에 공공의 임무를 다하고 있다.

황우여,「국가와 교회: 독일을 중심으로」(서울: 육법사, 1999), 197-295를 참고할 것.

6) 장 칼뱅은 쥬네브시에서 부르주아들의 상업의 진흥에 적극적으로 기여함으로써, 개혁교회의 발전을 도왔다. 막스 베버는 그의 명저「프로테스탄티즘의 윤리와 자본주의 정신」에서 칼뱅의 프로테스탄트 정신이 자본주의의 빌흥에 크게 이바지하였다는 사실을 잘 밝혀주고 있다. 칼뱅의 이러한 역사적 기여에 대한 평가는 긍정적으로 이루어져야 하겠지만 이 사실이 신정정치 자체를 정당화하는 것은 아니다.

7) R. Kreider, " The Anabaptist and Civil Authorities of Strasbourg 1525-1555," *Church History* 24 (June 1955): 108.

8) James W. Skillen, *Recharging the American experiment: principled pluralism for genuine civic community* (Michigan: Baker Books, 1994), 84.

9) Ibid.

10) 미국의 헌법 제정과 개정에서 '종교의 자유' 에 관한 규정이 만들어지는 과정에 침례교인들이 한 역할에 대해서는 H. Leon McBeth, *The Baptist Heritage* (Nashville: Broadman Press, 1987), 252-83을 참고할 것. 그러나 동시에 그것이 교회들 사이의 경쟁의 시작이라는 점에서 교회들 사이에도 시장에서 경쟁하듯이 서로 경쟁하는 상황이 일어나게 되었으므로 이를 '종교의 시장 상황화' 라고 부른다.

11) 미국침례교회는 처음부터 인종주의적 경향을 보이지는 않았다. 그러나 남부 주들에서 영국 국교회 인수를 위해 감리교와 장로교 등과 경쟁하는 과정에서 노예제를 지지하는 방향으로 돌아섰다. 18세기 말의 입장과 19세기 전반의 입장의 차이를 비교해 보라. H. Leon McBeth, *The Baptist Heritage*, 370-80 참고.

12) Bhikhu Parekh, " The Voice of Relion in Political Discourse," in *Relion, Politics, And Peace,* ed. Leroy S. Rouner (Notre Dame, Indiana: University of Notre Dame Press, 1999), 63-4.

13) Ibid., 64.

14) James W. Skillen, *Recharging the American experiment*, 44.

15) 다민족으로 구성된 미국의 경우에 민족주의(nationalism)라는 용어보다는 애국주의(patriotism)라는 용어가 더 적합하다고 보이며 실제로 많은 역사학자들이 미국의 민족주의를 애국주의로 표현하고 있다.

16) James W. Skillen,, *Recharging the American experiment*, 45.

17) Martin E. Marty, *Modern American Religion, Volume 1, The Irony of It All 1893-1919* (Chicago and London: The University of Chicago Press, 1986),130-2.

18) Merle Curti, *The Growth of American Thought* (New York: Harper & Brothers Publishers, 1951), 408.

19) 제러미 리프킨,「유러피언 드림」(서울: 민음사, 2005), 29-39.

20) 김용복,「침례교신학」, 64.

21) 이상배,「침례교신학」, 침례교신학 강의안(대전:침례신학대학교, 연도불명), 4. 김용복,「침례교신학」, 66에서 재인용.

22) 김용국, "신앙의 자유와 책임에 대한 침례교 전통," 97.

23) Walter B. Shurden,「침례교의 정체성」, 김태식 역(서울: 서로사랑, 1999), 91, 93. 김용복,「침례교신학」, 67에서 재인용.

24) 김용복,「침례교신학」, 105.

25) Ibid.

26) Ibid., 109.

27) 김용국, "신앙의 자유와 책임에 대한 침례교 전통," 105-6.

28) Ibid., 108.

29) 김승진,「침례교회와 역사」, 65.

30) 장수한, "16세기 재침례교도의 반국교회 운동," 102.

31) Ibid., 107.

32) Ibid.

33) 남병두, "Balthasar Hubmaier 의 '검' (the sword)에 대한 이해," 87.

34) Ibid.

35) Ibid., 88.

36) 김승진,「침례교회와 역사」, 87.

37) Ibid.

38) 남병두, "침례교회사에 나타난 정교분리: 영미 침례교를 중심으로," 205.

39) 김승진,「침례교회와 역사」, 94.

40) 남병두, "침례교회사에 나타난 정교분리: 영미 침례교를 중심으로," 203.

41) 김승진,「침례교회와 역사」, 97.

42) Ibid., 98-101.

43) 남병두, "침례교회사에 나타난 정교분리: 영미 침례교를 중심으로," 206.

44) Ibid., 206-9.

45) 김용국, "신앙의 자유와 17-18세기 미국 침례교," 323-41.

46) 김승진, "Isaac Backus와 종교의 자유를 위한 그의 기여," 119-45.

47) 김승진,「침례교회와 역사」, 200.

48) Ibid.

49) 김용국, "신앙의 자유와 17-18세기 미국 침례교," 325; 남병두, "침례교회사에 나타난 정교분리: 영미 침례교를 중심으로," 212.

50) 김용국, "신앙의 자유와 17-18세기 미국 침례교," 331.

51) Ibid., 335-6

52) 김승진, "Isaac Backus와 종교의 자유를 위한 그의 기여," 137-8.

53) 남병두, "침례교회사에 나타난 정교분리: 영미 침례교를 중심으로," 217.

54) Ibid., 218.

55) Ibid., 219.

56) 장수한, "나치 과거 청산에 대한 독일 개신교의 입장,"「실천하는 신학」, 4 (1994): 71-

87. "통일 독일의 사회통합 문제와 교회의 새로운 시도," 「실천하는 신학」, 7 (1997): 112-126. "동독의 복음교회와 동독의 붕괴," 「실천하는 신학」, 8 (1998): 117-35.

57) 장수한, "동독의 복음교회와 동독의 붕괴," 125.

58) 평화 그룹은 그리스도의 평화주의적 면모를 강조하여 동독 사회의 군사화에 반대하였고 환경 그룹은 현실 사회주의 체제의 환경 파괴의 심각성을 알리는 데 힘쓰는 한편, 물질주의적 가치관 자체에 의문을 제기하고 하나님이 창조한 자연에 대한 외경을 촉구하였으며 제3세계 그룹은 기독교의 "이웃 사랑"을 지렛대로 삼아 저개발국가들의 빈곤과 문맹 퇴치에 도움을 주고자 노력하였다. 장수한, "동독의 복음교회와 동독의 붕괴," 125-7.

참고문헌

기독교한국침례회. 「기독교한국침례회 제98차 정기총회 의사자료 및 제97차 정기총회 회의록」. 서울: 기독교한국침례회 총회, 2008.

김승진. 「침례교회와 역사」. 대전: 침례신학대학교 출판부, 2005.

__________. "Isaac Backus와 종교의 자유를 위한 그의 기여." 「복음과 실천」, 41집 (2008년 봄): 119-45.

김용국. "신앙의 자유와 17-18세기 미국침례교회." 「역사신학 논총」, 5집 (2003) : 323-41.

__________. "신앙의 자유와 책임에 대한 침례교 전통." 「복음과 실천」, 40집 (2007년 가을): 95-123.

김용복. 「침례교신학」. 대전: 침례신학대학교 출판부, 2006.

남병두. "Balthasar Hubmaier 의 '검' (the sword)에 대한 이해." 「복음과 실천」, 38집 (2006년 가을): 65-95.

__________. "침례교회사에 나타난 정교분리: 영미 침례교를 중심으로." 「복음과 실천」, 42집 (2008년 가을): 195-224.

리프킨, 제러미. 「유러피언 드림」. 서울: 민음사, 2005.

장수한. "16세기 재침례교도의 반국교회 운동." 「수도침신논집」, 1 (1991): 89-108.

__________. "나치 과거 청산에 대한 독일 개신교의 입장." 「실천하는 신학」, 4 (1994): 71-87.

_________. "통일 독일의 사회통합 문제와 교회의 새로운 시도." 「실천하는 신학」, 7 (1997): 112-26.

_________. "동독의 복음교회와 동독의 붕괴." 「실천하는 신학」, 8 (1998): 117-35.

폰타나, 조셉. 「거울에 비친 유럽」. 김원중 역. 서울: 새물결, 1999.

황우여. 「국가와 교회. 독일을 중심으로」. 서울: 육법사, 1999.

Curti, Merle. *The Growth of American Thought*. New York: Harper & Brothers Publishers, 1951.

Kreider, R. " The Anabaptist and Civil Authorities of Strasbourg 1525-1555." *Church History* 24 (June 1955): 108.

Marty, Martin E. *Modern American Religion, Volume 1, The Irony of It All 1893-1919*. Chicago and London: The University of Chicago Press, 1986.

McBeth, H. Leon *The Baptist Heritage*. Nashville: Broadman Press, 1987.

Parekh, Bhikhu. " The Voice of Relion in Political Discourse," in *Relion, Politics, And Peace*. ed. Rouner Leroy S. Notre Dame, Indiana: University of Notre Dame Press, 1999.

Skillen, James W. *Recharging the American experiment: principled pluralism for genuine civic community*. Michigan: Baker Books, 1994.

제7장
한국침례교 역사에 나타난 선교의 특징

안 희 열 | 침례신학대학교 | 선교학

Ⅰ. 들어가는 말

2008년은 한국침례교해외선교회(FMB)가 창립한 지 20주년이 되는 뜻깊은 해이다. FMB가 이제 청년기를 맞이하여 'VISION 2010'[1]을 착실히 시행하며 새로운 도약을 시도하고 있는데 사실 한국침례교회의 선교역사는 말콤 펜윅(Malcolm C. Fenwick, 1863-1935)이 한국에 도착한 1889년부터 시작된다.[2] 약 120년의 역사를 지닌 한국침례교회는 그동안 선교하는 교단으로 우뚝 서게 되었고 FMB는 현재 50개 국가에 608명의 선교사를 파송함으로서 한국침례교회는 4.5 교회당 한 명의 선교사를 파송하는 교단으로 성장하게 되었다.[3] 2010년까지 100개 이상의 미전도종족과 관문도시에 1천명의 선교사를 파송할 예정이다.

한 세기를 훌쩍 넘긴 한국침례교회의 역사를 선교적인 관점에서 시대

구분한다면 대략 5기로 나뉠 수 있다. 제1기는 1889년부터 1905년까지 선교 초창기로 펜윅 선교사가 오늘날 창의적접근지역(CAN) 같은 한국에 어떻게 정착했는지 살펴볼 것이고, 제2기는 펜윅이 1906년 대한기독교회를 창립한 이후부터 주님의 품으로 갔던 1935년까지의 시기로 단신(單身)의 몸으로 왕성하게 선교활동을 했던 그의 업적들을 평가할 것이다. 제3기는 1936년부터 1987년까지 거의 50년 세월동안 한국침례교회가 장기간 선교 침체기에 빠져들게 되는데 그 이유를 밝힐 것이며, 제4기는 FMB가 창립되던 1988년부터 2005년까지로 한국침례교회가 선교 도약기를 맞이하게 되는 배경을 살펴보고, 제5기는 한국침례교 선교사 파송 100주년을 맞이하는 2006년부터 지금까지 한국침례교회는 선교부흥을 맛보고 있는데 그 이유를 찾아볼 것이다. 본고(本稿)는 한국침례교회 120년의 선교역사를 시대별로 구분하여 각 시대별 선교특징을 살펴보고 장·단점을 평가하며 앞으로 한국침례교회가 지향해야 할 선교정책을 제안하는데 그 목적을 두고 있다.

Ⅱ. 초창기 시기의 선교(1889-1905)

펜윅 선교사가 1889년 방한했을 당시 한국의 모습은 오늘날 아프가니스탄, 이라크, 소말리아와 흡사하였다. 이들 국가들은 한결같이 선교활동에 있어서 강력반대국가로 E 등급을 받고 있어서 여권에 입국하였다는 흔적이 있을 경우 정부로부터 강력한 처벌을 받게 된다.[4] 19세기 말 한국의 정황은 정치적 사회적 혼란과 경제적 궁핍으로 쉽게 선교의 문을 두드릴 수 없는 곳이었고 순교도 감수해야 했다. 당시 한국은 현재 창의적접근지역처럼 선교사 활동이 자유롭지 못한 곳으로 복음을 전한다는 것은 생명을 내어 놓는 결단이 있어야만 했다. 이제 한국교회는 성장하여 오히려 창의적접근지역에 선교사를 파송하는 형편에 이르게 되었는데 그렇다면 120년 전 펜윅 선교사가 한국에 들어와서 어떻게 복음의 씨앗을 뿌리고 적응했는지 살펴보았으면 한다.

1. 초창기 시기의 선교특징

선교사의 초기정착은 선교의 향방을 결정짓는데 중요한 역할을 하게 된다. 허버트 케인(Herbert Kane)은 초기정착을 성공적으로 하기 위해서 몇 가지 요소가 필요하다고 강조했는데 건강, 방향성, 성경교육 등이라고 했다.[5] 그렇다면 초기정착에 있어서 가장 중요한 것은 무엇일까? 바로 선교사 소명이라 할 수 있겠다. 하나님의 부르심에 대한 확고한 믿음이 있어야 선교지에서 어떤 일을 만나더라도 흔들리지 않게 된다. 펜윅은 26세의 젊은 나이에 19세기 말 최고의 선교사였던 허드슨 테일러를 나이아가라 사경회(Niagara Bible Conference)에서 만나 잘나가던 철물업을 그만두고 선교사로 헌신하였다.[6] 하나님의 분명한 부르심 때문이었다.

그런데 오늘날 선교사 가운데는 소명이 분명치 않은 자들도 있다. 연구자는 그 동안 세 종류의 선교사를 만날 수 있었는데 첫째는 자녀에 따라서 사역지를 옮기는 경우이다. 자녀가 다니는 학교에 따라 사역지나 선교방향도 바꿔지는 경우이다. 온통 자녀교육에만 관심을 갖는 선교사라 할 수 있겠다. 두 번째는 선교사 자신의 유익함을 추구하는 경우이다. 이슬람권이나 사회주의권이라는 핑계 하에 학생신분으로만 비자를 유지하여 학위를 추구하는 선교사이다. 세 번째로 한 영혼의 열매를 주님께 바치려는 선교사이다. 현지인 한 명을 얻기 위해 생명도 아까워 하지 않고 복음전하는 선교사를 말한다. 바울이 고백한 것처럼 "푯대를 향하여"(빌 3:14) 달려가는 선교사인데 펜윅이 바로 그러했다.

펜윅이 처음 한국에 입국하였을 때는 26세의 젊은 싱글 선교사였지만 그의 나이 40세가 되던 1903년에 힌즈(Fanny Hinds) 여사를 만나 결혼하였는데 펜윅과 힌즈 여사는 두 사람 모두 선교에 올인하는 사람이었다. 펜윅 못지않게 힌즈 여사는 종전의 학교선생의 경력에 힘입어 원산성경학원에서 여성들을 위한 제자훈련에 탁월한 선교사였다.[7] 그렇다. 선교사 소명은 부부가 함께 받아야만 한다. 그런데 오늘날 선교사들 사이에는 간혹 이런 모습이 사라지는 것을 볼 수 있다. 소위 부인 선교사들이 남편들의 소명에 무임승차하려는 '1+1' 자세를 버리고 한 영혼을 주님께 드리려는 신앙자세를 지녀야 할 것이다.

두 번째는 현지 언어 습득이 탁월하였다. "선교 시작은 현지 언어 습득부터이다"라는 말이 있듯이 선교사가 현지 언어를 정복하지 못하면 사역을 제대로 할 수가 없다. 펜윅은 현지 언어 습득에 뛰어난 선교사였다. 그가 한국에 내한(來韓) 한지 2년이 지난 1891년에 자신의 언어선생인 서경조의 도움을 받아 한글과 한문을 겸용한 「요한복음전」을 번역 출판하였고, 1919년에는 토착화 성경번역으로 널리 알려진 원산번역 「신약전서」를 10월 18일에 출간하기도 하였다.[8] 더욱이 1899년에는 전천년주의 소망을 담은 복음찬미 14곡을 처음으로 발간하기도 하였는데 이는 현지 언어습득의 결과물이라 할 수 있겠다.

감사한 일은 오늘날 한국교회가 품고 있는 10/40 창 지역의 언어는 대다수가 알타이어 계통이 많다는 점이다. 서구 선교사들이 처음 이곳에 와서 복음을 전했지만 그들은 어순(語順)이 달라 언어 배우기가 힘들 뿐만 아니라 마음 놓고 전통적인 선교인 교회개척이나 제자훈련을 할 수 없는 형편이다. 하지만 한국은 한류열풍으로 인해 좋은 호감을 받고 있고 언어마저 한국인들이 쉽게 습득할 수 있는 지역이어서 이 시대에 하나님께서 한국교회에게 귀한 사명을 맡겨준 것임을 잊지 말아야 한다.

세 번째로 팀워크(teamwork)는 약한 편이었다. 선교지에서 "토종(土種) 한 명이 이방인(異邦人) 백 명보다 낫다"는 말이 있다. 그만큼 현지인 지도자의 역량이 중요하다는 예기다. 그렇지만 펜윅은 자문화우월주의(ethnocentrism) 사상을 버리는데 무려 13년의 세월이 걸렸다.[9] 본인의 자서전에 의하면 본국에 있는 서구선교사들이 속히 와서 자신을 도와주어야 사역이 잘 될 것이라는 확신을 지녔다. 이 생각을 깨는데 13년의 세월이 필요했다. 26세의 젊은 나이로 한국에 와서 거의 40줄이 다 되고 나서야 현지인과의 협력이 필요함을 깨달았다. 그가 신명균을 발굴하여 공주성경학원의 원장으로 보냈을 당시만 해도 불안한 생각을 가졌지만 이는 탁월한 결정이었다. 신명균은 얼마 있지 않아 그곳에서 12명의 제자를 세웠고 그 가운데 뛰어난 인물이 바로 손필환과 장석천이었다. 이들로 통해 공주지역에서의 교회개척이 상상 이상으로 퍼져나가는 것을 펜윅은 목격하였다. 그래서 펜윅은 고백하기를 "동양인에게는 서양인이 아닌 동양인의 방법이 어울린다. 이것은 잘 익은 과일에서 아름다운 꽃을 따버리지 않는 것과 같기 때문이다"고 술회했다.[10]

한국 선교사는 기후 및 음식 적응, 언어습득에 있어서는 탁월하지만 타인과 함께 팀워크를 하는데 무척 약하다. 한국 사회가 '1등 신드롬'에 빠져있다 보니 남에게 지적을 받거나 함께 어울리는 데는 많은 취약점을 지니고 있다. 요즈음 성공하는 사람은 IQ(지능지수)나 EQ(감성지수)가 높은 사람이 아니라 NQ(Network Quotient, 공존지수)가 높은 사람이라고 한다.[11] 공존지수가 높은 사람은 자신이 속해 있는 공동체의 유익을 위해 희생하고 함께 공존하기 위해 최선을 다하고 있기에 여러 기관들이 이런 사람을 필요로 하고 있다. 연구자는 펜윅이 좀 더 일찍이 공존지수가 높아 팀워크를 이루었더라면 하는 아쉬움이 남는다.

2. 초창기 시기의 선교평가

한국교회에 고민이 있다면 네팔이나 방글라데시와 같은 창의적접근지역에 어떤 선교개념을 가지고 접근해야 하는 것이다. 늘 복음전파와 사회봉사에 대한 우선순위로 고민하고 있는데 초기 한국교회에 복음이 처음 소개되었을 때 한국 선교사들은 어떠했는지 살펴볼 필요가 있다. 이 시기에 한국에 입국한 선교사들을 구분해 본다면 알렌(Horace N. Allen)형과 언더우드(Horace G. Underwood)형으로 나뉠 수 있다. 알렌은 친수구파 세력이었던 민영익의 병을 치유해준 것이 계기가 되어 민씨의 호의를 받으며 한국 최초의 서양식 병원인 광혜원을 개원할 수 있었다.[12] 그는 재중원의 책임자로 한국을 변화하기 위해서 의료선교와 같은 사회봉사만으로 충분하다고 믿었다.

반면 언더우드의 생각은 달랐다. 그는 친개혁파인 김옥균과 박영효의 도움을 받아 한국에 입국하면서 교육선교를 통한 복음전파에 주력하였다.[13] 두 사람의 팽팽한 입장은 처음에는 알렌이 우세하였지만 점차 언더우드로 기울었고 이것이 받아들여지게 되었다. 오늘날 선교지에서도 똑같은 상황이 재현되고 있음을 볼 수 있다. 처음 선교지에 들어간 선임 선교사들 간에 선교정책이 정착되기까지는 서로 간에 많은 갈등이 있을 수 있다. 연구자는 초기 한국교회가 건강하게 설 수 있었던 이유 중의 하나는 언더우드의 선교정신이 받아들여지게 된 것을 감사하게 생각한다. 금세기 최고의 선교신학자인 랄프 윈트(Ralph Winter) 박사도 오늘날 필요한 선교개념은 군사명령(military mandate)이라고 강조했다.[14] 즉 복음전도명령(evangelistic mandate)과 문화명령(cultural mandate)을 함께 수행해야 한다는 것이다. 그는 2차 세계대전 당시 연합군이 나치 침공으로 고통당하던 프랑스와 네덜란드를 해방시켜야 하지만 종국에는 악의 뿌리인 히틀러를 제거해야 하는 것으로 군사명령의 선교개념을 소개했다. 프랑스와 네덜란드에게 자유를 되찾아 그들의 문화를 회복케 하는 것도 중요하지만 무엇보다도 히틀러를 제거하지 않으면 안 되는 것이다. 이 두 가지는 분리할 수 없다. 그렇다. 문화명령을 수행하지만 궁극적으로는 전도명령을 수행해야 참된 목적을 달성하는 것이고 이것이 바로 군사명령의 개념이다.

그렇다면 초기 한국침례교회의 펜윅은 어떠했을까? 그는 세대주의적 종말론에 심취하여 현실에 대해서는 철저히 등을 돌렸다.[15] 선교사로의 소명이나 언어습득은 탁월했지만 세상의 요구를 외면했다. 그는 전형적으로 복음명령에만 주력했다. 펜윅은 알렌형에 가깝다고 볼 수 있다. 알렌과 펜윅 모두는 너무 극단적이었다. 오늘날 한국교회는 당시 한국정황과 흡사한 창의적접근지역에 선교사를 파송하려고 할 때 반드시 고려해 보아야 할 내용이다. 펜윅이 선교사로서의 기본적 자질을 갖추었지만 군사

명령과 같은 통전적(wholistic) 선교개념을 가지고 접근했더라면 훨씬 더 좋은 결과를 낳았을 텐데 하는 아쉬움이 있다.

Ⅲ. 도약기 시기의 선교(1906-1935)

도약기 시기는 펜윅이 대한기독교회를 창설한 1906년부터 그가 별세하기까지의 기간으로 펜윅 선교의 황금기라 할 수 있다. 그가 처음 15년 동안은 정착하느라 젊은 시절을 다 소비하였지만 나이 40줄이 되고 나서야 열매를 맺기 시작하여 30년간 지속되었다. 개인적으로, 교단적으로 하나님의 크신 은혜와 축복이 아닐 수 없다. 펜윅이 선교 황금기를 맞이한 시기는 한국사회가 일제강점기하에서 시련을 겪고 있는 시절이라 생각하면 더욱 감사하다.

펜윅에게 굳이 별명을 붙인다면 '교회개척의 대가'(大家), '교회개척의 달인'(達人)이라 할 수 있겠다. 그가 혼자의 몸으로 한국으로 건너와 누구의 도움도 받지 않고 45년 동안 사역하면서 250개의 교회를 개척하고 약 200명의 지도자를 길러낸 것은 놀라운 일이 아닐 수 없다.[16] 요즘 한국교회에서도 이런 선교사를 만나기가 어렵다. 펜윅으로 하여금 다이나믹하게 사람을 길러내고 교회를 세울 수 있도록 한 원동력은 무엇인지 살펴보았으면 한다.

1. 도약기 시기의 선교특징

"선교사는 선생이 되지 말고 멘토가 되어라"(missionary is not a teacher, but a mentor)는 말이 있다. 선교사가 그냥 지식을 전달하는 사람으로는 현지인을 길러내기가 힘들다는 뜻이다. 그래서 마치 멘토처럼 삶에서 흘러나오는 영성을 통해서 현지인을 올바르게 세울 수 있다는 것이다. 이것은 마태복음 28장 20절의 "내가 너희에게 분부한 모든 것을 가르쳐 지키게 하라"의 말씀을 실현하는 것이다. 선교사는 하나님의 말씀을 거저 가르치는 자가 아니라 지키도록 하는데 중점을 두어야 한다. 현지인이 오랫동안 자신의 문화권에서 살다가 선교사가 소개한 성경적인 삶으로 산다는 것은 곧 문화변혁을 의미한다.[17] 한편으로 자신의 문화, 세상적인 문화를 포기하라는 예기인데 그리 쉬운 일이 아니다. 그만큼 힘든 것이 성경의 말씀을 "지키게" 하는 것이다. 이것이 바로 영적전쟁이다. 현지인이 성경적 세계관의 삶을 살기 위해서는 물질적 세계관과 충돌이 일어날 수밖에 없다. 그래서 수십 년 동안 자신의 문화권에서 길들려진 세속적 세계관을 성경적 세계관으로 바꾸기 위해서는 반듯이 제자훈련이 필요하다. 선교사가 건강한 현지인 일꾼을 길러 내기위해서는 성경공부가 아닌 제자훈련으로 가능한데 펜윅이 그러했다.

그렇다면 펜윅은 어떻게 사람을 길러냈는지 궁금하다. 그는 나이아가라사경회를 통해 성경을 배운 이후 1909년부터 사경공부를 실시하였다. 세대주의적 종말론 신앙으로 가득한 사경공부 교재이지만 훈련의 핵심은 복음을 전파하고 말씀대로 사는 것이다.[18] 펜윅은 자기 스스로 하나님 말씀대로 사는 것을 본으로 보여준 것이다. 그는 서양 선교사임에도 불구하고 한국인이 사는 것처럼 검소하게 살았고, 물질을 사용하는데 있어서도 청빈한 삶을 보여 주었다. 풀러신학교의 선교학 교수인 찰스 크래프트(Charles Kraft) 박사는 전달자의 메시지가 수신자에게 효과적으로 전달되기 위해서는 무엇보다도 그 메시지에 전달자의 인격(人格)이 묻어져 있을 때 가장 파워가 넘친다고 하였다.[19] 연구자 역시 이에 동의한다. 한 예로 펜윅이 1897년 소래사경회에서 300명의 사람들이 큰 은혜를 받은 것도 메시지에 그의 풍성한 인격이 스며들었기 때문이었다.[20] 펜윅은 제자를 양육할 때 그저 성경만을 가르치는 것이 아니라 삶으로 모범을 보여주었다. 이것이 펜윅의 제자훈련 방법이었고, 그의 힘이며 능력이었다.

두 번째로 도약기 시기에는 교회개척이 뛰어났다. 펜윅이 탁월하게 교회개척을 할 수 있었던 신학적 배경은 전천년주의 종말론 때문이었다. 당시 한국에 온 대다수의 선교사들은 전천년주의 종말론 사상에 빠져 있었는데 펜윅도 예외는 아니었다. 그가 45년간 한국에서 선교활동하면서 세운 교회를 보면 한국전역에 100개, 만주지역에 100개, 시베리아에 47개, 몽골에 수개 처를 세웠다.[21] 펜윅이 이처럼 많은 교회를 개척할 수 있었던 것은 그의 멘토였던 허드슨 테일러(James Hudson Taylor)의 영향 때문이었다. 중국내지선교회(CIM)의 창시자인 허드슨 테일러는 순회선교, 오지선교, 신앙선교로 중국선교를 이루어갔다. 주님 오실 날이 얼마 남지 않았기 때문에 하루라도 빨리 이방인에게 복음을 전해야 한다는 종말론 신앙은 믿음으로 복음을 전하게 하였고 힘든 오지라도 기쁨으로 가서 선교하였다. 이것이 바로 펜윅에게도 나타났다.

하지만 당시 장로교 선교사로 활동한 언더우드는 펜윅과 교회개척 방법이 달랐다. 그 또한 펜윅처럼 26세의 젊은 나이에 선교사로 헌신하였기에 당시 중국에서 좋은 평을 받았던 네비우스(John Nevius) 선교사의 도움이 절실히 필요하였다. 경력이 풍부하고 전략이 검증된 선임 선교사의 도움이 필요한 터라 마치 안식년 계획 중이던 네비우스를 한국에 초청해 세미나를 갖게 하여 그가 소개한 네비우스 정책을 한국장로교회의 선교정책으로 받아들였다.[22] 핵심은 헨리 벤(Henry Venn)의 3자원리(자립, 자치, 자전)를 실현하는 것이었다. 그 이후 한국장로교회는 선교사의 도움을 점차 줄여 가며 경제적으로 자립하는데 힘을 썼다.[23] 그러나 펜윅은 달랐다. 한 명의 일꾼이 여러 지역을 순방하며 말씀을 전하는 순회선교가 핵심이었다. 엄격히 말해서 헨리 벤의 자립정신이 초기 한국침례교회에서는 극히 미약했다. 120년의 세월이 지난이후 한국침례교회는 아직도 미자립교회가 많다는 것은 그 뿌리가 펜윅에게 있음을 기억해야 한다. 펜윅이 복음전도자를 키우는 일은 우수하였는데 스스로 자립하는 교회개척자를 세우는 데는 약했음을 상기해야 할 것이다.

세 번째로 현지인 위임이 부족하였다. 선교사의 사역 형태는 '부모→ 동역자 → 후원자' 단계로 성장해야 정상적이다.[24] 이 때 선교사의 마지막 모습은 스스로 후원자가 되어 현지인에 이양하는 것이다. 선교사가 목회자와 차이가 있는 점은 바로 위임(leaving)에 있다. 위임이 되지 않은 사역은 선교사가 제왕으로 군림할 가능성이 높기 때문이다. 현재 FMB의 경우에는 카자흐스탄이나 중국에서 선임 선교사들이 하나 둘씩 현지인에게 사역을 위임하는 것은 고무적인 현상인데 펜윅은 달랐다. 그가 45년간 한국에 있으면서 200명의 일꾼을 세운 것은 감사한 일이지만 자기 제자들에게 과감하게 이양하지는 못했다.

펜윅의 사역은 당시 장로교 선교사였던 언더우드와는 달랐다. 언더우드는 네비우스의 영향을 받아 현지인 교회 스스로가 경제적으로 자립하는 데 힘썼을 뿐만 아니라 자치(self-governing)하거나 자전(self-propagating)하는 일에도 중점을 두었다. 그렇다보니 처음에 열악했던 현지인 교회가 차츰 독립적으로 사역할 수 있게 되었고 급기야 선교사들은 자신들의 사역을 현지인에게 물려줄 수 있었다. 하지만 펜윅의 제자들은 순회 전도자로 활동하다보니 복음전하는 일에는 뛰어났으나 한 교회가 한 명의 사역자를 책임지도록 하지는 못했다. 펜윅은 초기에 원산농장을 구입해 자기 스스로 선교비를 충당하며 자립선교를 감당해 갔는데 그의 제자들 역시 펜윅처럼 자립하는 교회를 만들도록 훈련시켜야 했을텐데 그렇게 하지 못했다. 펜윅은 선교사로서 부모의 역할은 잘 하였지만 종국에는 현지인에게 이양하여 후원자(assistant)로 남아 있어야 했는데 그렇지 못한 것이 아쉽다.

2. 도약기 시기의 선교평가

펜윅이 신앙선교, 오지선교, 순회선교, 문서선교를 잘할 수 있었던 것은 나이아가라사경회 거장들의 영향이 지대하였기 때문이었다.[25] 보통 선교사들이 흉내 낼 수도 없는 일들을 45년의 세월동안 인내하며 일구어낸 열매들은 고마운 일이다. 요즘처럼 나약해 지거나 의존성이 강한 선교사들에게는 가슴 깊이 간직할 정신적 유산을 물려주었다. 그가 오늘날 우리에게 학교나 병원 같은 눈에 보이는 물질적 유산을 남겨주지는 못했다 할지라도 그의 선교 정신만은 꼭 이어가야만 할 것이다.

그런데 펜윅에게 아쉬운 점이 있다면 20세기 초 한국사회가 근대화로 접어들 때 디아코니아(사회봉사, *Diakonia*) 선교가 너무 빈약하였다. 주변의 이웃들에게 "책임을 다하는 삶을 나누는"[26] 디아코니아가 펜윅에게는 부족하였다. 펜윅이 급변하는 시대적 흐름을 읽고 한국 백성들의 필요를 채워주며 섬기는 삶이 약했다는 예기다. 사실 하나님의 백성이 이웃들에게 사랑을 베풀고 섬김의 도를 실천하는 것은 선택이 아니라 필수이다. 디아코니아는 포괄적이고 통전적이 되어야 한다. 통전적이라는 말은 구원과 섬김, 복음전파와 사회봉사, 내적 신앙과 외적 사역을 구분하지 않고 포괄하는 것을 말한다. 펜윅에게는 이런 디아코니아적 선교가 부족했다.

Ⅳ. 암흑기 시기의 선교(1936-1987)

한국침례교회는 펜윅이 별세한 1936년부터 FMB가 1988년 창립되기 전까지 50년 동안 선교암흑기에 접어들게 된다. 특별히 타 교단에서는 한국 전쟁이후 선교에 주력하여 큰 성과를 거두지만 한국침례교회는 오랫동안 선교 침체에 빠지게 되었다. 한국침례교회가 겪었던 아픔의 시기를 살펴보면서 다시는 이런 고통이 재현되지 않았으면 한다. FMB가 선교암흑기에 빠져들게 된 이유는 내적인 요소뿐만 아니라 외적인 요소가 함께 내포되어 있다.

1. 선교 쇠퇴 이유

한국침례교 선교침체의 첫 번째 요소는 펜윅의 별세에 따른 인재부재라 할 수 있다. 펜윅은 1935년 12월 6일, 향년 72세의 나이에 원산자택에서 주님의 품으로 돌아갔다. 그의 마지막 유언은 "내 무덤은 봉분(峰墳)하지 말고 평장으로 하라"고 요구할 만큼 자신이 죽고 난 이후 우상화(偶像化)되는 것을 막기 위해 무덤을 평장으로 요구한 겸손한 사람이었다.[27] 더욱이 자신의 전 재산은 교단의 발전을 위해 기증할 만큼 물질 관리에 있어서도 사욕을 버린 청빈한 선교사였다. 하지만 아쉬운 점이 있다면 펜윅이 많은 제자를 배출했음에도 불구하고 자신의 수준을 뛰어넘는 탁월한 지도자를 양성하지 못했다. 타 교단에서는 길선주, 이성봉, 주기철 같은 걸출한 일꾼들이 탄생했지만 한국침례교단은 그렇지 못했다. 펜윅은 복음전도자는 많이 배출했으나 한국교계를 이끌고 갈 만한 능력 있는 지도자를 양성하지 못했고 이는 펜윅의 선교비전을 대신 이어갈 인물부재로 선교의 길은 요원하였다.

둘째로 교단폐쇄령 때문이었다. 1942년 교계 지도자 32명은 일본제국이 강요했던 신사참배를 거부함으로 원산구치소에 수감되어 어려움을 겪어야 했고 급기야는 1944년 5월 10일에 교단폐쇄령을 당하여 선교의 문은 완전히 막혀 버렸다. 교단의 일꾼들은 옥고를 치르면서도 기뻐했는데 그 이유는 환란전 휴거설을 믿었기 때문이었다. 펜윅은 "대 환란 이후에 그리스도께서 천년동안 세상을 통치하게 될 것이며 이 기간 동안 사탄이 옥에서 놓이게 될 것이며 곡과 마곡과 함께 멸망하게 될 것이다"고 가르쳤고 그의 제자들은 환란 전에 휴거함으로 이 세상의 어떤 고통도 두려워하지 말아야 주님의 참 제자가 될 수 있다는 펜윅의 신앙으로 모든 핍박을 이겨낼 수 있었다.[28] 교단폐쇄령으로 펜윅이 소장하고 있던 모든 자료들은 소각되었고 선교의 열정은 외압으로 식을 수밖에 없었다.

셋째로 8 · 15 해방은 우리 조국을 위해서는 축복이었지만 한국침례교회에는 큰 시련의 시작이었다. 펜윅이 개척한 교회가운데 70% 이상이 북한, 만주, 시베리아에 집중하고 있었기 때문이었다. 펜윅이 동북아 선교의 교두보로 한국을 생각하여 북방 선교에 올인 하다 보니 해방이후 남한에 남아 있는 교회는 극소수에 불과하여 자생하기조차도 힘들었다. 그래서 남한에 있는 40개 교회를 가지고는 선교할 여력조차도 없었다.

마지막으로는 1959년부터 1968년까지의 교단분열이었다. 펜윅의 지도자들은 교단을 회생키 위해 펜윅의 정신과 유사한 외부의 협조를 받아야 했는데 마침내 1949년에 이르러 미국남침례교(SBC)와 제휴하여 일어설 수 있는 기회를 만들었다. 하지만 총회 장소 문제로 인하여 안대벽을 중심으로 한 포항파와 장일수 목사를 중심으로 선교부와 손을 잡고 개혁을 추구하던 대전파 사이에 갈등이 생겨 한국침례교회는 1959년부터 10년 동안 분열로 이어졌고 이로 인해 선교의 꿈을 접어야만 했다.[29)]

2. 암흑기 시기의 선교평가

한국침례교회가 약 50년간 선교 암흑기를 맞게 된 것은 내적 요인으로는 펜윅의 별세와 교단분열 때문이었고 외적 요인으로는 교단폐쇄령과 8 · 15 해방 때문이었다. 내 · 외적 요소로 인하여 침례교단은 88년 서울올림픽이 열리기 전까지 전략적으로 조직적으로 선교하는 것은 거의 불가능하였다. 타 교단에서는 산업발전과 더불어 앞 다퉈 선교에 박차를 가하고 있을 때 우리는 선교에 잠을 잘 수밖에 없었다. 무엇보다도 외적인 요소보다는 내적으로 서로 갈등하고 분열하는 모습은 선교의 힘을 상실해 버렸고 시대에 뒤 떨어질 수밖에 없었다.

V. 재건기 시기의 선교(1988-2005)

1. 선교 재건 이유

한국침례교회는 펜윅 시절 잠깐 선교의 꽃을 피우다가 긴 세월동안 해외선교에 관심을 갖지 못했다. 근대화, 산업화 바람이 불던 1980년대 후반부터 본격적으로 선교가 가동되기 시작되어 오랫동안 선교의 동면상태에서 깨어나 선교 재건을 이룰 수 있었던 1차적인 이유는 해외선교회의 창립이라 할 수 있겠다. 1988년은 한국침례교회에 있어서 역사적인 순간이다. 왜냐하면 예전에 간헐적으로 선교 활동하던 일들을 FMB라는 기관이 창립되어 조직적으로 선교할 수 있었기 때문이다. FMB의 선교 목적은 무엇보다도 사람을 세우는 일에 우선을 두고 있기에 복음전파, 제자훈련, 교회개척이라는 전통적인 선교개념이 매우 강하다. 그렇다보니 사회봉사와 같은 디아코니아 선교가 약한 것이 현실이다. 선교 목표에 있어서는 필요지역과 긴급지역에 사람을 우선적으로 파송하고, 사역의 최종 목표는 위임(leaving)을 하는 것이다.[30]

두 번째로 세계선교훈련원(WMTC)의 개원이라 할 수 있다. WMTC는 1994년 연건평 1,030평 대지위에 선교동원, 선교훈련, 선교전략연구, 아시아 침례교 지도자 훈련이라는 4가지 목표로 개원되었다.[31] FMB에서 파송받는 선교사는 누구든지 WMTC가 제공하는 장 · 단기 선교사 훈련 프로그램에 참석하여 수료해야만 한다. 선교지에서 2년간 사역하는 자는 7주간의 단기훈련을, 4년 이상 사역하는 자는 14주간의 장기훈련을 받아야 한다. 2008년에는 특별히 한인교포의 급증에 따라 디아스포라 선교사훈련의 필요함을 느껴 5주간의 디아스포라 선교사 훈련도 함께 제공하고 있다. 누구든지 북미주를 제외한 지역에서 한인목회를 하고자 하는 자는 디아스포라 훈련을 받고 파송 받으면 된다. 훈련 프로그램은 인격과 지식과 사역기술을 총체적으로 훈련시키고 있는데 순서는 'Being(인격)→Knowing(선교이해)→Doing(사역기술)'이 수레바퀴가 돌듯이 서로에게 영향을 끼치는 것이다.[32] 이 때 Being(인격)에 가장 중점을 두고 있는데 그 이유는 아무리 선교적인 지식과 사역기술이 뛰어난다 할지라도 인격과 삶이 뒷받침되어 있지 않다면 사상누각(砂上樓閣)에 불과하기 때문이다. WMTC는 장 · 단기 그리고 디아스포라 선교사 훈련 시 가장 먼저 시작하는 커리큘럼이 바로 인격(人格)이다. 이러한 프로그램이 FMB 선교사의 자질을 향상시키는데 큰 도움을 주었다.

셋째는 Baptist Vision이다. 선교사 훈련을 제대로 하기 위해서는 선교동원이 잘 일어나야 한다. 우리 교단의 경우 선교동원은 1994년 Baptist Vision으로 시작되었다. 한국에서 선교동원으로 큰 영향력을 끼치는 단체가 있는데 바로 선교한국이다. 선교한국은 매년 짝수 년도마다 실시하며 대상자도 청년 대학생이기에 Baptist Vision은 이들이 실시하는 짝수 년도를 피하여 홀수 년도로 바꾸어 격년제로 실시하고 있다. 처음에는 500명 이상의 젊은이들이 참석하였지만 점차 그 숫자가 줄여 들어 요즘에는 그 명칭을 Baptist Transformation(BT)으로 바꿔 실시하고 있다. 이유는 1990년대에 너무 많은 선교동원이 일어나서 기대 이상의 동원이 일어나지 않기 때문이다. 그래서 2007년부터 FMB에서는 한국침례교회 청년 · 대학생을 대상으로 영적각성운동 성격인 'Baptist Transformation 2007'을 실시하였고 이 때 선교에 헌신한 자들을 동원시키고 있다. 그 외에 10주 과정의 인투미션(In 2 Mission)이라는 선교학교를 지역교회나 지방회를 대상으로 열고 있다. In 2 Mission 과정은 성경적 관점, 역사적 관점, 전략적 관점, 문화적 관점에서 선교를 이해할 수 있도록 강좌를 개설하여 선교를 좀 더 깊이 연구하고 선교에 동참할 수 있도록 하는데 도움을 주고 있다.

2. 재건기 시기의 선교평가

사실 FMB는 타 교단선교부나 타 선교단체보다 10년 정도 늦게 시작했지만 이들 선교단체들이 겪었던 시행착오를 속히 보완함으로 실수를 줄여 큰 효과를 볼 수 있었다. FMB가 시작은 늦었지만 효율적인 정책을 개발하여 시행함으로 빨리 자리를 잡을 수 있었다. 하지만 FMB가 풀어야 할 과제는 교단 이름으로 파송받지 못한 소위 독립군 선교사들을 재교육하는 문제였다. 본인들은 침례교 선교사라고 하지만 훈련받은 선교사들과 좋은 관계를 형성하지 못하는 어려움이 많기 때문이다. 특히 필리핀에는 독립군 선교사들이 많아 두 차례에 걸쳐 이들을 구제하기 위한 선교사훈련을 실시하기도 하였다. 예전에는 교단에서 선교훈련기관이 없어서 독립군 선교사를 파송했지만 이제는 달라졌기에 모든 교회가 단독으로 선교사를 파송하지 말고 반듯이 WMTC에서 선교사 훈련을 시킨 뒤 파송하길 바란다.

두 번째는 한국침례교회가 지향해야 할 선교구조가 통합성(synthesis)임을 재확인 하였으면 한다. 오늘날 선교구조는 지역교회가 중심이 되는 모달리티(modality)도 아니고, 선교단체가 핵심이 되는 소달리티(sodality)도 아닌 모탈리티와 소달리티를 합친 통합성의 선교구조가 FMB에서 회복되어야 한다.[33] 1988년 FMB가 형성되기 전에는 지역교회 중심의 모달리티 선교를 할 수밖에 없었지만 이제는 세월이 달라졌다. 지역교회에서는 기도하며 후원하는 일에 열심을 다하고 선교사 훈련은 WMTC에 맡겨 통합성의 선교구조가 정착되었으면 한다. 지역교회는 선교사 훈련이나 안식년으로 돌아오는 선교사들에 대한 멤버케어 같은 것이 전문적일 수가 없기 때문이다. 이를 위해서는 2,800개의 한국침례교회가 서로 신뢰하고 연합해야 한다. 본부와 훈련원에 대한 신뢰 그리고 지역교회와 훈련원의 긴밀한 협조는 앞으로 한국침례교회가 추구해야 할 선교 구조이다.

Ⅵ. 부흥기 시기의 선교(2006-)

2006년은 한국침례교회 선교부흥의 원년의 해이다. 왜냐하면 100년 전인 1906년에 한태영이 한국 최초의 선교사로 북간도에 파송된 지 100주년이 되는 기념의 해이기 때문이다.[34] 그래서 FMB에서는 선교사파송 100주년을 기념하기 위해 2006년 4월에 양수리 수양관에서 제1차 침례교 선교지도자 포럼을 갖기도 했다. 이 때 전 세계에 흩어진 침례교 선교사들 가운데 6년 이상의 장기 선교사들을 초청하여 각 권역별로 선교사역을 소개하고 평가받은 귀한 기회를 갖기도 했다. 마칠 즈음에는 'VISION 2010'을 다시 점검하여 100개의 관문도시에 1천명의 선교사를 파송하는 일에 매진할 것을 다짐하기도 하였다. 그리고 2008년 9월에는 'VISION 2020'을 홍천 비발디에서 발표하여 새롭게 도약할 것을 결의하였다. FMB가 2006년 기점으로 선교부흥이 불타오르고 있는 것은 감사한데 앞으로 지속적으로 선교의 열매를 거둬들이기 위해서는 다음 몇 가지 사항을 제안하려고 한다.

1. 선교사 훈련의 다양화

한국침례교회는 지금까지 장 · 단기 선교사 훈련만을 실시해 왔다. 하지만 요즘 해외이주 한인들이 급증하면서 디아스포라 선교사 훈련의 중요성이 부각되어 금년 2008년부터 실시하고 있다. 디아스포라 선교는 황금알을 낳는 거위이다. 그 이유는 2008년 현재 4,900만 인구 가운데 무려 700만 이상이 해외에 살고 있어서 전체 인구의 14%를 차지하고 있다.[35] 사실 디아스포라 숫자상으로는 중국이 4,500만으로 가장 많지만 인구 13억 가운데는 겨우 3.5%에 지나지 않는다. 한국은 이스라엘과 이탈리아에 이어 세계에서 3번째로 인구 대비 비율로는 디아스포라 비율이 높은 국가이다.[36] 2020년이 되면 그 숫자는 자그마치 1,500만에 이를 예정이다. 조기유학, 중소기업 해외투자 확대, 고령자 해외거주 선호도가 점차 높아졌기 때문이다.

예전에는 현지인을 대상으로 사역하는 선교사들만 FMB에서 정식으로 허입 했지만 2008년부터는 달라졌다. 누구든지 WMTC에서 디아스포라선교사 훈련을 받기만 하면 디아스포라 선교사로 파송 받을 수 있다. 다만 현지인 선교사와 차이점이 있다면 자기 스스로가 목양(caring), 자녀교육, 선교동원의 은사가 있는지 살펴봐야 한다. 한인교포들은 타국에서 살면서 많은 눈물과 상처가 있어서 목사와 사모가 동시에 목양하는 달란트가 있어야 한다. 특히 사모는 남편 따라 무임승차하는 사모가 되지 말고 진심으로 성도들을 돌보는 사모상을 정립되어야 한다. FMB가 장 · 단기 외에 디아스포라 선교사 훈련 같은 다양한 선교훈련을 제공함으로 한층 업그레이드되었고 성장할 수 있었다.

바라기는 앞으로 2년 혹은 3년 내에 다민족 선교를 준비해야 할 것이다. 한국은 2007년을 기점으로 외국에서 한국으로 이주한 다민족의 숫자가 100만을 넘어서서 전체 인구에 2%를 차지하고 있다.[37] 2020년이 되면 400만 명이 되어 전체인구의 5%를 차지할 예정이다. 한국은 1987년 외국인 노동자를 합법적으로 유입하여 3D 업종에 이들의 도움을 받아오고 있다.[38] 더욱이 저출산과 고령화 현상으로 노동력이 감소되어 국제결혼이 농촌을 중심으로 발 빠르게 확산되고 있다. 2020년이 되면 한국의 신생아 3명 중 1명은 혼혈아가 나올 가능성이 있다고 한다.[39] 이처럼 한국은 다문화, 다가정, 다민족으로 탈바꿈하고 있어서 이에 대비하는 다민족 선교 훈련 프로그램이 한국침례교회에 준비된다면 더욱 좋을 것이다.

2. 선교사 케어 극대화

선교사 훈련은 파송 받기 전에 실시하는 파송전훈련(pre-field training)과 선교지에서 훈련을 직접 감당하는 선교지 적응훈련(in-field training)과 그리고 안식년때 모국에 와서 재교육을 받는 선교사 연장훈련(extension training)으로 구분되어 있다. 지금까지 WMTC에서는 파송 전 훈련에만 신경 썼지 안식년으로 본국에 돌아온 선교사들을 대상으로 훈련을 하지는 못했다. 현재 FMB의 경우 매달 안식년으로 돌아오는 숫자가 무려 40명을 넘어서고 있는데 이들을 영적으로, 정서적으로, 육체적으로, 심리적으로 케어해 주는 교회는 거의 없는 실정이다. 몸과 마음이 지친 이들에게 'AS 훈련' 이 절대적으로 필요하다고 판단되어 WMTC에서는 2009년 2월부터 처음으로 선교사 연장훈련을 실시하였다. 이것 또한 타 선교단체나 타

교단에서는 염두도 못 내고 있는 실정이다. 앞으로 시간이 지날수록 안식년 선교사는 많아질 것이고 이에 대한 대책을 마련하지 못하면 경쟁력을 잃게 될 것이다. 안식관이라든가 선교사연장훈련 등은 필히 준비해야 할 터인데 FMB의 경우 이에 대한 대비를 점차 하고 있다.

다만 아쉬운 점은 지역교회도 선교사케어에 신경을 써 주었으면 한다. 사실 지역교회가 선교사를 파송할 때는 4개의 사이클로 진행되는 것이 바람직한데 '선교교육→선교후원→선교참여→선교사케어' 이다.[40] 여기서 한 교회가 선교사를 파송할 경우 마지막으로 책임을 져야 할 부분이 바로 선교사 멤버케어이다. 지금까지 한국교회가 선교사 파송에만 신경 썼지 멤버케어에는 눈을 돌리지 못했는데 이제는 때가 되었다고 본다. 지역교회와 WMTC와 FMB 본부가 함께 선교사 멤버케어를 할 수 있다면 21세기 한국침례교회의 선교는 밝다고 본다.

3. 선교전략의 전문화

한국침례교회가 21세기 선교를 주도하기 위해 선교전략의 전문화를 꽤해야 한다. 그렇게 하기 위해서는 우선 이슬람 선교전략에 대한 분명한 철학이 있어야 할 것이다. FMB의 경우 선교사의 1/3이 무슬림권에서 사역을 하고 있고 앞으로도 이 숫자는 계속 증가할 추세이기 때문이다. 지금까지 FMB는 NAME(North Africa & Middle East) 정책에 따라 우선적으로 NAME 주변의 무슬림권에 선교사를 대거 파송하였다. 중앙아시아라든가 북인도의 경우가 그렇다. 이 지역에서의 선교 열매는 이제 나타나기 시작했고 앞으로 근본주의 이슬람권인 NAME 지역에도 선교사 파송이 늘어날 예정이다. 그렇다면 FMB 자체 내에서 요즘 논의되고 있는 내부자 운동(Insider Movement)을 수용할 것인지 여부가 확정되어야 할 것이다.[41] 일각에서는 수용을 주장 하지만 다른 한쪽에서는 반대하고 있어서 선교사들 사이에 혼선이 생기기 때문이다. 우리 자체 내에서 이런 논의가 되어 있어서 분명한 정책을 선교사들에게 알려주고 또한 이슬람선교를 추천할 선교단체도 선별해서 알려줘야 한다.[42] 교단선교부는 전문선교단체와는 달리 포괄적이고 일반적인 선교정책이 나올 수밖에 없기 때문에 특별한 선교전략에 대해서는 타 선교단체와 이중 멤버십(dual membership)을 허용하여 함께 상생하도록 힘써야 할 것이다.

그 다음으로 북한선교에 대한 새로운 정책을 준비해야 한다. 현재 FMB의 경우 북한선교를 하는 선교사는 극소수에 불과하다. 펜윅이 동북아 선교에 힘을 쏟았던 것을 생각한다면 너무 초라하기 그지없다. 김정일의 나이가 앞으로 4년 후면 70세가 되기 때문에 북한 전문가가 예측하기로는 북한은 5년 내지 10년 내에 북한사회가 붕괴될 것으로 내다보고 있다. 미국남침례교회의 국제선교부(IMB)의 경우는 다양한 채널로 북한선교를 하고 있지만 우리 FMB의 경우는 그렇지 못하다. IMB와 손을 잡고 NK(North Korea) 프로젝트를 준비한다면 그들이 지니고 있는 방대한 자료들과 경험들이 큰 힘이 될 것이다. 하지만 현 실정으로 이에 대한 대비를 못하고 있어서 조만간 FMB에서는 이에 대한 대책을 마련해야 할 것이다.

마지막으로 평신도 선교에 주력해야 할 것이다. 1989년은 세계사적으로 큰 변화가 일어나 선교전략에도 큰 영향을 끼쳤다. 1989년 이전에는 냉전체제였고 자본주의와 사회주의간의 극한 대립이 있던 시기였다. 하지만 1989년 구소련이 붕괴함으로 중앙아시아의 15개 국가들이 독립하였고, 동독이 무너짐으로 동서독이 통일되어 사회주의는 실패를 고하였다. 더욱이 1990년대 초에 중국은 완전 개방을 선언하여 사회주의를 포기한 것과 마찬가지였다. 1989년 이전에는 냉전 시대라서 선교사라는 타이틀을 가지고 들어갈 수 없는 창의적접근지역에 전문인 선교사로 들어가는 것도 하나의 수단이었지만 요즘은 탈냉전시대로 바꿨고 대다수의 사회주의 국가들이 자본주의로 탈바꿈함으로 적극적인 선교전략이 필요한데 그것이 바로 비즈니스선교(Business As Mission, BAM)이다.[43] FMB의 선교정책 자체가 전통적 선교개념이 강한데 로잔선교 개념으로 바꿔야만 한다. 즉, '선교=복음전파+사회봉사' 라는 통전적 개념으로 업그레이드 시켜야 할 것이다. 능력 있는 평신도들로 하여금 과감히 사회주의권에 비즈니스 선교사로 파송되어야 한다. 특별히 비즈니스 선교는 10/40 창 지역의 인도, 네팔, 방글라데시와 같은 열악한 지역에 자립(self-supporting) 선교할 수 있는 기회를 만들어주기 때문이다.[44] 1857년 리빙스톤(David Livingstone)이 캠브리지 대학교에서 "문명의 두 선구자인 기독교와 상업은 절대 분리할 수 없다"고 강의한 내용을 되새김질해 봐야 한다. 그는 이미 1세기 반 전에 복음과 비즈니스는 떼려야 뗄 수 없는 관계임을 깨달았는데 우리는 너무 비즈니즈에 움찔하고 있는 것 같다. FMB의 경우 비즈니스 선교사는 2%도 채 되지 않는 실정이어서 새로운 선교 패러다임을 읽고 대처할 수 있어야 21세기에 살아남을 수 있을 것이다.

Ⅶ. 나오는 말

"침례교인은 선교하는 사람들이다"라는 말이 있다. 펜윅으로부터 시작한 한국침례교회는 120년 동안 선교하는 교단으로 성장했고, 금년은 FMB가 창립된 지 20주년이 되는 해이기에 새로운 마음가짐이 필요하다. 먼저 한국침례교회는 베드로와 같은 1세대 선교사들이 바울 같은 1·5세나 2세대 선교사들을 배출하는데 힘써야 할 것이다. 왜냐하면 요즈음 선교 헌신자들이 달라지기 시작해 예전에는 베드로와 같은 1세대 선교사들이 훈련에 참석하는 자가 많았지만 최근에는 선교사 자녀들인 MK (Missionary Kid)들이 훈련받기 시작했기 때문이다. 참으로 고무적인 현상이며 감사할 일이다. 그래서 한국침례교 1세대 선교사들은 스스로가 먼저 베드로가 되어 바울을 세우는데 최선을 다해야 할 것이다. 이 말은 베드로는 바울이 될 수 없지만 자신의 사역을 통해 주변에 있는 바울 같은 1·5세나 2세들이 선교에 헌신할 수 있도록 동원시켜야 한다는 뜻이다.

사도행전 15장을 보면 욥바에 있던 베드로는 가이사랴에 있는 고넬료에게 복음을 전하라는 명령에 처음에는 순종치 않다가 결국 가서 말씀을 전하여 그의 모든 가족들을 구원시켰다. 베드로는 언어나 문화 등 여러 측면에서 바울에게 뒤쳐진 자였다. 그런데 당시 자신의 고향 땅에서 자숙하고 있던 바울은 베드로가 이방인이었던 고넬료에게 복음 전하는 것에 큰 도전을 받았다. 이후 사도행전 11장을 보면 바나바의 사역 요청이 있을 때 바울은 안디옥 교회를 세우는데 혼신의 힘을 다하는 것을 볼 수 있다. 그렇다. 1세대 선교사들은 스스로 베드로가 되어야 한다. 자신들은 바울처럼 현지 언어가 자유롭지 않아 갈라디아나 고린도 같은 이방 지역에서 자유롭게 복음을 전할 수는 없지만 자신들의 삶을 보고 주변에 있던 1 · 5세나 2세들이 바울처럼 선교사역에 헌신토록 해야 할 것이다. 금년에 FMB는 역사상 처음으로 MK 출신인 L 선교사가 탄생하여 우즈베키스탄으로 파송되었다.[45] 앞으로 이런 MK들이 더욱 많이 나올 것이다. 1세대 선교사들은 자신의 자녀들이 바울과 같이 선교사로 헌신할 수 있도록 동원시켜야 할 책임이 있다.

두 번째로 한국침례교회는 현지인 지도자들을 체계적으로 훈련시키는데 주력해야 할 것이다. FMB는 그동안 각 권역별로 현지인 지도자들이 많이 일어났다. 현재는 FMB 선교사들이 세운 신학교를 통해 이들이 훈련받고 있지만 대체적으로 열악한 실정이다. 커리큘럼이라든가 강사진이라든가 재정이 너무 열악하여 질 높은 교육을 시키지 못하고 있다. 그렇다면 FMB와 침례신학대학교 간에 우선 협정이 필요하겠다. 침례신학대학교는 처음 학교가 세워졌을 때 미국남침례교회의 도움을 받아 시작한 것을 기억하여 우리 침례교 선교사들이 길러 낸 현지인 지도자들에게 질 좋은 교육을 제공해야 할 것이다. 우리가 돌보지 못한다면 이들이 다른 학교에서 공부할 수 있음을 명심해야 한다. 주님께서도 "주는 자가 받는 자보다 더 복 되도다"고 하신 것처럼 이제는 우리가 거저 줄 때가 되었다.

마지막으로 한국침례교회는 더 밝은 미래를 준비하기 위해서 각 분야별로 선교 전문가들을 배출해야 할 것이다. 더 이상 필드형 선교사들만 양성하지 말고 사람을 세우는 일꾼들을 길러내야 한다. 예를 들어 FMB에서 선교동원가, 선교전략가, 선교훈련가, 디아스포라전문가, 선교상담가, MK전문가들이 하나 둘씩 배출되어 국제적인 인물로 사역할 수 있는 때가 온다면 한국침례교회 선교는 경쟁력이 있을 것이며 21세기 선교를 주도할 수 있을 것이라 확신한다.

주

1) ' VISION 2020' 이란 100개 이상의 미전도종족과 전략적 관문도시에 1,000명의 선교사를 파송하고, 10,000명의 세계를 품는 그리스도인들과 네트워크하며 선교에 참여케 하는 것을 말한다. [온라인 자료] http://www.fmb.or.kr/1_4.php, 2008년 10월 4일 접속.

2) 한국침례교 기원에 관해 두 가지 설이 있는데 첫 번째는 동아기독교설이다. 펜윅이 한국에 도착한 1889년을 기원으로 보는 것으로 김갑수 목사와 민경배 교수가 지지하고 있다. 김갑수,「한국침례교인물사」(서울: 시와 시론사, 1981), 12; 민경배,「한국기독교회사」(서울: 대한기독교서회, 1996), 64. 두 번째는 미국남침례교(SBC)설이다. 동아기독교가 미국남침례교(SBC)와 제휴했던 1949년을 기원으로 삼는 것으로 조효훈 박사와 김승진 교수가 지지하고 있다. Timothy Hyo-hoon Cho, "A History of the Korean Baptist Convention, 1889-1969" (Ph.D. diss., Southern Baptist Theological Seminary, 1970), 94-5; Sung ("Victor") Jin Kim, "A History of Southern Baptist Mission Work in Korea: Its Impact on Korean Baptist Church Growth" (Ph.D. diss., Southwestern Baptist Theological Seminary, 1995), 66을 보라.

3) [온라인 자료] http://www.fmb.or.kr/1_6.php, 2008년 10월 4일 접속.

4)「국민일보」, 2008년 6월 20일.

5) Herbert Kane,「선교사의 생활과 사역」, 백인숙 역 (서울: 두란노출판사, 1986), 11-39.

6) Malcolm C. Fenwick, *The Church of Christ in Corea* (New York: George H. Doran Co., 1911), 13; James Brooks, "Niagara Conference," *The Truth* 15 (1889): 433.

7) 허긴,「한국침례교회사」(대전: 침례신학대학교출판부, 1999), 271-3.

8) Ibid., 201-10; 민경배,「한국기독교회사」, 295-7.

9) Fenwick, *The Church of Christ in Corea*, 5-6.

10) Ibid., 72.

11) 김무곤, 「NQ로 살아라」 (서울: 김영사, 2005), 4-7.

12) 박용규, 「한국기독교회사 1」 (서울: 생명의말씀사, 2006), 385-90, 538-41.

13) Ibid., 547-54.

14) Ralph Winter, "비즈니스가 선교가 될 수 있을 때," 미간행물자료, 8.

15) 실례를 보기 위해서는 이정수 편, 「한국침례교회사」 (서울: 침례회출판사, 1994), 88을 보라.

16) Ibid., 130; 허긴, 「한국침례교회사」, 332.

17) 안점식, 「세계관 종교 문화」 (서울: 죠이선교회출판부, 2008), 8-11.

18) 펜윅, 「사경공부」 (1955), 84-90 . 앞서 언급한 페이지 숫자 84부터 90은 원본과 일치하지 않는데 그 이유는 김갑수 목사가 사경공부가 기록된 고어체를 현대체로 고쳐쓰면서 발생했기 때문이다.

19) Charles Kraft, *Communicating Jesus' Way* (Pasadena: William Carey Library, 1999), 96-7.

20) Fenwick, *The Church of Christ in Corea*, 92-3.

21) 이정수, 「한국침례교회사」, 130.

22) 김남식, 「네비우스선교방법」 (서울: 성광문화사, 1995), 144-6.

23) 실례를 보기 위해서는 C. Allen Clark, 「한국교회와 네비우스 선교정책」, 박용규, 김춘섭 역 (서울: 대한기독교서회, 1994), 109-12을 보라.

24) Ralph D. Winter & Steven C. Hawthorne, *Perspectives on the World Christian Movement* (Pasadena: William Carey Library, 1992), D 33-44.

25) 펜윅에게 영향을 끼친 나이아가라사경회 거장들을 보기 위해서는 안희열, 「시대를 앞서 간 선교사 말콤 펜윅」 (대전: 침례신학대학교출판부, 2006), 96-105를 보라.

26) 김영동, "디아코니아에 대한 신학적 이해," 「제8회 국제공동학술대회」 (2008 가을): 377.

27) 김용해,「대한기독교침례회사」(서울: 성청사, 1964), 54.

28) 펜윅,「사경공부」, 90-1.

29) 김장배,「침례교회의 산 증인들」(서울: 침례회출판사, 1981), 183-206.

30) [온라인 자료] http://www.fmb.or.kr/1_3.php, 2008년 11월 5일 접속.

31) WMTC,「장기 11기 선교사 훈련 가이드북」, 미간행자료, 1.

32) WMTC,「2기 디아스포라 선교사 훈련 가이드북」, 미간행자료, 2.

33) 안희열, "미래를 여는 한국침례교 선교구조를 소망하며,"「WMTC」, 2004년 4월, 1-2.

34) 기독교한국침례회 해외선교회 편,「제1차 침례교 선교 지도자 포럼」(서울: 기독교한국침례회 해외선교회, 2006), 13.

35) 안희열, "디아스포라 선교시대를 활짝 열어야 한다!"「WMTC」, 2007년 12월, 1-2.

36) [온라인 자료] http://www.mofat.go.kr/consul/overseascompatriot/index.jsp, 2008년 5월 1일 접속.

37)「중앙일보」, 2007년 4월 25일.

38) 편집부,「하나님 나라와 이주 노동자 선교」(서울: 기독교산업사회연구소, 2004), 53.

39) 김범수 외 7인,「다문화 사회복지론」(서울: 양서원, 2007), 81.

40) 한국침례교회는 대체적으로 '선교후원→선교참여→선교교육→선교사케어' 의 사이클로 교육보다는 후원이나 참여에 우선순위를 두고 있어서 앞으로 시정해야 할 사항이다.

41) 내부자운동은 기독교로 개종한 무슬림이 예수 신앙에 의해 삶의 스타일이나 문화를 바꾸지 않은 상태에서 본인이 속한 공동체를 떠나지 않고 복음을 전하게 하는 것을 말한다.

42) 예를 들자면 내부자운동을 지지하는 자는 Ralph Winter와 John Travis 그리고 Frontiers와 Insiders 같은 선교단체이고, 반대하는 쪽은 중동선교회 같은 곳이기에 FMB는 분명한 입장을 표명해야 한다.

43) Ken Eldred,「비즈니스 미션」, 안정임 역 (서울: 예수전도단, 2007), 74-7.

44) 예를 보기 위해서는 Tetsunao Yamamori & Kenneth A. Eldred, 「킹덤 비즈니스」, 최형근 역 (서울: 죠이선교회, 2008), 104-39를 보라.

45) 무슬림권인 우즈베키스탄의 상황을 고려해 선교사의 이름을 익명으로 표시하였다.

참고문헌

기독교한국침례회 해외선교회 편. 「제1차 침례교 선교 지도자 포럼」. 서울: 기독교한국침례회 해외선교회, 2006.

김갑수. 「한국침례교인물사」. 서울: 시와 시론사, 1981.

김남식. 「네비우스선교방법」. 서울: 성광문화사, 1995.

김무곤. 「NQ로 살아라」. 서울: 김영사, 2005.

김범수 외 7인. 「다문화 사회복지론」. 서울: 양서원, 2007.

김영동. "디아코니아에 대한 신학적 이해." 「제8회 국제공동학술대회」(2008 가을): 374-88.

김용해. 「대한기독교침례회사」. 서울: 성청사, 1964.

김장배. 「침례교회의 산 증인들」. 서울: 침례회출판사, 1981.

민경배. 「한국기독교회사」. 서울: 대한기독교서회, 2002.

박용규. 「한국기독교회사 1」. 서울: 생명의말씀사, 2006.

안점식. 「세계관 종교 문화」. 서울: 죠이선교회출판부, 2008.

안희열. 「시대를 앞서 간 선교사 말콤 펜윅」. 대전: 침례신학대학교출판부, 2006.

__________. "디아스포라 선교시대를 활짝 열어야 한다!" 「WMTC」, 2007년 12월, 1-2.

__________. "미래를 여는 한국침례교 선교구조를 소망하며." 「WMTC」, 2004년 4월, 1-2.

이정수 편.「한국침례교회사」. 서울: 침례회출판사, 1994.

펜윅.「사경공부」. 1955.

편집부.「하나님 나라와 이주 노동자 선교」. 서울: 기독교산업사회연구소, 2004.

허긴.「한국침례교회사」. 대전: 침례신학대학교출판부, 1999.

Brooks, James. "Niagara Conference." *The Truth* 15 (1889): 433-4.

Cho, Timothy Hyo-hoon. "A History of the Korean Baptist Convention, 1889-1969." Ph.D. diss., Southern Baptist Theological Seminary, 1970.

Clark, C. Allen.「한국교회와 네비우스 선교정책」. 박용규, 김춘섭 역. 서울: 대한기독교서회, 1994.

Eldred, Ken.「비즈니스 미션」. 안정임 역. 서울: 예수전도단, 2007.

Fenwick, Malcolm C. *The Church of Christ in Corea*. New York: George H. Doran Co., 1911.

Kane, Herbert.「선교사의 생활과 사역」. 백인숙 역. 서울: 두란노출판사, 1986.

Kim, Sung("Victor") Jin. "A History of Southern Baptist Mission Work in Korea: Its Impact on Korean Baptist Church Growth." Ph.D. diss., Southwestern Baptist Theological Seminary, 1995.

Kraft, Charles. *Communicating Jesus' Way*. Pasadena: William Carey Library, 1999.

Winter, Ralph D. & Steven C. Hawthorne. *Perspectives on the World Christian Movement.* Pasadena: William Carey Library, 1992, D 33-44.

Yamamori, Tetsunao & Kenneth A. Eldred.「킹덤 비즈니스」. 최형근 역. 서울: 죠이선교회, 2008.

제8장

교회의 정치 참여의 신학적 근거 모색

김 기 현 | 수정로침례교회

Ⅰ. 들어가는 말 : 교회가 문제다

이 논문의 목적은 두 가지다. 첫째, 한국교회의 사회 참여 상황을 성찰하는 것이다. 지금까지 교회와 그리스도인이 이원론에 빠져서 사회 현실과 동떨어진 채 영적이고 종교적인 일에만 골몰하였다는 비판을 많이 들었다. 그래서 구제와 봉사의 차원을 넘어선 적극적인 사회 변혁에 나서라는 요청이 교회 안팎에서 많았다. 창조의 관점에서 보면, 하나님이 창조하지 않는 것이 이 세상에 존재하지 않고, 모든 것은 하나님의 것이기에 마땅히 그리스도인이 그리스도의 주권을 선포하는데 있어서 사회와 정치의 영역이라고 예외가 아니니다. 타락이 온 피조물 전체에 영향을 미쳤고, 회복되고 구속되어야 한다는 구원의 포괄성 또는 전체성에 기초해 사회 참여와 정치 활동을 촉구하였다.

그러나 그 이면을 들여다보면, 실제로 교회는 어떤 형태로든지 간에 사회 참여를 해왔고, 그것은 특정한 정치적 입장을 반영하거나 견지하였다. 단순하게 구분하자면, 소위 진보적인 교회들은 정치 스펙트럼에서 좌에 위치하고, 반대로 보수적인 교회들은 우편에 자리한다. 다음 장에서 구체적인 사례를 증거로 제시하겠다. 이것이 의미하는 바는, 한국 교회더러 사회가 타락한 채로 내버려두는 것은 무책임한 그리스도인이라고 질타하는 유의 발언은 더 이상 의미 없다는 것이다. 이미 하고 있는데, 특정한 정치적 이념을 지니고 있는데도 사회 참여 촉구는 별반 의미 없는 말이다.

이러한 논의를 바탕으로 한국교회의 정치 참여 상황을 개괄하면서 얻게 되는 결론은 두 가지다. 하나는 교회가 더는 이원론에 함몰되어 세상과 등진 채 순수하게 영혼구령에 몰두하는 곳이 아니라 이미 깊숙이 정치 현장에 발을 담그고 있었다는 것을 알게 된다. 다른 하나는 현재 교회의 정치 활동은 이원론에 경도된 것이 아니라 세상과 혼합된 형태라는 것이다. 예수 그리스도의 전일적인 주되심(Lordship)과 그분의 제자된 하나님나라 백성 공동체라는 교회의 정체성의 발현으로서의 정치 참여가 아니다. 현재 교회는 복음보다는 세속적 이데올로기에 따른 정치 참여를 하고 있다는 것이 이 논문의 진단이다.

이 논문의 두 번째 목적은 사회 참여의 신학적 근거를 모색하는 것이다. 근거는 크게 두 가지다. 하나는 예수 그리스도의 '주되심'이다. 예수의 주되심은 그 개념상, 정치나 경제 등 제반 영역과 괴리될 수는 없다. 만약 그렇다면 그것은 모순이다. 그저 한 사람의 내면 구원과 외적인 형통함에만 머무르고, 공적 세계에서 말과 행함으로 선언되고 실천되지 않는다면, 주님의 주되심은 한낱 공허한 메아리에 다름 아니다. 입으로는 예수를 주라고 시인하지만, 실상은 부인하는 것과 다를 바 없다. 그리스도인이라면 누구도 부정하지 않을 주되심을 정치적 영역에서 고백한다는 것, 다시 말해 주되심의 정치적 의미를 살피는 것을 목적으로 한다.

다른 하나는 침례교의 이상과 이념인 '자유'(Freedom)라는 신학적 토대이다.[1] 침례교회는 가톨릭으로부터의 종교개혁, 그리고 개신교 내의 여타의 교단과의 구별됨과 독특성을 '자유'에서 찾는다. "자유는 침례교의 정체성과 분리할 수 없다. 자유는 침례교인이 된다는 것이 의미하는 바의 핵심이다."[2] 개신교회가 가톨릭을 개혁하자는 명분으로 대립과 투쟁을 전개했지만, 이신칭의 등과 같은 교리에서는 성과가 없지 않았다. 하지만 대부분의 개신교회는 국가나 지배 권력의 도움을 주고 받는다는 '국가 교회'(State Church)라는 점에서는 별반 진전이 없었다. 그러하기에 침례교회는 자신을 구별하여 '자유 교회'(Free Church)라고 스스로 부른다.[3]

현재 한국교회의 정치 참여 모습이 예수와 성경의 가르침이 아니라 세속적인 가치관과 이해관계에 얽매여 있다는 본 논문의 진단이 타당하다면, 다른 어떤 때보다 침례교회의 자유 정신에 입각한 실천이 절실하다. 개신교회가 정교분리 원칙에 어떠한 이의가 없지만, 국가 교회 정신과 태도가 교회의 체질과 습성으로 내장되어 있는 한, 명시적이든, 암묵적이든 세속 권력과 가치관과 동맹을 맺는 것은 자연스러운 귀결이다.

이상과 같은 목적을 달성하기 위해 본 논문은 다음과 같이 진행된다. 2장에서는 한국교회의 정치 참여를 개관한다. 한국교회사를 간단히 훑으면서 교회가 외관상 비정치적으로 보였을지라도 실제로는 상당히 정치적이고 지배 권력에 친화적이었음을 볼 것이다. 동시에 한국교회는 이원론이 아니라 혼합주의에 깊이 물들어 있음을 알게 된다. 이러한 현실에서 더는 "죄 많은 이 세상으로 충분한가?"라는 질문이 아니라 "죄 많은 이 교회로 충분한가?"가 우리의 물음이다.[4] 교회와 세상이 이원론적으로 분리되어 있다면 참여를 종용할 일이지만, 이미 참여하고 있고 보수화되어 있다면 어떤 정치(which politics), 누구의 정치(whose politics)를 할 것인가가 핵심 사안이 된다.

3장은 그리스도의 주되심과 그것의 정치적 함의를 풀어본다. 그 동안 주로 개혁교회 전통에서 사회 참여의 신학적 토대로 제시한 창조론을 비판적으로 검토하고 주되심의 기독론이 온전한 기초가 된다는 점을 주장한다. 창조론은 그 본래 의도와 달리 체제 순응 이데올로기가 될 가능성이 농후함으로 한국교회가 보이는 혼합적 양태에 대한 바른 대안이 될 수 없다. 기독론이 교회와 신자의 정치 참여가 세상적 가치관에 물들지 않도록 하는 신학적 근거를 마련해 준다.

4장은 침례교회의 자유 정신과 자유의 관점에서 본 정교분리 원칙을 살펴본다. 자유는 교회론에서 보자면 국가 교회의 부정이다. 이것이 사회적 활동과 관련짓게 되면, 국가와 민족의 이익과 이해로부터 자유롭다는 것을 의미한다. 교회가 지역교회인 한 특정 국가와 지역에 뿌리를 내려야 함은 의심의 여지가 없다. 그럼에도 교회가 시대정신과 민족과 국가와 타협하여 십자가의 길에 역행하는 것은 교회가 주인 되신 그리스도의 종으로서의 본문을 망각하는 것인 동시에 그리스도 외에는 어떤 것으로부터 자유한 교회론에서 일탈한 것으로 보아야 한다.

한 가지 부연할 것이 있다. 이 글은 보수적인 교회를 중심으로 전개된다. 보수적인 교회가 압도적으로 한국교회의 대다수를 차지하거니와 교회 내의 다른 한 축이었던 진보진영의 교회들이 많이 위축되어 있고, 교회의 정치 참여에 관한 토론과 논란의 중심에는 보수 교회가 서 있기 때문이다. 편의상 본 논문에서 한국교회라 함은 보수교회를 일컫는 것임을 밝혀둔다.

Ⅱ. 정치적인, 너무나 정치적인

지난 수십 년간 한국교회는 지나치게 비정치적이라는 평가를 받았다. 마치 변화산 위의 베드로의 독백처럼 산 아래의 간절하며 고통에 찬 절망적 목소리를 외면한 채 교회 내부 사역에만 골몰하였다. 70년대 박정희 정권과 80년대 전두환 · 노태우 정권 시절에 국민들의 민주화 요구와 투쟁은 뒤로하고 교회 성장과 부흥에 치중하였다. 그래서 제발 교회가 세상의 신음을 경청하고 응답하라는 촉구가 여기저기서 들렸다.

1. 한국교회는 정치와 무관한가?

그 대표적인 목소리가 한국복음주의 신학회의 윤리분과에서 발표를 묶은 「한국교회와 정치윤리」일 것이다.[5] 한국교회에 대한 윤리적 반성의 계기를 마련하고, 나아갈 방향을 파악하겠다는 포부를 밝힌 이 글들은 하나같이 한국교회가 정치 영역에 관심을 가져야 한다고 한목소리로 주장한다. 교회 안에 만연한 왜곡된 이원론과 정교분리 원칙, 반지성주의, 사제주의, 물량주의가 정치에 무관심하게 만들었다고 비판한다. 이런 주장이 도달할 지점은 분명하다. 이제 교회가 정치에 적극적으로 나서라는 주문이다.

대표적으로 박득훈은 정치적 무관심을 깊이 근심하며 질타한다. 그는 보수 교회 밖에서는 70년대의 민중신학, 80년대의 사회과학적 지식으로 무장한 운동 진영, 90년대의 시민사회 운동의 괄목할 만한 발전, 안으로는 기독교 세계관 운동과 복음전도와 사회 참여의 균형을 강조하는 신복음주의 영향에도 불구하고 한국교회 전반적으로 이 문제에 관한 진지한 토론을 보기 어렵다고 지적한다. 이런 변화의 추세에 적극적으로 대처하기 위해서는 "먼저 한국교회가 아직도 전반적으로 정치에 무관심한 이유는 무엇이며 과연 정당화될 수 있는 것인지 묻지 않을 수 없다"고 한다.[6] '과연 박득훈의 진단대로 한국교회는 정치에 무관심하게 지내왔는가' 라는 것이 이 논문의 문제의식이자 질문이다.

이런 생각은 신국원에게서도 볼 수 있다. 그는 자신이 기독교 세계관 운동에 참여하게 된 계기를 다음과 같이 밝힌다. 70년대 군부 독재와 저항하며 희생당하는 이들을 바라보며, 그들의 "이념적 토대와 투쟁 방식에 동의하지 않아도 정당성을 인정"하고, 그러면서도 "정치 개혁에 참여하는 대신 복음 전도에 진력"하는 교회 현실을 바라보면서 새로운 길을 모색하고자 했고, 그것이 기독교 세계관이었다고 말한다.[7] 교회가 적어도 잘못된 독재 정권과 그로 말미암아 초래된 고통스러운 현실에 대해 저항하지 않았지만, 그렇다고 순응하거나 타협하지 않았다는 인식이 이 언명의 이면에 놓여 있다.

국민일보 기자 김지방의 말은 상당히 시사적이다. "예전에는 제발 교회가 세상 일에 관심을 가지길 간절히 바랐는데, 요즘엔 지나치게 관심이 많은 것 같아 아이러니를 느낀다."[8] 그의 생각도 현실 인식에서는 위의 두 사람과 다르지 않다. 그 동안 한국교회가 너무나 홀로 거룩하게 지내는 모습이 안타까왔는데, 현재의 참여 양식에는 부정적이다. "과거 정교 분리를 앞장서 외쳤던 보수 세력"이 그가 보기에 "민주주의에 적지 않는 위협이 되는 지경"에 이르게 되었는지, 왜 교회가 이렇게 되었는가 라고 탄식한다.[9)]

이 세 사람이 공히 견지하는 공통적인 태도는 그 동안 한국기독교가 사회 현실은 외면하고 교회 내부 역량을 강화하는데 치중했고, 그것은 옳지 않은 태도라고 요약할 수 있겠다. 교회와 그리스도인은 마땅히 세속 사회의 한 일원으로서의 책임 의식과 더불어 세상을 변혁할 그리스도인으로서의 당연한 삶의 모습에 배치된다는 비판인 것이다. 그러므로 사회 참여에 보다 적극적이어야 할 필요가 있다는 것이다. 하지만 현재 보수 기독교의 정치 참여 모습은 지나치게 보수적인 정치 집단처럼 되어서 실망스럽다는 인식이다. 그러면서도 예전의 무관심했던 모습이 차라리 더 좋았다는 자조와 함께 그 때와 현재 사이의 간극을 어떻게 설명할 것인가를 두고 난감하다.

2. 한국교회는 지나치게 정치적이다

이러한 혼돈의 근본 원인과 과거로부터 단절된 듯한 현상, 그리고 현재 지나치게 보수적인 모습을 같이 설명할 수 있는 길은 한국교회가 처음부터 보수적이었고, 예나 지금이나 모양은 달라도 변함없이 꾸준히 정치 활동을 했다고 보는 것이다. 그렇지 않고서야 급격한 변화 또는 변질, 그리고 정치권력과의 강력한 밀착을 해명할 방도가 없다. 겉으로 보기에 급진적인 변화로 보이더라도 내부적으로는 시간을 통과하면서 차츰 차츰 축적된 것이 드디어 때가 되어 외부로 표출된 것이다. 그런 점에서 역사에 우연이란 없다는 말은 옳다.

두 가지 점에서 교회는 정치적이다.[10] 하나는 논리적인 측면이다. 교회가 종교에 무관심하다는 말은 원천적으로 성립되지 않는다. 교회와 세상이 서로 관계를 맺는 방식은 리처드 니버에 따르면 적어도 다섯 가지 방식이 존재한다. 지금의 논의와 관련해서 그가 "문화와 대립하는 그리스도"라고 명명한 분리 모델도 "문화 개혁에 기여한 중요한 역할"을 인정한다.[11] 세상의 문화를 온통 배척하는 듯이 보이는 이 견해도 세상과 관련하는 한 가지 방식이며, 동시에 교회가 세상을 개혁하는 역사적 존재였다는 점은 결코 부인할 수 없다.

박득훈도 이 점을 이미 지적한 바 있다. "정치 문제에 의식적으로 참여하지 않고 있을 때도 우리는 이미 정치활동을 하고 있는 셈이다. 침묵은 곧 현 구조에 대한 지지로 이용될 수밖에 없고, 그 구조는 나와 다른 시민들의 윤리적 판단까지 그 영향을 미친다."[12] 그러니까 교회가 정치에 무관심하다는 말이 정치를 참여하지 않았다는 것을 의미하는 것이 아니다. 당시 정부와 권력의 불의에 대해 암묵적으로 지지하고 비호한다는 말을 무관심이라는 레토릭으로 그럴 듯하게 포장한 것에 지나지 않는다.

예를 들어보자. 80년대 교회 강단에서 심심치 않게 듣던 설교가 있다. 대학생들이 데모를 심하게 하거나 그 와중에 전경들이 다치거나 죽는 불상사가 생기면 으레 목사들은 소위 운동권을 질책하는 설교를 한다. 하라는 공부는 안하고 엉뚱한 짓 한다는 호소성 발언에서부터 굶는 북한 탄광에 보내야 한다는 극언, 국가와 정부 권력은 하나님이 세운 것이라는 로마서 13장을 근거로 한 신학적 주장에 이르기까지 다양했다. 그러면서 으레 등장하는 후렴구는 학생들이 정치하면 안 되고 공부해야 하고, 목사와 교회도 순수하게 영적인 사역을 해야 한다는 말이다.

그렇지만 독재 정권의 공권력이 무고한 시민을 죽이거나 불의한 행동을 아무리해도 정반대의 목소리는 들리지 않는다. 성경의 오랜 예언자적 전통을 실천하지도 못했고, 인간을 하나님의 형상으로 보는 입장에 따라 국가 권력의 절대화를 경고하지도 않았다. 국민이 낸 세금으로 유지되는 정부가 민중의 지팡이가 되지 못하고 되레 민중을 지팡이로 때리는 참담한 일에 대해 최소한의 민주주의의 시민적 교양에 의거해서도 비판하지 않았다. 하다 못해 독재 정권과 투쟁하다 죽어가고 옥고를 치르는 자식을 둔 부모의 심정조차도 제대로 헤아리지 못했다.

두 번째 역사적인 측면을 보자. 우리의 지난 역사적인 경험을 반추해 보면 교회가 정치와 하등 무관하지 않는 이유를 발견한다.[13] 한국 개신교회는 한국사에서 결코 비정치적이지 않았다. 솔직히 말하면 지나치게 정치적이었다고 봐야 할 것이다. 일제 강점기 때의 신사 참배가 우상숭배요 친일이 아니라면 교회는 비정치적 노선을 견지한 것으로 해석할 수 있다. 그렇지만 신사 참배한 교단들이 2008년에 들어서까지 그 사건을 공적으로 회개를 고백하는 일에서 보듯이 결코 일본의 마수로부터 어리고 약한 교회를 보호하려는 불가피한 수단이 아니었다.

이승만 정권을 기독교 정권으로 옹호하고 3 · 15 부정선거를 앞장서서 공명선거라고 억지 주장을 한 것은 다름 아닌 유명 기독교 단체였다. 만약 이것이 정치 참여를 한 것이 아니라면, 그리고 보수적인 정치 행태 또는 불의한 권력을 옹호한 행위가 아니라면 무엇이 정치인가? 10월 유신을 새로운 정치 기풍을 확립하는 영단이라 주장하는 기독교 신문들의 칼럼, 기독교인이 민주주의 정체만을 고집하지 말고 로마 정부와 같은 폭군적 권세에도 무조건 복종하라고 말하는 총신의 김의환 교수의 발언[14]은 정치가 아니고 신앙인가?

게다가 80년 광주항쟁을 희생양 삼아 피와 폭력으로 짓밟고 권력을 장악한 전두환을 여호수아와 같은 지도자라고 치켜 세우는 조찬기도회는 기도회이며, 정치에 대한 초연함인가? 청와대에서 더 이상은 목탁 소리가 들리게 하지 말자며 김영삼 장로를 적극 지지하고, 친북 좌파 세력이 정권을 다시 잡지 못하도록 목숨걸고 나서야 한다는 발언들은 정치와 종교의 사이의 경계선에서 교회가 어디에 서 있었는지, 그리고 그 정치가 누구의 정치이고, 무엇을 위한 정치적 행동이었는지를 명약관화하게 보여준다.

3. 어떤 정치인가?

이상의 논의를 두 가지로 종합하고 정리할 수 있겠다. 하나는, 한국교회는 이원론에 빠져서 정치와 거리를 두고 교회 안에만 머물러 있지 않았다. 그런데도 "죄 많은 이 세상으로 충분한가?"를 되뇌며 사회 참여를 강요하는 것은 오도된 현실 인식과 진단에 다름 아니다. 이미 충분히 죄 많은 세상 한 가운데 있는데 자꾸 나서라고 종용하는 것은 적합한 현실 설명이 아니다. 그러므로 한국개신교회와 신자들의 사회와 정치 참여에서 문제가 되는 것은 이원론이 아니다. 사회 참여를 할 것인가, 말 것인가의 원초적인 질문은 언제라도 유효하겠지만, 보다 실제적이고 논리적인 물음은 어떤 관점과 어떤 방식의 참여를 하고 있으며, 해야 하는가 이다.

다른 하나는 보수적 개신교회가 알게 모르게 정치와 깊은 연관을 맺은 것이 사실이라면, 그 정치는 보수적이었고, 정직하게 말하면, 권력자의 편에 서 있었다. 신사참배 이후 물꼬가 튼 교계 지도자들은 이승만 정권과 결탁하였고, 박정희 정권은 두둔하였고, 전두환 · 노태우 정권에 대해서는 침묵으로 일관하였다. 강압적인 독재정권을 향해서는 전제 정부라도 하나님이 세웠으므로 복종의 미덕을 역설하던 교회가 민주적 절차를 확보한 정권을 향해 내뿜은 독설은 도무지 납득하기 어렵다. 교회는 백종국의 지적처럼 "천민자본주의 체제에 부화뇌동 하였다."[15] 주의할 것이 있다. 한국교회가 정치에 관해 발언하고 행동하고 시위하는 것 자체를 문제 삼지 않는다. 어떤 형태로든지, 직간접적으로 정치와 종교는 밀접하게 연결되어 있기에 정치 행위 자체를 시비하는 것은 온당하지 못하다. 그것이 성경과 예수에게서 말미암은 것인지, 아니면 자신의 정치적 입장과 경제적 이해관계, 지역적 연고에 의한 것인지를 따져 물어보면, 긍정적인 답변을 듣기 어렵다. 다시 말하거니와 교회의 정치 참여는 마땅한 것이다. 문제는 어떤 정치를 할 것인가에 달려 있다. 교회는 예수의 정치를 선 보여야 한다. "교회와 국가의 차이 혹은 신실한 교회와 신실하지 못한 교회의 차이는 하나는 정치적이고 다른 하나는 정치적이지 않다는 것이 아니라, 그들은 상이한 방식으로 정치적이라는 것이다."[16]

Ⅲ. 예수만이 홀로 주님이시다

한국교회의 정치 참여를 반성하면서 기존의 행위를 비판적으로 성찰하는 동시에 건전한 신학적 토대를 모색하지 않을 수 없다. 나는 "예수가 주님이시다"라는 성서와 로마 치하의 초대교회의 주되심의 기독론이 대답이라고 제안한다. 이 고백은 명백히 대결적이고 정치적이고 변혁적이다. 창조론에 근거를 둔 사회 참여에 대한 비판이라는 점에서 대결적이고, 예수의 복음과 하나님 나라를 개인과 내면의 구원으로 제약하는 보수진영과 달리 정치를 포괄할 뿐만 아니라 그 자체가 정치적이고, 로마로 말해지는 세상에 대한 전복적이라는 점에서 변혁적이다.

1. 예수는 정치에서도 주님이시다

우선, 예수의 주되심이 정치와 국가의 영역에도 분명하게 증언되어야 한다는 존 요더의 질문을 당연한 것으로 잠정적으로 받아들이고 논의를 시작하고자 한다. 그는 묻는다. "우리는 예수 그리스도를 구세주로 고백함에 있어 다른 영역에서는 다 괜찮은데 사회 윤리의 문제, 특히 국가와 관련해서는 바람직하지 않다고 할 것인가?"[17] 이 반어적 질문의 맞은편에는 그리스도를 주로 고백한다는 점에서 동일하지만, 정치적 영역에서 그 함축하는 바에 대해서는 이견이 노출되고 있다는 현실이 있다. 그리고 주되심의 포괄성과 총체성을 제한하고 정치의 영역에서는 적용하지 않으려 하거나 무시하려는 일련의 노력이 신학계에서 경주되고 있다.

정치 현실에서는 예수는 주님이 아니거나 그렇더라도 명목상만 그렇다고 보는 관점이 강력하다. 요더는 그의 대표작인 「예수의 정치학」에서 예수는 정치적이었고, 현실적이었다는 점을 누가복음과 바울 서신, 요한 계시록을 누비면서 입증해 보인다. "예수의 사역과 주장은 그 청중들과 독자들에게 정치적 선택을 회피하라는 것으로가 아니라 하나의 특정한 사회적-정치적-윤리적 선택을 제시하는 것으로 가장 잘 이해할 수 있다는 것이다."[18] 한편 진영에서는 예수를 정치와 무관한 존재로 말하고, 반대 진영에서는 정치적이지만 우리 당대의 사안에 적실한 해결책을 제시하지 못하는 비현실적인 정치로 폄하하는 것에 대한 탁월한 반박이다.

요더는 예수를 정치와 분리하려는 온갖 시도를 여섯 가지로 분류하였다.[19] 첫째, 예수는 세계가 이토록 오래도록 존속하리라 예견하지 못한 묵시 사상가였기에 예수의 윤리는 중간기 윤리에 부합하지 못하다. 둘째, 프란체스코와 톨스토이처럼 예수는 농촌 문화에 적합할 뿐, 오늘날과 같이 발달한 대도시에서의 복잡한 조직과 기구 등의 문제는 애초에 관심이 아니었다. 셋째, 예수의 정치는 소수 제자에게나 어울릴 법하지 기독교가 한 사회 전체를 유지해야 하는 현실에는 적당하지 않다. 넷째, 예수의 메시지는 실존적이지 역사적이지 않다. 다섯째, 예수는 하나님의 절대성을 주장하였고, 세상은 상대적이고 유한하다. 그러기에 예수의 가르침이 미치지 못한다. 마지막으로 예수의 대속적 죽음은 칭의와 관련되어 윤리와 연결되지 못한다.

이들의 한결 같은 목소리는 "예수는 규범이 아니다"는 것이다. 그러면서도 하나님의 유일한 계시인 예수 그리스도 밖에서 새로운 규범을 마련하고자 분주하다. 그것은 이성, 자연, 상식, 중간 공리 등이다. 이는 무엇보다도 기독론에 있어서 심각한 오류다. 예수가 윤리에 있어서 규범이 될 수 없다면, 인간이 되신 하나님의 아들의 인성을 그토록 못마땅하게 여기고 제거하고자 했던 에비온주의의 재현이요 또 하나의 영지주의와 다를 바 없다는 것이 요더의 진단이다.[20] 이런 식이라면 기독교는 왜 기독교인지를 묻지 않을 수 없다. 이는 주되심의 논리적 일관성을 지키지 못한 것이며, 예수의 권위를 약화시키는 행동이다.

그리스도인들이 그리스도를 정치의 영역에서도 뒤따르지 않는다면, 그것은 주되심의 왜곡이며, 부인이 아닌가. 다른 어떤 개신교내 교파나 교단보다도 그리스도의 주되심과 권위, 계시를 강조하는 복음적인 교회는 유일하게 경배 받으시기에 합당한 예수의 통치를 정치에서도 발현되어야 한다는 점에서 원칙적으로 주되심을 부정하지 않을 듯 싶다. 송인규의 탄식에 동의하게 된다. "예수 그리스도를 개인의 신앙 영역에만 가둬놓는 것은, 얼마나 독신적(瀆神的)인 일이며 왜곡된 경건 생활인가! 이런 그리스도인의 경건의 시간과 예배가 올바를 리 없다."[21] 그러니까 주되심을 정치적 영역에 적용하지 않는 것은 그저 논리적 일관성 결여만의 문제가 아니라 신앙의 본질을 부정하는 행위에 다름 아니다.

이 글은 한편으로 "예수가 홀로 주님이시다"는 고백을 정치 현장에서 적용하지 않으려는 이들과 다른 한편으로 주되심 보다는 하나님의 창조를 정치 신학의 근본 토대로 설정하려는 이들과의 대결이다. "복음주의자들의 '사회적 책임'에 대한 주장은 창조로부터 시작해야만 한다."[22] 그 이유는 창조 신앙에는 하나님의 주권의 보편성과 포괄성, 우주적인 차원을 잘 반영하고 있기 때문이다.[23] 창조 신앙에 의해서 성과 속의 이원론은 단번에 혁파되며, 비개혁주의 세계관은 창조 세계를 거룩과 무관한 세속 영역에 속하도록 방치한다. 따라서 창조의 계시를 무시하면 타락의 심연과 구속의 범주를 전혀 이해하지 못하게 된다.[24] 그러므로 "성경의 세계관은 그리스도 및 구원과 함께 시작하지 않는다. 그것은 하나님과 창조와 더불어 시작한다."[25]

2. 창조론은 토대가 아니다

여기서 한 가지 질문이 생긴다. 왜 예수 그리스도가 아니고 자연이며, 구속이 아니고 창조에서 시작하는가? 물론 이 물음이 창조주와 구속주를 분리하거나 대립시키는 것은 아니다. 창조를 강조하는 헤르만 도예베르트에게 일반 은총을 배타적으로 창조주 하나님에게만 귀속시키는 것은 창조와 구속의 분리이다.[26] 또한 구속에서 사회 변혁을 주장하는 요더도 다르지 않다. "사회 질서를 위한 규범들이 창조의 일부 질서 안에 계시되어 있다는 주장을 거부한다고 해서 하나님의 창조 의도 안에 인간 사회의 토대가 있다는 것을 부인하는 것을 의미하지 않는다."[27]

반론도 거세다. 리처드 미들톤은 구약의 창조 신앙을 이스라엘 역사에서 보수적이었고, 억압적으로 작동했다는 월터 브루그만에게 도전적으로 묻는다. "창조 신학은 본래부터 보수적인가?"라고.[28] 창세기의 창조 신앙은 이집트의 노예제도와 전제군주에 대한 비판이며, 그것이 비록 역사에서 종종 퇴행적 역할을 한 것이 사실이지만, 근본적으로는 해방적이라는 것이 그의 논지다.[29] 브루그만은 창조론이 정치참여의 토대가 부족한 이유를 여실히 드러낸다. "창조 신학은 본래부터, 불가피하게 보수적인 것이 아니다. 다만 너무나 자주 보수적인 방식으로 기능을 했다."[30] 하나님의 창조는 분명히 해방적 특성이 있고, 예수도 결혼 제도의 기초를 창조

질서에서 찾았다는 점에서 원천적으로 부정하는 것은 과하다.

그럼에도 창조를 근거로 삼는 것은 신학적으로도, 윤리적으로도 문제가 있다. 먼저, 신학적 오류는 두 가지를 지적할 수 있다. 하나는 그들도 창조를 근거로 삼으면 특별 계시가 약화된다는 것을 우려한다. 그러면서도 자연을 오로지 성경의 빛 속에서만 가장 잘 분별할 수 있다고 말한다. 그렇다면 창조가 아니라 구속이, 일반 은총이 아니라 특별 은총이 사회적 책임의 출발선이 되어야 할 것이다.[31] 다른 하나는 자연은 타락의 질서에 속하는 것으로 참여의 근거가 될 수 없다. 자크 엘룰은 자연과 은혜는 상반된다고 주장한다. 성서는 생물학적 차원에서 자연을 언급할 때는 중립적이지만, 도덕적이고 영적인 평가를 내릴 때는 결코 우호적이지 않다. 자연은 선하지 않으며, 구원에 아무런 기여를 하지 않으며, 타락의 질서의 일부이다. 그것은 성서가 아니라 자연 법과 윤리 의식에 근거를 두고 있다.[32]

윤리적으로도 창조의 강조는 현존하는 사회 질서의 억압과 왜곡을 타락한 질서로 보고 구속의 대상으로 삼기보다는 신성한 창조의 질서 일부로 용인하기 십상이다. 그 이유는 가부장적 사회 질서, 노예 제도 등이 창조 질서라는 이름으로 종교적인 승인을 받았다. 창조 신앙이 미국 남부에서 그리고 남아프리카 공화국에서 노예제도와 인종 분리 정책의 이데올로기 역할을 수행하였다.[33] 미국 독립 선언서에서 모든 인간은 평등하다는 주장은 창조 질서의 표현이다. 하지만 이 선언서에서 말하는 평등한 인간은 모든 여성과 흑인, 아메리카 원주민, 가난한 자를 제외한 백인 중산층을 가리킨다. 그래서 요더는 인종주의로부터 자유로운 미국은 창조를 통한 평등의 개념이 아니라 구속의 복된 소식에서 시작하라고 제안한다.

3. 예수에게만 충성하라

그렇다면, 예수가 주라는 신앙이 어떻게 정치적이고, 변혁적인가? 요한복음서 읽기를 통해 대답을 모색해 볼까 한다. 왜 요한복음인가? 요한복음서는 신약의 어떤 정경보다도 비정치적인 책으로 인식되어 왔다. 세상 변혁적이라기보다는 도리어 세상 도피적인 성격이 짙다. 대표적으로 요한이 말하는 사랑이란 마태복음이 말하는 사랑과 다르다. 마태는 산상수훈에서 하나님의 사랑을 원수 사랑으로 묘사한 반면, 요한은 형제 사랑과 끝까지 제자들을 포기하지 않는 제자 사랑으로 그리고 있다. 이렇게 외부를 향해 문을 걸어 닫고 내부로 침잠한 요한의 소수 공동체를 위해 주어진 복음에서 윤리와 사회 참여의 지침을 찾기란 쉽지 않아 보인다.

그럼에도 요한복음 전체의 내러티브의 움직임 속에서 읽으면, 한편으로 정치 권력자를 향해서는 아예 권력 개념을 송두리째 전복하고, 다른 한편으로 공동체 내부를 향해서는 위험한 사회적 위치 이동을 요구한다.[34] 예수를 못 박을 권세를 두고 벌인 예수와 빌라도의 대화는 세상의 권력이 잠정적으로, 그리고 제한적으로 권한을 부여받아 행사할 뿐, 궁극적으로 하나님의 권위 아래 로마의 권력을 복속시킨다. 그러니까 직접적으로 교회 외부의 정치 사회적 집단을 향해 발언하지는 않지만, 전체 예수 이야기 틀 속에서 읽으면 정치 윤리적 함의를 도출할 수 있다.

사도 요한과 그가 속한 요한 공동체는 예수 그리스도를 하나님이자 메시아로 확고하게 인식하고 있었다. 문제는 이 믿음이 한편으로 로마와 다른 한편으로 유대인들과 충돌을 빚을 수밖에 없었다는 점이다. 이를 위해 로마와 유대의 하나님 이해와 세계관을 간단히 검토할 필요가 있다. 로마는 자신들의 왕을 신으로 격상시켰고, 유대는 오랜 우상숭배 거부의 전통 때문에 왕을 신으로 숭배하는 것은 격하게 거부하였다. 그럼에도 왕은 신의 대리자라는 세계관으로 자연스럽게 로마의 왕을 자신들의 왕으로 섬길 수 있는 여지를 유대인들은 만들고 있다. 반면 기독교는 예수가 유일한 주(主)요 왕이므로 로마의 황제를 주로 인정하기를 거절했다. 각각을 좀 더 고찰해 보자.

로마는 제국의 번영과 안녕을 위해 황제를 신(神)이자 왕(王)으로 숭배할 것을 강요하였다. 반면 유대인들은 인간을 신으로 숭앙하는 것을 신성모독으로 보아 거부했다. 그렇지만, 인간은 신의 대행자로서 신을 대리하여 나라를 다스릴 수 있다고 본다. 바로 이 대목에서 그들은 로마와 타협할 여지를 만들 수 있다. 유대인들은 신과 왕을 분리하여 로마에 대항하고 대응하였다. 로마 황제를 신으로는 숭배하는 것은 단연코 거부하여도, 그를 왕으로는 인정할 수 있다. 그러기에 가이사가 왕이라고 외칠 수 있었다.[35] 유대인들이 그 동안 기다려왔던 메시아는 다름 아닌 다윗의 후손인 왕이었는데, 그 왕이 로마의 황제일 수도 있다는 점을 인정하여 생존을 모색하였다.

유대인들과 달리 그리스도인들은 예수 그리스도만이 참 신이요, 참 왕이다. 반면 기독교는 그리스도 외에 그 누구도 왕, 곧 메시아가 될 수 없기에 로마와 타협할 여지가 전혀 없다. 즉 예수 = 왕 = 메시아 = 하나님의 공식이 성립된다.[36] 이것은 그리스도의 주되심의 당연한 논리적 귀결이다. 뿐만 아니라 로마 황제 숭배 사상은 실제로는 유대인식의 타협을 허용하지 않는다. 로마는 자신들의 황제를 신과 일치시켰다. 이는 기독교인들에게 인간을 신으로 높이는 것은 우상숭배요 신성 모독이요, 로마 황제를 참 왕으로 인정하는 것은 예수를 왕으로 경배하는 것과 대립된다.

예수를 "세상의 구주"(요 4:42)와 "나의 주, 나의 하나님"(20:28)로 고백하는 것은 로마 황제를 신과 왕으로 인정하기를 거부하는 것이며, 예수만이 참 신이요, 참 왕으로 믿는 것이다. 주목할 것은 여기서 사용된 세상의 구주나, 나의 주, 나의 하나님이 다름 아닌 로마 황제에게 돌려지던 칭호라는 것이다. 이를 전일적으로 예수에게만 귀속시키는 기독교는 필연적으로 로마의 황제와 제국을 유한하고 상대적인 것으로 격하시킨다.[37] 예수만이 유일하고도 참된 주요 하나님이라면 그런 칭호를 사용하는 로마 황제는 어떤 존재란 말인가? 그는 한갓 죽을 수밖에 없는 인간이다.

이러한 맥락에서 "다시 한 번 반복해서 말하자면, 예수가 세우고자 했던 모임들의 주된 특징은 물론 예수 자신에 대한 충성"이었고, 예수가 선포한 하나님의 나라는 그 자체가 "이미 심각한 정치적 행위 속에 연루되어 있다"는 톰 라이트의 말을 자연스럽게 수용하게 된다.[38] 위의 논의와 일관되고 정교하게 표현하여 말한다면, 예수가 세우고자 했던 공동체, 새 이스라엘로서의 교회는 예수 자신에게만 유일하고도 배타적인 충성을 다하는 무리이다. 다시 말해 교회가 하나님 나라의 공동체인 한에 있어서 이미 정치적이고, 그 정치는 예수에게만 충성을 다한다. 예수에게만 드릴 충성을 자신에게도 돌릴 것을 원하는 세상의 권력과는 어쩔 수 없이 갈등을 빚을 수밖에 없다. 신앙은, 교회는 그 충돌을 애써 피하거나 움츠린 흔적을 전혀 보이지 않는다.

그래도 의문이 남는다. 예수가 주라는 단 하나의 문장이 뭐 그리 대단하다고 야단이냐고 되물을 수 있다. 설사 양보하여 고대 세계에서나 그것이 기존 질서와 충돌을 빚었다 손치더라도 계몽된 현대 세계에서는 유효성을 상실한 것으로 보아야 하지 않을까? 아니다! 그렇지 않다는 강력한 예증이 독일 고백교회의 바르멘 선언이다. 이 선언 어디에도 당시의 긴급한 사안인 독일제국에 대한 직접적인 어떠한 언명을 발견할 수 없다. 이는 놀랄만한 일이다. 단지 예수가 주이시며, 그러하기에 세상의 어떤 것도 우리의 주가 될 수 없다는 어찌 보면 싱겁기조차 한 당대의 독일 교회와 제국에게 중대한 도전이 되고, 그러면서도 복음이 되었다.[39)]

이상의 논의를 정리하고, 오늘 우리에게 함축하는 바를 살펴보도록 하자. 요지는 "예수가 주님이시다"는 신앙 고백은 그 자체가 정치적 행위이며, 어떤 조직과 개인도 하나님과 예수에게만 합당한 경배를 가로챌 수 없다. 그 자체가 기존 권력 집단에게는 도전이요 눈에 가시와 같은 불편한 존재이다. 따라서 그리스도의 주되심은 창조 신앙에 정초한 윤리 신학보다 변혁적이고, 비정치적으로 해석하는 이들에게는 정치적인 메시지가 된다.

Ⅳ. 교회는 자유를 의미한다

교회는 예수 그리스도만을 유일한 주라는 신앙으로 형성된 공동체이다. 세상의 어떤 것도, 그것이 국가의 최고 권력이나 심지어 가족이라 할지라도 그리스도의 가르침과 명령에 부합하지 않으면 거절한다. 그러기에 "교회는 반문화적인 제자도 공동체이며, 이 공동체는 하나님의 명령을 최우선적으로 받는 이들이다."[40)] 따라서 주되심은 정치적 영역이라고 예외가 아니다. 그 고백 자체가 정치적일 뿐더러 교회의 정치 활동의 등대가 되는 기준이다.

2장에서 본 바와 같이 불행하게도 교회는 종종 자신의 주인과 신분을 망각하곤 하였다. 교회와 신자는 유일하게 그리스도를 제외하고는 모든 것에 대하여 자유하다. 그리스도에게만 충성하기에 다른 것에는 자유롭게 된다는 뜻이다. 그러나 역사를 보건대, 그리스도 외의 다른 권위에 그리스도의 뜻에 반하는 행동으로 주와 이웃들에게 크나 큰 해를 끼쳤다. 그리스도에게 복종하지 않으면 교회는 결코 자유롭지 못하다.

칼뱅이 하나님을 아는 지식과 인간을 아는 지식의 상관성에 관한 말을 변주한다면, 그리스도의 주되심과 교회의 자유는 서로 연결되어 있으므로, 주 예수에 충성하지 않고서는 교회는 자유하지 못하며, 교회가 자유롭지 않고서는 주 예수에 충성할 수 없다. 이 둘은 너무나 밀접하게 결부되어 있어서 따로 떼어 낼 수 없을 정도다. 기독교의 정치 참여에서 이 둘 중 어느 하나가 없으면, 다른 하나도 없다. 물론, 최종적으로 우선하는 것은 그리스도의 주되심이겠지만, 구분하기란 간단치 않다. 요는 그리스도의 주되심과 더불어 교회의 자유를 말해야 성도의 사회적 책임의 신학적 토대를 적절하게 다룰 수 있다.

1. 교회는 세상이 아니다

"교회는 세상이 아니다."[41] 신학이란 무엇인가를 질문한 제임스 맥클랜던은 신학이란 무릇 투쟁을 의미한다고 대답한다. 그러면서 위 인용문이 전투의 출발점이라 주장한다. 이 명제의 타당성 또는 이해하기 위해서는 설명되어야 할 세 가지가 있다. 우선, 예수의 주되심의 견지에서 고찰해야 한다. 교회의 주인은 명백히 예수이므로, 그분의 공동체이다. 예수에게만 충성하는 이 공동체는 세상의 시각으로 보면, 어리석고 미련하다. 왜냐하면 세상의 풍조와 정신, 목표가 교회와 같을 수는 없기 때문이다. 더 나아가 대립과 상충은 자연스럽다. 교회의 주인이 예수이므로 교회는 예수를 주로 삼지 않는 세상과 분명 다르다. 교회는 근본적으로 자기의 주인된 그리스도를 위해 존재한다. 그러므로 "교회는 세상이 아니다"는 명제가 주되심 하에서 성립된다.

다른 하나는 이미 세상이 되어 버린 교회이다. 그러니까 앞의 것이 교회가 세상이 아니어야 할 신학적 당위에 관한 것이라면, 이것은 교회가 처한 현실에 대한 진단에 근거한다. 정치적 영역에서 교회는 심각한 혼선과 탈선을 보여주고 있다. 맘몬의 지배를 자명하게 받아들이는 경제관이 원인이며, 이는 서로 연결되어 있을 것이다. 그러나 이는 지금 우리가 다룰 바가 아니다. 교회의 정치는 자신의 주인인 예수에 복종하는 정치라기보다는 당장의 유익에 급급한 이해 집단이 되어 가고 있다. 세상에 대해 반문화적인 대안 공동체가 아니라 안타깝게도 철저히 기득권 세력에 복무한다는 인상을 심어주고 있다. 이 점은 앞서 2장에서 어느 정도 개괄하였다고 본다.

마지막으로, 맥클랜던의 명제에는 교회의 본질을 '자유'로 인식하는 침례교 정신이 숨어 있다. 침례교회는 역사적으로 세상 권력과 기관의 도움이나 협력 없이 교회는 교회의 내적 자원에 의해서만 존립하고, 그러기 위해서는 국가와 교회의 분리, 곧 정교분리 원칙을 다른 어떤 개신교 보다 줄곧 옹호하였다. 교회가 세상의 일부라면, 응당 국가의 지원이나 간섭을 받아야 할 것이고, 반대로 세상이 교회의 일부라면, 세상은 당연히 서양의 중세가 그랬듯, 교회의 지배를 받아야 할 것이다. 그것이 세상을 변혁하지 못했을 뿐만 아니라 도리어 다름 아닌 교회를 타락시킨 장본인이었다. 이러한 역사적 교훈에 근거해서 침례교회는 자유를 자신의 정체성으로 삼았던 것이다. 이런 맥락에서 보면, 맥클랜던의 말은 침례교회의 자유 정신을 최신 버전으로 업그레이드한 것이다.

현재 한국 개신교의 정치 형태는 세상과 전혀 다를 바가 없다. 세상보다 더 세상적이다. 문제의 심각성이 여기서 출발한다. 세상과 담쌓고 살기에 제발 세상의 일에 관심을 가져야 한다는 발언보다, 제발 세속의 일은 세속에 맡기고 목사들이 교회로 돌아가면 좋겠다는 말을 해야 할 지경에 이르렀다. 한국교회가 이원론에 빠져있는 것이 아니라 혼합주의(syncreticism)가 되었다.[42] 그러하기에 신학은 세상이 되어 버린 교회와 그렇게 되도록 방치하거나 조장했던 자신과의 치열한 싸움도 마다하지 않아야 할 것이다. 그래서 맥클랜던은 "신학은 투쟁을 의미한다"고 했던 것이다. 그리하여, 침례교회의 '자유'는 그리스도께만 충성하는 교회다운 교회를 위한 전투에 있어서 강력한 무기이며, 교회의 대 사회 참여의 확고한 토대이다.

2. 정교 분리는 자유의 전제다

침례교회는 역사적으로 자유의 사람들로 인식되어 왔다. 자유는 침례교 신앙의 스타일이며, 독특한 자세이며, 특별한 태도이며, 침례교회를 지배하는 정신이다.[43] 물론, 자유가 침례교회의 전유물은 아니다. 루터의 논문, "그리스도의 자유"[44]가 그렇고, 억압과 차별이 있는 곳에는 자유를 향한 외침과 자유를 향한 투쟁이 있었다는 것이 증거다. 자유는 침례교회만의 것이 아니다. 모두의 것이며, 모두를 위한 것이다. 바로 그러하기에 침례교회는 자유를 자신의 정체성으로 삼은 것이다. 침례교회의 자유가 우리만의 것이 아닌 동시에 자유에는 책임이 동반한다는 점도 간과해서는 안 된다. 월터 셔든의 말처럼 한쪽에는 자유의 상이, 맞은편에는 책임의 상이 서야 한다.[45]

이 자유에는 셔든에 따르면, 네 가지 내용과 관계가 있다. 성서의 자유, 영혼의 자유, 교회의 자유, 그리고 종교의 자유이다. 성서는 하나님과의 관계이고, 영혼은 자기 자신, 교회는 신자의 공동체, 종교는 사회와 타 신앙과의 관계를 기술한다. 성서의 자유는 예수가 주라는 믿음의 표현이며, 영혼의 자유는 거듭난 그리스도인이 하나님 앞에서 설 수 있으며, 살 수 있다는 주장이다. 교회의 자유는 교회의 존재와 생활 방식이 다름 아닌 자유임을 역설한다. 종교의 자유는 앞서의 자유가 우리와 다른 개인과 집단에게도 자유를 허용하여야 한다는 신념이다. 이 네 가지는 한 신자가 맺고 있는 다양하고도 총체적인 관계의 핵심을 자유로 파악할 수 있다는 것을 보여준다.

이 논문의 주제와 목적과 직접 관련된 것은 네 번째 것이다. 우선 종교의 자유에 대한 이해를 살펴보고, 다음으로 이것이 교회의 대 사회적 책임과 관련해서 어떤 함의를 지니는지를 다룰 것이다. 종교의 자유는 말 그대로 신앙할 자유이다. 신앙의 자유를 위한 첫 전제로 신앙과 영적인 문제에 관한 한, 국가로부터 어떤 간섭이나 지배를 받지 않아야 한다.[46] 이는 한편으로 국가가 특정한 종교를 국가의 종교로 삼는 것을 반대한다는 의미이다. 이는 국가의 종교화이다. 다른 한편으로는 종교가 국가화, 곧 종교가 국교가 되는 것을 거절한다는 뜻이다.

전자는 기독교 왕국(Christendom)과 국교 경험이 있는 서구의 경우는 절실하지만, 한국과 같이 다종교적이고 다문화적 환경에서 특정 종교가 국교화될 가능성은 전무하다고 보여진다. 해서, 오늘 우리와 무관하다 여겨질 법하다. 그러나 특정 종교를 편파적으로 편들고 특정 종교를 부당하게 박해한다면, 다시 말해 그 종교를 믿는다는 이유만으로 혜택을 받고, 그 종교를 믿지 않거나 다른 종교를 가진다고 해서 손해를 입게 하는 것은 종교의 자유를 결정적으로 침해한 것으로 보아야 한다.[47] 그것은 타인의 종교의 자유를 위협한 것이고, 본질적으로 교회가 자신의 토대인 신앙의 자유를 침식한 것이다. 나만 자유를 누리겠다는 고집은 필시 자유가 아니라 자신을 우상화하는 것일 테고, 결과적으로 자기의 자유마저 몰수당한다.

침례교는 더 나아가 종교의 자유를 믿지 않을 수 있는 자유로 해석한다. 자유는 모든 사람의 것으로 그들의 자유도 중요하고 변호해 주어야 한다.[48] 진정한 종교의 자유는 그의 종교가 무엇이든지 간에, 예컨대, 불교이든, 무교이든, 이슬람이든, 또는 무신론자이든 간에 자기의 의지와 의사에 따라 신앙하고 예배할 자유가 있다. 그것을 국가나 다른 종교가 강압할 수도 없고, 그렇게 해서도 안 된다. “믿지 않을 사람의 권리도 믿을 사람의 권리만큼 중요하다.”[49] 그러기에 침례교는 안으로는 국가가 설령 기독교나 심지어 침례교를 지원하기 위해 세금을 거두는 것이라도 거부해야 마땅하다.[50] 밖으로는 그가 설령 “이단자든, 터키인이든, 유대인이든, 그 어떤 사람이든, 지상의 세속적인 권력으로 영적인 문제들에 관해 그들을 벌주려 해서는 안 된다”고 그들을 변호한다.[51]

불행하게도 미국과 한국의 교회에 자유의 정신을 위배하는 사례가 종종 발생한다. 국가의 법률의 개혁과 도움이 없이는 교회의 부흥이 없다는 팀 라헤이와 미국은 기독교 국가라는 팻 로버트슨 등의 말은 종교의 자유에 대한 심대한 도전이자 위협이다.[52] 국내에서도 한 도시를 하나님께 봉헌하다든가 성스럽게 한다는 등의 발언은 국가 교회의 의식이 아니고서는 할 수 없는 것들이다.[53] 이상하게도 국가가 종교에 대해 간섭하면 강하게 저항하면서도 교회가 국가의 영역에 지나치게 깊숙이 개입하려는 데는 쉽게 용인한다.[54] 이는 종교의 자유에 앞장 선 침례교임에도 불구하고 많은 침례교인들이 반대로 타인의 종교의 자유를 부인하는데 앞장 서는 모순이자 자기기만이다.[55] 자유의 정신을 따라 다른 신념과 신앙에 대해 자유를 존중하는 자세가 더 없이 절실하다.

3. 교회는 여당도 야당도 아니다

교회의 자유는 국가가 종교적인 일에 끼어드는 것도, 종교가 국가의 일에 거드는 것도 아니라고 했다. 여기서 한 가지 질문이 생긴다. 그럼, 자유의 원칙에 따른 정치 참여는 구체적으로 어떤 모습인가? 교회가 정치적 일에 발언하고 참여할 경우가 불가피하게 있다. 이럴 경우, 신자와 교회는 정교 분리 원칙에 따라 침묵하거나 방관해야 하는가? 그렇다면, 침례교회의 자유는 무책임한 자유방임일 것이다. 게다가 선거에 참여하여 투표하는 것 자체가 정치적 행위이거늘 어떻게 무관하다 말할 수 없다.

간혹 자유 교회들의 정치적 행위를 사회로부터 후퇴하는 것이 아니냐는 반론이 많다. 자유에 기반하여 정교분리 원칙을 고수하고, 특정 집단과 자신을 동일시하기를 꺼려하는 모습이 일견 사회에 대한 무관심으로 비추어 질 수 있을 것이다. 그러면서 분파(sect) 혹은 종파적 태도라 비판한다. 하지만 이는 오해다. 역사적 진실은 이렇다. 자유 교회는 "세상에서 도피할 의도가 전혀 없었다." 그들은 "도피하지 않았다. 다만 쫓겨난 것이다."[56] 대표적으로 존 번연은 국가의 허락을 받지 않고 설교한다는 죄목으로 투옥되었다. 유아세례를 거부한다는 이유만으로 하버드대 초대 총장에서 면직당하고 아예 식민지에서 추방된 이는 헨리 둔스터다. 이처럼 신앙의 자유를 위한 피 흘린 역사는 자유 교회가 역사의 짐을 지기 꺼려한 것이 결코 아님을 증거한다.

자, 그러면, 교회가 사회적 의제에 참여할 수 있다면, 아니 참여하고 있다면, 그 참여 행위는 그리스도의 주되심과 신앙의 자유에 따라 세상의 어떤 이데올로기나 경제적 이해관계에 의한 것이 아니어야 한다. 적어도 자유의 원리에서 소극적으로나마 추출할 수 있는 원칙은 이것이다. 특정 정당과 이데올로기, 집단과 기독교 신앙을 결부시키지 말라는 것이다. 교회와 특정 세력과 밀착하게 되면 한편으로 교회의 자유를 제 스스로 부정하는 것이며, 다른 한편으로 그 세력의 흥망성쇠와 부침을 교회가 같이할 수밖에 없다. 이는 명백히 교회의 한계를 벗어난다.

이 글에서는 참여의 구체적 모습을 제시하기 보다, 교회가 세상을 혼합하여 혼탁한 작금의 상황에서는 최소한의 원칙이라도 지키는 것이 급선무라 하겠다. 그것을 짐 월리스는 "하나님은 공화당도 민주당 아니다."라고 했다.[57] 미국의 종교적 우파들이 대통령 선거에서 하나님이 부시 후보의 편이고, 마땅히 그리스도인들은 부시가 당선되도록 투표해야 한다는 주장은 "나쁜 신학이요 위험한 종교"라 질책한다. 그리스도인들은 자신의 근거한 이성에 따라 누구에게도 투표할 수 있다. 다만, 그가 하나 첨부하는 것은 특정한 한두 가지 사안으로 지지하거나 투표하지 말라고 한다. 예컨대, 미국의 기독교 우파는 동성애와 낙태에 치중하여 여타의 중대한 사회적 어젠다에 침묵하는 반면, 기독교 좌파는 전쟁과 가난에만 몰두하여 가족의 가치의 중요성을 간과한다.

손봉호는 "나는 진보도 보수도 아니다"라고 했다.[58] 그는 기독교 신앙이란 진보도, 보수도 아니어서 상황과 여건에 따라 보수도 될 수 있고, 진보도 될 수 있다고 말했다. 하나님은 공화당도 민주당도 아니라는 월리스의 말을 전하자, 그 사람도 내 생각과 같다며 환영하였다. 그는 내게 좌와 우에 치우지지 않는 이유를 말하기를, "나는 그리스도인이다"라고 하였다. 그는 좌파와 우파이기 이전에 무엇보다도 하나님의 자녀로서 그리스도인이라는 자기 정체성에 철저해야 한다고 말한다. 우리의 신분과 신원에 걸맞게 때에 따라 좌와 우와 협력하고 연대해야 한다는 것이다. 이러한 전략적 기동성과 유목민적 사고가 교회가 특정 집단과 결탁하고 타협하는 것을 막아줄 방책일 뿐더러 교회의 자유의 정신에 부합하다. 그럴 때에 우리는 하나님께 궁극적인 충성을 다할 수 있다.

침례교인들에게 민족주의와 애국심은 신앙의 내용이 결코 아니다.[59] 여기에 포함될 목록이 민족주의만이 아니다. 인종주의, 계급주의, 성차별, 군사주의 등이다.[60] 그리고 이런 신앙이 비단 침례교회와 자유 교회에만 국한되는 것은 아니다. 화란 개혁파 신학자인 밥 하웃즈바르트도 교회가 하나님 대신에 주로 섬기는 것들의 이름으로 이데올로기를 지목한다.[61] 그리고 혁명 이데올로기, 민족주의 이데올로기, 물질적 번영 이데올로기, 안보 이데올로기, 이 모든 이데올로기들의 동맹을 거명한다.

그리스도의 충성을 대체하는 유사 신앙과 사이비 종교는 하웃즈바르트의 말처럼 우상에 다름 아니다. 신자의 자유를 앗아가는 위험하고도 위협적인 존재들이다. 기독교인들이 소망하는 하나님 나라는 결코 특정 국가와 동일시 될 수 없으며, 그 순간 타락이 시작한다. 우리의 하나님은 하나님의 한국이지, 한국의 하나님이 아니다.[62] 이를 뒤바꾸면 동시에 신앙의 자유마저 상실한다. 그러므로 주되심을 떠나서 세상과 뒤섞여 자유를 잃어버린 교회를 향해 분명하게 말해야 한다. "전통적인 결혼식의 서약을 뒤집어서 우리는 이렇게 더 크고 분명하게 외쳐야 한다: 하나님이 분리시킨 것을 사람이 합치지 말라!"[63]

V. 맺는 말 : 교회는 다양하다

이 글은 한국교회가 의외로 정치적이었고 보수적이라는 현실 진단에서 시작하였다. 이 판단을 토대로 한국교회의 문제는 이원론이 아니라 혼합주의라고 주장하였다(2장). 그러므로 세상과 구별되는 교회의 정치 참여를 모색하는 신학적 근거는 보수화가 될 가능성이 농후한 창조론이 아니라 그리스도의 주되심의 기독론이라는 것을 4장에서 밝혔다. 오직 예수에게만 충성을 다함으로 세속의 이익과 이해, 이념으로부터 자유로운 교회, 곧 종교와 신앙의 자유를 옹골차게 실천하는 것이 대안이라고 하였다.

이제 기독론과 교회론에 기초한 사회 참여의 신학을 정립함에 있어서 두 가지를 부연하고 마치고자 한다. 하나는 그리스도의 주되심과 교회의 자유에 따른 정치 참여 형태가 단일하지 않다는 점이다.[64] 복음서는 예수를 주로 영접하는 이들의 이야기가 많이 등장한다. 그들이 보이는 한결같은 모습은 예수를 주님으로 인정하는 대목이다. 그러나 보이는 양상은 다르다. 왕이자 주인 예수 앞에 엎드려 경배하고, 그분의 말씀에 절대 복종하는 이들이 있는가 하면, 자신의 재물의 주인됨을 스스로 포기하고 가난한 이웃에게 나누어 주는 자가 있는가 하면, 자신이 하던 직업과 이전의 관계를 정리하고 그리스도의 제자로 동행하기도 한다. 이 모든 행동은 예수 자신이 몸소 하나님 나라이며, 기다려 왔던 메시아이며, 유일한 구원자라는 인식과 믿음으로 설명된다.

이를 반영하는 교회의 모습은 다름 아닌 자유이다. 각자의 믿음과 상황, 여건에 따라 창조적으로 그리스도의 주되심에 자유롭게 반응하고, 실천할 자유는 허락되어 있다. 예컨대, 모든 신자가 주님을 예배해야 마땅하지만, 예배 형식이 천편일률적으로 규정하는 것을 옳지 못하다. 마찬가지로 종교의 자유를 실천하는 교회와 교파에 따라서 약간의 강조점이 다를 수 있다는 것을 인정해야 한다. 그것이 진정한 자유의 정신이기도 하고, 성서가 우리에게 보여주는 신자와 교회의 자유로운 실재이기도 하다.

맥클랜던은 "교회가 세상이 아니다"는 사실과 함께 우리가 겸손하게 받아들여야 할 두 번째는 "기독교 자체는 하나의 일치된 전체가 아니다"는 것임을 말한다.[65] 또한 역사적으로 다양한 교회들이 하나님 나라를 살아냈다는 점을 인정하고 자기만 옳다는 배타적 자세는 지양해야 할 것이다.[66] 어느 한 유형이 모든 상황들 혹은 모든 역사의 시대에 적합하지 않다. 침례교인들은 교회와 국가와의 관계에 대한 성서의 가르침이 다양하다는 것을 인정한다. 종종 그들은 시민 정부에 감사하는 "로마서 13장의 사람들"이었다. 때때로 그들은 필사적으로 국가에 대항하는 "계시록 13장의 사람들"이었다. 그러나 대부분 그들은 국가를 합법화하고 제한성을

두는 "마태복음 22장의 사람들"이었다.[67]

부연할 다른 하나는 주되심과 자유에 이르는 여정이 완결되지 않았다는 점을 기억하는 것이다. "침례교인들은 우리 나라에서 종교의 자유를 유지하는 것은 지속적인 투쟁이라는 사실을 알아야 한다. 경계 없이는 항상 자유를 잃을 가능성이 있다."[68] 이는 뒤로는 현재 우리가 누리는 자유가 타인의 자유를 존중함으로 자신의 자유도 인정받으려 했던 부단한 노력의 결과요 산물이라는 것을 인식하는 것이다. 앞으로는 지금 우리 사회에서 벌어지고 있는 종교와 과학, 종교와 종교, 종교와 사회 사이의 갈등들을 자유의 정신으로 대처하는 깨어 있는 지성과 깊이있는 영성이 요구된다. 현재로는 일찍이 성서와 선조들의 삶의 이야기로 모범을 보이신 주되심과 자유의 전통에 대한 확고한 신념이 필요하다. 우리 주 예수 그리스도가 이기셨고, 예수 안에서 우리는 자유하다. 이것이 교회의 정치 참여의 신학적 근거이고, 복음이고, 우리가 불러야 할 노래이다.

주

1) 침례교회와 자유의 관계는 다음을 보라. Walter B. Shurden, 「침례교의 정체성」, 김태식 옮김 (서울: 서로사랑, 1999). 그리고 Alan Neely, ed, *Being Baptist Means Freedom* (Charlotte, North Carolina: Southern Baptist Alliance, 1988).

2) Shurden, 「침례교의 정체성」, 91.

3) 김승진, 「침례교 신앙의 관점에서 본 요한 칼빈」 (대전: 침례신학대학교출판부, 2007), 197. 김승진에 의하면, 자유교회는 유아세례와 국교 반대, 종교의 자유를 매우 강조한다.

4) 송인규, 「죄 많은 이 세상으로 충분한가」 (서울: IVP, 1984).

5) 이상원 편저, 「한국교회와 정치윤리」 (서울: SFC, 2002).

6) 박득훈, "한국교회와 시민정치," 「한국교회와 정치윤리」, 172.

7) 신국원, 「신국원의 문화 이야기: 문화 전쟁 시대의 기독교 문화 전략」 (서울: IVP, 2002), 130-2.

8) 김지방, 「정치교회: 권력에 중독된 한국 기독교 내부 탐사」 (서울: 교양인, 2007). 책 표지 안쪽에 저자가 자신을 소개하면서 한 말이다.

9) 김지방, Ibid., 23.

10) 이하의 논리적 측면과 역사적 현실 부분은 나의 글을 약간 수정한 것임을 밝혀둔다. 김기현, "교회가 바로서야 정치도 제대로 한다," 「공격적 책읽기」 (서울: SFC, 2004), 184-86.

11) H. Richard Niebuhr, 「그리스도와 문화」, 홍병룡 옮김 (서울: IVP, 2007). 155. 니버의 유형론적 입장에는 심각한 문제가 있다. 그가 문화와 대립하고 배척한다고 한 분리

모델은 대조 모델이라 해야 적절하고, 그는 객관적으로 다섯 모델을 제시하는 듯이 보여도 자신의 개혁주의 모델만을 변혁 모델로 명칭하여 자신이 견지하는 입장이 무엇인지를 암묵적으로 독자들에게 전달하고 있다. 이를 더 다루는 것은 본 논문의 초점에서 벗어난다. 이 점에 대한 풍부하고 깊이 있는 분석과 비판은 다음을 보라. Glen H. Stassen, D. M. Yeager & John H. Yoder, *Authentic Transformation: A New Vision of Christ and Culture* (Nashville: Abingdon Press, 1996).

12) 박득훈, Ibid., 182.

13) 이에 대한 한국교회사적 성찰과 자료는 다음을 참조하라. 김권정, "한국교회 정치 참여 변절사," 「복음과 상황」, 200호 (2007. 6): 26-31.

14) 백종국, "한국의 천민자본주의와 기독교: 1990년대 한국 체제의 윤리적 성격을 중심으로," 「한국교회와 정치윤리」, 205쪽의 f.n. 3.

15) 백종국, Ibid., 202.

16) John H. Yoder, *Body Politics: Five Practices of the Christian Community Before the Watching World* (Scottdale: Herald Press, 1992), ix.

17) John H. Yoder, 「제자도, 그리스도인의 정치적 책임」, 김기현 옮김 (서울: KAP, 2007), 89.

18) John H. Yoder, 「예수의 정치학」, 신원하, 권연경 옮김 (서울: IVP, 2007), 36.

19) Yoder, Ibid., 27-31.

20) Yoder, Ibid., 35.

21) 송인규, 「죄 많은 이 세상으로 충분한가」, 10.

22) Robert Webber, 「기독교 문화관」, 이승구 옮김 (서울: 엠마오, 1984), 185.

23) Albert Wolters, 「창조 · 타락 · 구속」, 양성만, 홍병룡 옮김 (서울: IVP, 2007), 22-23.

24) Hermann Dooyeweerd, 「서양문화의 뿌리」, 문석호 옮김 (서울: 크리스찬다이제스트, 1994), 93.

25) Richard Middleton, Brian Walsh, 「그리스도인의 비전」, 황영철 옮김 (서울; IVP, 1987), 50.

26) Dooyeweerd, 「서양 문화의 뿌리」, 66.

27) John H. Yoder, *The Christian Witness to the State* (Newton, Kansas: Faith And Life Press, 1964), 34.

28) J. Richard Middleton, "Is Creation Theological Inherently Conservative? A Dialogue with Walter Brueggemann," *Harvard Theological Review* 87:3 (1994): 257-77.

29) 창조의 해방적 성격을 미들톤은 다음 책에서 꼼꼼하게 논증하고 있다. J. Richard Middelton, Brian Walsh, 「포스트모던 시대의 기독교 세계관」, 김기현, 신광은 옮김 (서울: 살림, 2007), 288-351.

30) Walter Brueggemann, "Is Creation Theologically Inherently Conservative?" *Harvard Theological Review* 87:3 (1994): 283.

31) Wolters, 「창조 · 타락 · 구속」, 49.

32) Jacques Ellul, 「원함과 행함」, 양명수 옮김 (서울: 전망사, 1990), 41-7.

33) John Yoder, *Body Politics: Five Practices of the Christian Community Before the Watching World* (Scottdale: Herald Press, 1992), 35.

34) Richard Hays, 「신약의 윤리적 비전」, 유승원 옮김 (서울: IVP, 2002), 251 & 239-41.

35) 김선정, 「요한복음서와 로마황제숭배」 (서울: 한들출판사, 2003). 93, 103.

36) 김선정, Ibid., 129.

37) 김선정, Ibid., 164.

38) N. T. Wright, 「예수와 하나님의 승리」, 박문재 옮김 (서울: 크리스챤다이제스트, 2004), 461-2.

39) 이 생각은 레슬리 뉴비긴에게서 온 것이다. Lesslie Newbigin, 「복음, 공공의 진리를 말하다」, 김기현 옮김 (서울: SFC, 2008), 82.

40) Hays, 「신약의 윤리적 비전」, 311.

41) James Wm. McClendon, Jr., *Ethics: Systematic Theology I* (Nashville: Abingdon, 1986), 17. 맥클랜던의 신학이 탈현대적이면서도 탈콘스탄틴적이고, 그러면서도 철저히 침례교도(baptist)라는 것을 다음 책에서 나는 서술하였다. 김기현, 「맥클랜던의 반기초주의 신학」 (서울: 한국학술정보, 2006).

42) 김기현, "이원론 vs 혼합주의," 「복음과 상황」, 196 (2007. 2): 109-15.

43) Shurden, 「침례교의 정체성」, 13.

44) Martin Luther, 「말틴 루터의 종교개혁 3大논문」, 지원용 옮김 (서울: 컨콜디아사, 1993).

45) Shurden, 「침례교의 정체성」, 16.

46) 최봉기 편 · 감수. 「침례교회: 신앙 · 고백 · 전통 · 실천」 (대전: 침례신학대학교 출판부, 1997), 337-47. 이하 최봉기 편, 「침례교회」로 표시한다.

47) 김승진도 동일한 주장을 한다. "국가가 특정 종교나 특정 교파만을 편애하거나 지원해서는 안 되며, 동시에 특정 종교나 특정 교파만을 미워하거나 박해를 가해서도 안 된다는 의미이다"(김승진, 214).

48) 최봉기 편, 「침례교회: 신앙 · 고백 · 전통 · 실천」, 341

49) Shurden, 「침례교의 정체성」, 82.

50) Hobbs & Mullins, 「기독교 신앙의 6대 공리」, 188.

51) 김승진, Ibid., 204. 이 말은 휘브마이어의 것이다.

52) Neely, *Being Baptist Means Freedom*, 87-89. W. P. Tuck는 단호하게 미국은 기독교 국가가 아니라고 확언한다. 최봉기 편, 「침례교회: 신앙 · 고백 · 전통 · 실천」, 345.

53) 한국교회의 지도자들의 위험천만한 정치적 발언, 곧 종교의 자유의 경계선을 허무는 실제 발언에 대해서는 김지방의 책을 보라. 이 발언에 대한 그의 판단에 동의하지 않더라도 위험하다는 점에는 의견을 같이한다.

54) Hobbs & Mullins, 「기독교 신앙의 6대 공리」, 189.

55) 최봉기 편, 「침례교회: 신앙 · 고백 · 전통 · 실천」, 325. 셔든은 미국 남침례교회가 대교단이 되면서 자유 주장이 약화되었다고 본다. 「침례교의 정체성」, 79.

56) Hauerwas & Willimon, 「하나님의 나그네된 백성」, 59.

57) Jim Wallis, 「하나님의 정치」, 정성묵 옮김 (서울: 청림출판, 2008), 25.

58) 손봉호의 말은 나와의 개인적 대화에서 한 것이다.

59) Shurden, 「침례교의 정체성」, 86.

60) Anne Thomas Neil, "The Freedom to Work for Global Justice," Neely, ed, *Being Baptist Means Freedom*, 73-9.

61) Bob Goudzwaard, 「현대 우상 이데올로기」, 김재영 옮김 (서울: IVP, 1987).

62) 이는 "미국인들의 하나님을 경축하지 미국적 하나님은 아니다."는 맥클랜던의 말을 조금 바꾸어 사용하였다. James Wm. McClendon, Jr., *Biography as Theology: How Life Stories Can Remake Today's* Theology, new edition (Philadelphia: TPI, 1990), 140.

63) Hobbs & Mullins, 「기독교 신앙의 6대 공리」, 205.

64) 김기현, "개혁주의 세계관 비판과 변혁 모델의 다양성," 「신앙과 학문」, 제8권 2호 (2003. 12): 7-37.

65) McClendon, *Ethics*, 18.

66) Howard Snyder, 「하나님 나라의 모델」, 이철민, 이승학 옮김 (서울: 두란노, 1999). 김기현, "개혁주의 세계관 비판과 변혁 모델의 다양성," 「신앙과 학문」, 제8권 2호 (2003. 12): 7-37.

67) Shurden, 「침례교의 정체성」, 76.

68) 최봉기 편, 「침례교회: 신앙 · 고백 · 전통 · 실천」, 346.

참고문헌

김권정, "한국교회 정치참여 변절사." 「복음과 상황」, 200호 (2007. 6): 26-31.

김기현. "개혁주의 세계관 비판과 변혁 모델의 다양성." 「신앙과 학문」, 제8권 2호 (2003. 12): 7-37.

__________. 「공격적 책읽기」. 서울: SFC, 2004.

__________. "이원론 vs. 혼합주의." 「복음과 상황」, 196호 (2007. 2): 109-115.

김승진. 「침례교 신앙의 관점에서 본 요한 칼빈」. 대전: 침례신학대학교출판부, 2007.

김지방. 「정치교회: 권력에 중독된 한국 기독교 내부 탐사」. 서울: 교양인, 2007.

송인규. 「죄 많은 이 세상으로 충분한가」. 서울: IVP, 1984.

신국원. 「신국원의 문화 이야기: 문화 전쟁 시대의 기독교 문화 전략」. 서울: IVP, 2002.

이상원 편저. 「한국교회와 정치윤리」. 서울: SFC, 2002.

최봉기 편 · 감수. 「침례교회: 신앙 · 고백 · 전통 · 실천」. 대전: 침례신학대학교 출판부, 1997.

Basden. Paul, & Dockery David S. eds. *The People of God: Essays on the Believers' Church*. Nashville: Broadman Press, 1991.

__________. ed. 「침례교 신학의 흐름: 1845년부터 최근까지」. 침례교신학연구소 옮김. 대전: 침례신학대학교 출판부, 1999.

Brueggemann. Walter. "Is Creation Theologically Inherently Conservative?" *Harvard Theological Review* 87:3 (1994): 279-89.

Dooyeweerd. Hermann.「서양문화의 뿌리」. 문석호 옮김. 서울: 크리스찬다이제스트, 1994.

Jacques Ellul.「원함과 행함」. 양명수 옮김. 서울: 전망사, 1990.

Estep, William.「재침례교도의 역사」. 정수영 옮김. 서울: 요단출판사, 198??.

Goudzwaard. Bob.「현대 우상 이데올로기」. 김재영 옮김. 서울: IVP, 1987.

Hauerwas. Stanley & Willimon, William H.「하나님의 나그네된 백성」. 김기철 옮김. 서울: 복 있는 사람, 2008.

Hays. Richard.「신약의 윤리적 비전」. 유승원 옮김. 서울: IVP, 2002.

Hobbs. Herschel H. & Mullins, Edgar Y.「기독교 신앙의 6대 공리」. 김용복 옮김. 대전: 침례신학대학교 출판부, 2005.

Martin Luther,「말틴 루터의 종교개혁 3大논문」, 지원용 옮김 (서울: 컨콜디아사, 1993).

James Wm. McClendon, Jr., *Ethics: Systematic Theology I* (Nashville: Abingdon, 1986),

__________. *Biography as Theology: How Life Stories Can Remake Today's Theology*, new edition (Philadelphia: TPI, 1990),

Middleton, J. Richard. "Is Creation Theological Inherently Conservative? A Dialogue with Walter Brueggemann." *Harvard Theological Review* 87:3 (1994): 257-77.

Middleton. J. Richard & Walsh. Brian J.「그리스도인의 비전」. 황영철 옮김. 서울: IVP, 1987.

__________.「포스트모던 시대의 기독교 세계관」. 김기현, 신광은 옮김. 서울: 살림, 2007.

Neely. Alan, ed. Being *Baptist Means Freedom*. Charlotte, North Carolina: Southern Baptist

Alliance, 1988.

Newbigin. Lesslie.「복음, 공공의 진리를 말하다」. 김기현 옮김. 서울: SFC, 2008.

Niebuhr. H. Richard.「그리스도와 문화」. 홍병룡 옮김. 서울: IVP, 2007.

Stassen, Glen H. & Yeager. D. M. & Yoder. John H. *Authentic Transformation: A New Vision of Christ and Culture*. Nashville: Abingdon Press, 1996.

Shurden. Walter B.「침례교의 정체성」. 김태식 옮김. 서울: 서로사랑, 1999.

Wallis, Jim.「하나님의 정치」. 정성묵 옮김. 서울: 청림출판, 2008.

__________.「회심」. 정모세 옮김. 서울: IVP, 2008.

Robert E. Webber,「기독교 문화관」. 이승구 옮김. 서울: 엠마오, 1984.

Wolters. Albert M.「창조 · 타락 · 구속」. 양성만 옮김. 서울: IVP, 1992.

Wright. N. T.「예수와 하나님의 승리」. 박문재 옮김. 서울: 크리스챤다이제스트, 2004.

Yoder. John H.「제자도, 그리스도인의 정치적 책임」. 김기현 옮김. 서울: KAP, 2007.

__________.「예수의 정치학」. 신원하, 권연경 옮김. 서울: IVP, 2007.

__________. *The Christian Witness to the State*. Newton, Kansas: Faith And Life Press, 1964.

__________. *Body Politics: Five Practices of the Christian Community Before the Watching World*. Scottdale: Herald Press, 1992.

제9장
침례교회 특성의 현장목회 적용

김 현 철 | 목산교회

Ⅰ. 들어가는 말

1~5장에서 침례교회의 특성에 관해 신학적이고 역사적인 근거를 밝혔다. 모든 신자가 하나님의 백성으로서 동일한 권리를 가질 수 있는 만신자 제사장주의, 모든 신자가 목회자로서의 책임을 지니는 만신자 목회자주의, 그리고 개교회가 타단체의 간섭이나 지배를 받지 않고 독립적인 행정의 권위를 가지는 개교회주의, 이 세 가지 철학적 기조를 하나로 묶는 정신이 회중주의이고, 회중주의가 교회행정 전반에 적용되어야 한다. 1988년 2월 28일 창립하여 21년의 역사를 가진 목산교회 행정의 실상을 통해 어떻게 침례교회의 특성인 회중주의가 적용되었는지를 소개하고자 한다.

목산교회는 개척하기 전에 창립 구성원이 될 두 목회자 가정이 3개월에 걸쳐 성경적인 목회철학과 행정방침을 정립하고 나서 목회를 시작했다.[1] 그래서 목산교회의 특징 중 하나는 일관성이다. 창립 당시나 현재나 프로그램, 행정, 행사가 동일하다. 교회의 역사와 함께 성령님께서 추가한 소명이 있어서 사역의 범위와 양이 늘어나기는 했으나 정책이 바뀐 적은 없다는 뜻이다. 시행착오를 겪으며 조정해 온 것이 아니라 초지일관하게 목회철학과 행정방침을 유지해 왔다. 교인들은 목회의 실험대상이 아니기 때문이다. 교회의 신앙정신, 목회철학, 행정방침을 상세히 담은 공동체의 약속문서가 헌장과 규약이다. 헌장과 규약에 명시되어 있고 그것을 실행한 내용들로 본론을 구성한다.

Ⅱ. 회중의 정의(定義) – 교회회원권

모든 회중이 공동체 생활에서 교인으로서 동일한 권리를 지니고 행정과 정치에 참여하는 직접민주주의를 회중주의라고 한다. 여기서 회중주의라고 할 때, 침례교회 행정에서는 회중의 정의가 매우 분명하게 결정되고 또한 실행되어야 한다. 왜냐하면 회중이라고 하는 사람들이 교회 행정의 방향을 결정할 수 있기 때문이다. 주일을 기준으로 할 때, 교회당에 모이는 사람들에는 세 종류가 있다: 불신자, 신자, 신자 중 교회회원. 교회당이라는 건물에 모여서 기독교 형식에 참여한 사람들이 모두 하나님의 백성은 아니다. 개인적이고 인격으로 회심(回心)의 체험이 있는 신자들만이 하나님의 백성이다. 목산교회 헌장 제6장에는 신자를 '죄인임을 회개하고 부활하신 예수님을 인생의 주님으로 고백한 사람' 으로 정의한다.[2] 이렇게 신자와 불신자의 구분 없이 교회를 목회할 때는 복음적이고 성경적인 공동체를 이룰 수가 없다. 교회가 다른 사회집단과 구별되어 정체성을 유지하기 위한 가장 필수적인 요소는 개개인의 회심이다. 현재 목산교회는 성인 기준으로 참석자의 87%가 신자이고, 13%가 불신자이다. 그러면 어떻게 신자와 불신자가 통계적으로도 확인이 되는가? 참석자들이 교제 없이 예배의식만 참석하고 집으로 돌아가는 생활을 한다면 그 사람의 정체를 파악할 수는 없다. 그러나 신앙의 유무여부와 관계없이 모든 참석자들이 소그룹별로 소속이 되어 있고 소그룹별로 다양한 교제의 기회를 가지고 있기 때문에 어느 정도 시간이 지나면 자신과 하나님의 관계는 확연히 드러나게 된다. 누군가 영적인 재판관이 되어서 다른 사람을 평가하는 일은 없다. 본인 스스로가 예수님을 주님으로 믿었는지 안 믿었는지에 대해 증언하는 고백을 근거로 해서 신자와 불신자를 파악하게 되는 것이다. 목산교회 교인들 중 50%가 재침례를 받았다. 이 사실은 교인 50%가 과거 불신자인 상태에서 침례(또는 산수례)를 받고, 교회의 직분을 얻었으며 열심히 교회 활동을 했다는 뜻이다. 얼마나 교회들이 복음전파와 개인구원에 무심했는지를 여실히 보여 주는 증거이기도 하다.

교회당에 출석하는 신자가 회중인가? 그렇지 않다. 신자들 중에는 아직 목산교회를 자신의 지역교회로 확정 짓지 못한 채 관찰하고 기도하며 대기 중인 신자들이 있다. 한 지역교회의 회중이란, 그리스도의 몸인 교회에 자신을 지체로서 책임있게 연관시키겠다는 헌신이 있는 신자를 일컫는다. 교회의 머리되신 예수님을 주님으로 믿고 헌신할 때 개인의 구원이 이루어진다. 그렇게 구원 받은 신자들이 그리스도의 몸인 교회에 헌신할 때 비로소 한 교회의 회원권을 지닌 회중이 되는 것이다. 이렇게 회원권이 있는 회중이 될 때에 그가 교회에서 행정에 관해 권리와 의무를 지니게 되는 것이다. 현재 목산교회의 신자들 중 62%가 교회회원권을 지닌 회중이고, 이들이 사무처리회에서 의결권과 피선거권을 행사한다. 신학적으로 말한다면, 목산교회는 38%의 우주적 교회와 62%의 지역교회로 구성되어 있고, 그들은 전체 인구대비 13%의 전도대상자들을 접촉하고 있다고 표현할 수 있다.

전 세계 모든 교파, 모든 개교회의 규약 제1장은 교회회원권에 관한 규정이다. 그러나 안타깝게도 규약의 제1장이 무엇인지도 모르고, 그것을 제대로 적용하는 교회도 그리 많지 않다. 따라서 신자와 불신자 구분 없이 교회의 의사결정에 참여하는 비극적인 일들이 벌어지고, 교회를 사랑하여 어떤 희생을 치르고도 책임을 지고자 하는 지체의식이 전혀 없는 방관적 신자들이 교회의 행정을 좌지우지하는 일도 벌어질 수 있는 것이다. 목산교회가 회중주의라는 침례교회의 특성을 잘 유지할 수 있었던 비결은 개척 초기부터 규약 제1장 교회회원권 제도를 잘 지켰기 때문이다. 목산교회에서는 다음의 조건을 갖춘 사람에게 회원권이 부여되어 회중으로 교회의 행정과 정치에 참여할 수 있다: (1) 회심의 체험이 있는 신자; (2) 침수침례를 받은 신자; (3) 기초 양육 프로그램을 이수한 신자; (4) 주중에 있는 회원들의 셀모임(세포모임)에 정기적으로 참석하기로 헌신하는 신자.

교회의 회원권 자격은 교회마다 차이를 둘 수 있다. 대부분의 교회는 기본적으로 회심과 침례를 기준으로 할 것이다. 거기에 목산교회가 추가한 자격요건 두 가지에는 의미가 있다. 전도를 통해 구원의 복음을 듣고 회심하여 예수님을 주님으로 영접한 새 신자들은 「신앙생활입문」이라는 교재를 사용하여 초기 양육을 받는다. 구원, 그리스도의 사죄, 성경, 기도,

경건의 시간, 교제와 간증, 전도, 수레바퀴의 삶, 성경적인 헌금, 예배, 교회사 2000년, 교회, 성경공부방법과 교회학교 안내 등의 주제로 구성된 내용을 14주간 양육 받으면서 목산교회가 지향하는 신앙정신과 목회철학을 배우면서 스스로 지역교회를 어떻게 결정할 것인지를 심사숙고하게 된다. 양육과정을 마친 후에 침례[3]를 신청하게 되고, 그 이후에 교회회원권을 신청한다. 기회원(旣會員)의 입장에서는 새롭게 회원이 되어서 함께할 형제자매가 누구인지를 알아야 할 시간이 필요한데, 새 신자 양육 기간과 회원권을 신청하기에 이르는 기간이 교제의 시간이 되어준다. 예수님을 믿은 신자가 회원이 되는데 걸리는 기간은 보통 1년 이상이다. 소위 교회등록이라는 것이 한두 주간에 쉽게 이루어지는 것이 아니다. 왜냐하면 교회란 하나님의 가족이고, 교인이 된다는 것은 하나님의 가족에게 자신의 인생을 평생 헌신하는 것이기 때문이다. 교회를 하나의 종교기관이나 기독교학원처럼 생각하여 프로그램만 참석하는 사람들을 교인이라고 하지는 않는다. 교회의 다른 형제자매들과 유기적인 관계를 형성하고 서로가 서로의 인생살이에 대해서 책임지는 태도로 관계를 유지하는 신자들을 교인이라고 한다. 이러한 교회의 본질을 시사하는 단어가 세포(셀 cell)이다. 최근 15년 사이에 셀목회, 셀교회라는 용어가 많이 사용되었다. 그런데 안타깝게도 소그룹 목회방식을 일컫는 또 다른 용어로 오해되었다. 세포라는 용어를 사용해서 교회가 하나님의 가족으로서 유기적인 공동체라는 본질적인 의미를 시사하고자 했던 것이지만 사용자들이 잘못 인용해서 목회기술로 전파한 실수를 저질렀다. 전 세계 모든 교회는 셀교회, 즉 세포적 공동체이다. 예수님의 의도를 따른다면 세포공동체가 아닌 교회는 단 한 교회도 없는 것이다. 다만 각각의 세포공동체가 진짜 하나님의 가족으로서 얼마나 생동감과 생명력을 나타내는가에는 차이가 있다. 교회의 본질인 세포관계를 유지하기 위해서 목산교회 회원권 자격 중에는 주중에 교회회원들만이 모이는 셀모임에 필수적으로 참여하는 헌신을 요구하고 있다. 셀모임은 또 다른 프로그램이 아니다. 마치 가족이 저녁에 모여서 자신의 모습을 있는 그대로 노출하며 의사소통하듯이 교회 회원들이 모여서 자신의 영적인 상태를 서로 보여 주며 대화하는 것이 셀모임이다. 새 신자 양육과정에서 교회론을 분명히 가르치고, 그 교회론에 입각해서 교회에 헌신하도록 안내한다. 모든 신자들이 교육을 받고 보관하고 있는 교회론에 관한 자료로는 '교인이 된다는 것'이 있습니다.[4]

신자가 목산교회의 회원이 되기를 신청하면, 사무처리회를 기점으로 해서 '회원인준의뢰서'[5]를 작성하여 모든 기회원이 참고할 수 있도록 배부한다. 기회원들은 3개월 이내에 찬반 투표를 하여 기회원 3/4 이상의 찬성으로 다음 사무처리회에서 회원 인준을 받는다. 이 때로부터 회원권이 발효되어 발언권, 의결권, 피선거권을 가진다. 과연 반대표가 많아서 회원 인준이 되지 않는 경우도 있는가? 각 그룹의 담당목자와 전임목회자들이 가지고 있는 개인정보에 따라서 반대표가 많을 정도로 아직 준비가 되지 않은 신청자는 개인적으로 권면하여 회원신청을 지연하거나 보류시키도록 하기 때문에 회원인준의뢰가 된 상태에서 회원권이 거부된 경우는 거의 없다. 교회의 영적 지도자들이 여과장치의 책임을 해야 불미스러운 일이 생기지 않을 것이다. 실제로는 회원인준의뢰가 된 상태에서 득표수가 모자라서 한 분기(3개월) 인준이 지연된 경우가 있었다.

회중주의를 지향하는 침례교회에서 회중의 범위를 분명히 하지 않을 때는 성경적인 교회정치제도를 선택했음에도 불구하고 실효를 경험할 수가 없다. 침례교회의 특성을 드러낼 수 있는 가장 핵심적인 조건은 회중의 정의, 즉 회원권 제도를 분명히 하는 것이다.

교회의 의사결정 주체인 회중을 공동체에 헌신한 회원들로 정의했을 때도 궁극적으로는 한 가지 한계점이 있다. 그것은 인간이기 때문에 어쩔 수 없는 한계인데, 회원들이 기도하는 신자들인가 하는 문제이다. 사도행전 1장에서 가룟 유다를 대체할 사도를 추가로 인선하는 일은 기존의 열한 명 사도의 몫이 아니었고 100여 명의 회중에게 맡겨진 일이었다. 공동체 회중이 사도의 자격자로 추천한 교인이 두 명이었기에 할 수 없이 제비뽑기로 한 명을 선발한다. 이 과정에 참여한 회중의 특징은 함께 모여 기도에 전념하던 신자들이었다. 사도행전 13장에서 바울과 바나바를 성령님께서 해외선교사로 파송하기를 원하는지에 대해서는 그 뜻을 두 사람만이 구한 것이 아니라 함께 금식기도하던 회중이 있었고 그들의 합심에 의해서 파송이 결정되었다. 이와 같이 교회는 교인들의 의견을 다수결로 결정하는 집단이 아니라 성령님의 뜻을 기도 중에 구하여 교인들이 합심에 이르고 받들게 된 성령님의 뜻에 순종하는 집단이다. 그러므로 의사결정을 하게 되는 회중은 항상 기도하여 성령님의 뜻을 잘 파악할 수 있는 신자이어야 한다. 회중의 기도를 전제하고 회원권을 부여하는 것이지만 실제로 기도하는지 여부는 일일이 조사하고 판단할 수 없는 일이기 때문에 회원권제도의 한 구석에는 끝끝내 부족한 부분이 있을 수밖에 없다. 다만 그 부족한 부분이 대세를 결정할 만큼은 크지 않아서 교회가 항상 성경적인 결정과 행동을 할 수 있기를 바랄 뿐이다.

Ⅲ. 장로가 없는 이유, 대의원이 필요 없는 이유

어떤 사회집단이든지 나이 든 사람, 즉 장로(長老)는 있게 마련이다. 한 가정에도 '집안 어른'이 있으며, 주거지를 중심으로 '동네 어른'이 있다. 마찬가지로 직장에도 '어른'이 있고, 국가기관에도 '어른'이 있고, 교회에도 '어른'이 있다. 여러 연령계층이 모인 집단이라면 장로의 존재는 필연적이다. 이집트를 탈출한 히브리인 공동체에도 장로가 있었고, 바벨론 포로에서 귀환한 유다족 공동체에도 장로가 있었으며, 현재 한국 사회에도, 미국에도, 유럽에도 장로(공동체의 어른)는 있다. 어떤 집단에서 많은 세월을 지내며 경험이 누적된 어른들은 상담가로서, 지도자로서, 판정관으로서, 행정가로서의 자질을 기본적으로 인정받게 되는 것이다. 그러나 현대교회에서 사용되는 장로라는 용어는 교회행정체제, 또는 정치제도와 연관되어 특별한 임직(任職)을 가리키는 용어이다. 그렇다면 침례교회에서 장로를 세울 것인가, 아닌가의 문제의 해답은 간단하다. 왜냐하면 침례교회가 성경적이라고 생각하고 채택하는 행정체제에 따라 장로라는 임직의 필요여부가 결정될 것이기 때문이다.

모든 교회가 행정에 있어서는 한 개인의 의사와 신앙양심의 자유를 존중하는 민주주의를 채택한다. 그런데 대부분의 교회는 전체 회중의 의사를 대표하는 소수의 사람들에게 교회의 운영을 주도케 하는 대의민주주의(간접민주주의)를 채택하고 있다. 즉, 대의원들에게 의사결정권과 집행권을 위임하여 그들로 하여금 행정을 하도록 하는 방식이다. 그렇기 때문에 대의기구인 당회(堂會)를 구성하고, 장로라는 임직명을 가진 대의원들이 그 구성원이 되는 것이다. 그러므로 대의민주주의를 행정체제로 채택하는 한, 대의원이라는 의미의 장로(어른이라는 일반적 의미의 장로가 아닌)를 반드시 필요로 하게 된다. 이에 비해 침례교회는 모든 회중이 정보를 공유하고, 의사를 개진하고, 결정된 교회의 일에 참여하는 회중민주주의(직접민주주의)를 채택한다. 그러기에 장로(대의원)라는 임직이나 당회라는 대의기구를 필요로 하지 않는다. 목산교회는 주요 의사결정은 모두 사무처리회를 통해서 한다. 정기 사무처리회가 3개월에 한 번씩 지정되어 있고, 필요에 따라 임시 사무처리회를 개최할 수 있다.

실상 많은 침례교회가 회중민주주의를 실천하지 못하고 있다. 침례교 신앙정신 중의 하나로 회중민주주의의 정당성을 이론적으로는 강조하면서도 그것을 어떻게 실천해야 할지에 대해서는 무지한 것 같다. 예를 들어, 제직회나 안수집사회의, 또는 운영위원회라는 그 제도의 합법적, 성경적, 교단적 근거가 희박한 대의제도를 도입해서 교회를 운영하고 있는 경우를 발견하게 된다. 정작 침례교 행정의 꽃이라고 할 수 있는 사무처리회를 의미있게 활용하지 못하고 있다. 그러기에 일차적으로는 침례교 지도자들이 침례교 정치제도나 행정방법에 대해 철저한 재교육을 받아야 할 필요가 있다.

Ⅳ. 직분만 있고 직급은 없다

회중주의의 역사는 창조로부터이다. 사람 위에 사람 없고 사람 밑에 없다는 사회의 상식은 당연히 교회에도 적용되어야 한다. 따라서 신자 위에 신자 없고 신자 밑에 신자 없다는 연장선상에서, 교회 위에 교회 없고 교회 밑에 교회 없다. 그러나 로마제국에서 4세기 말 지배국가를 통합하기 위한 수단으로 로마 가톨릭교라는 새로운 종교방식을 국교화하면서 로마제국의 권력구조를 그대로 벤치마킹(bench marking)한 것이 신자간 계층제도(hierarchy)이다. 로마의 권력이 황제, 원로원, 천부장, 백부장, 사병으로 상하구조를 이루고 있듯이, 로마 가톨릭교도 똑같이 교황, 추기경단, 주교, 사제, 평신도의 상하구조를 형성했다. 16세기 이후 개혁을 시도했다고 하는 기독교 교파들도 과거의 가톨릭 구조에서 벗어나지 못한 채, 목사, 장로, 권사, 집사, 평신도라는 상하구조가 신자들 사이에 있는 것으로 오해하고 있다. 소위 성직자라고 하는 자들이 왜 특이한 복장(가운)을 입게 되었는가? 군인들이 계급을 식별하기 위해서 복장을 달리 하듯이 교회에서 자신의 직급을 표시하기 위해서 일반인과 구별되는 복장을 하게 된 것이다. 이런 잘못된 관습은 목산교회에서는 찾아볼 수 없다.

하나의 몸을 이루고 있는 교인 각자가 지체로서 자신의 역할과 직분이 있을 뿐 교인과 교인 사이에 높낮이가 있는 직급이란 있을 수가 없다. 목산교회에는 성경적인 직분 두 가지, 목사와 집사가 있다. 목사라는 역할을 지녔다고 해서 그 사람이 높은 사람은 아니다. 목산교회의 집사는 550명 성인 중에서 4명이다. 사도행전에서 유래한 집사는 교인들의 구제를 담당할 관리인인데 구제위원이 수십 명, 수백 명씩 필요하지는 않을 것이다. 집사라는 역할을 지녔다고 해서 그 사람이 다른 신자들보다 높은 사람은 아니다. 집사는 구제위원이라는 직분을 맡은 교인일 뿐이다.

교인들간의 호칭은 대부분 형제, 자매를 사용한다. 목사나 집사라는 직분명은 공식적인 자리에서 사용하는 용어이고 개인적인 자리에서는 형제, 자매를 사용할 수 있다. 목사를 형제라고 불렀다고 기분 상한다면 그

목사는 분명히 성직자 계급의식을 가진 사람일 것이다. 그는 의식개혁을 해야만 제대로 성경적인 목회를 할 수 있을 것이다.

V. 권위는 있고 권력은 없다

회중주의의 역사는 창조로부터이다. 사람 위에 사람 없고 사람 밑에 없다는 사회의 상식은 당연히 신자 위에 신자 없고 신자 밑에 신자 없다는 교회 공동체 정신으로 이어진다. 그러므로 그리스도의 몸을 이루고 있는 지체들 사이에는 어떤 계급이나 권력의 구조가 생겨서는 안 된다. 각 지체가 하나님으로부터 부여 받은 직분과 역할에 대해서는 권위도 함께 주어질 것이지만, 다른 사람보다 우위의 권력이 주어지는 것은 아니다. 권위(authority) 없는 사역이란 상상할 수 없다. 그러나 권위가 인정되었다고 해서 그 사람이 권력(position power)을 가진 것은 아니다. 이런 인간 본연의 태도가 불신자의 사회조직에서는 없어진 지 오래이다. 모든 사회집단이 권력에 의한 계서(階序) 구조를 가지고 있다. 이에 반해서 교회 공동체는 계서가 없는 자유평등 공동체가 되어야 하는 것이 마땅하다. 그러나 안타깝게도 세속의 권력구조가 오래 전부터 교회에 도입되어서 현재까지 왔기 때문에 교인들도 목사나 전도사나 목자나 집사가 윗사람이고 일반 교인과는 다른 권력을 가졌다고 오해하는 것이 보통이다. 이런 잘못된 전통을 척결하는 일은 교회 지도자들의 몫이다.

권력구조의 잘못된 전통이 교회에 남긴 후유장애 증세는 이른바 설교권, 집례권, 축도권 등의 '권'(權)[6]이다. 로마 가톨릭교와 같은 계서집단에서나 있을 수 있는 성직자 계급의식이 기독교 교회에서도 사라지지 않았기 때문에 특정한 사역에 있어서는 불가침적 권역(圈域)을 만들어 버렸다. 설교는 꼭 목사만이 할 수 있는가? 성경 어디에도 없는 사상이다. 침례나 주의 만찬의 집례는 꼭 목사만이 할 수 있는가? 성경 어디에서도 찾아볼 수 없다. 만일 그렇다면 성경에 등장하는 수많은 믿음의 선조들은 '불법을 행하는 자들'이라고 해야 할 것이다. 우리는 솔직히 고백해야 한다. 어떤 기득권 세력이 두려워서 성경보다는 로마 가톨릭교의 해묵은 전통을 뒤따라 왔다고.

축도는 잘못된 '권'의 총아라고 할 수 있다. 과연 예배의식 말미에 배치된 축도의 유래는 무엇인가? 오래 전 로마 가톨릭교의 기도서(미사예식서)에 마지막 순서로 강복(降福 benediction)이 있었다. 가톨릭교의 교황은 신의 대리자로서 신께 복을 기원할 필요 없이 스스로 위임 받은 권력을 사용해서 복을 나누어 줄 수 있다고 생각했다. 지금도 제대로 교육 받은 로마 가톨릭 교인이라면 "교황이 축복했다" 또는 "교황이 축도했다"는 말을 누군가 한다면, "교황은 축복하는 분이 아니라 강복하는 분입니다"라고 수정을 요구하며 항변할 것이다. 로마 가톨릭교의 잘못된 전통이 고스란히 기독교에 전수되어 그 누구도 의문을 제기하지 않고 바울이 고린도 교회에 보낸 편지의 마지막 문구를 그대로 구술하는 것을 목사만의 특권으로 여기고 있다. 기도 내용이 주로 원하는 복을 간구하는 것일 때 그런 기도를 축복기도라고 하고, 줄여서 축도(祝禱)라고 부른다. 그렇다면 교인들 중에서 실제로 누가 가장 많이 축도를 하는가? 그것은 기독교의 기도와 이방인의 기도를 아직 분별하지 못하는 초신자들이다. 갓 예수님을 믿은 사람들은 불신자 때와 마찬가지로 신을 향하여 자기가 원하는 것을 요청하는 내용의 기도를 많이 하게 된다. 하나님과 의사소통을 한다든지, 감정을 교류한다든지 하는 대화로서의 기도는 아직 익숙하지 않기 때문이다. 이미 목사들보다 교인들이 축도를 많이 하고 있으니 잘못된 전통을 따른다면 교인들은 월권행위를 수없이 하고 있는 것이다.

목산교회는 전교인 집회에서는 주로 담임목사가 사회를 보며 집회를 인도하지만 목사만이 그런 특권을 가졌기 때문이라고 생각하지 않는다. 설교도 교회 회원이라면 그 누구라도 할 수 있다. 침례식을 행할 때 담임목사가 인도를 하는 가운데 전도자가, 목자가, 또는 부모가 침수의 집례를 하기도 한다. 주의 만찬을 기념할 때도 분병(分餠), 분잔(分盞)의 특권이 집사와 같은 특정인에게만 있는 것이 아니라 그 누구라도 교회 회원이라면 그 역할을 담당할 수 있다. 주의 만찬은 교회당에서만 행하는 것이 아니라 주중에 있는 셀모임(교회 회원들의 교제모임)에서도 있기 때문에 누구나 주의 만찬 집례자가 될 수 있다. 예배의식 순서에 축도라는 용어는 뜻을 부각할 필요가 있을 때만 가려서 사용하고 보통은 기도라는 일반용어를 사용한다. 그 용어를 축도라고 했을 때도 교회 회원이라면 그 순서를 맡을 수 있다. 이런 실상을 접했을 때 '이상하다' 라고 느껴진다면 그의 사상은 여전히 로마 가톨릭적이다. 요단강에서 설교하고 침례를 행한 침례 요한도 현대교회에서는 불법을 행하는 이단판정을 받을 수 있다. 유대 왕과 유대교 종교지도자가 그에게 행했던 처사를 오늘도 동일하게 행할 수 있다. 자기가 전도한 사람에게 침례를 주었던 빌립 집사는 월권행위자로서 현대교회에서 출교 당할 수 있다. 우리는 반복해서 질문해야 한다. "우리는 로마 가톨릭 교인인가, 기독교 교인인가?" 우리가 기독교 교인이라면 제왕적인 인물이나 제왕적인 목회는 목격할 수 없어야 한다.

Ⅵ. 평신도라는 용어를 없애기 위한 평신도 기간

평신도라는 용어는 성직자 계급제도를 전제했을 때 사용할 수 있는 용어이다. 평신도(平信徒)가 있다는 것은 특신도(特信徒)가 있다는 뜻이다. 성경적인 교회에 어떻게 다른 교인과 차별되는 특별한 교인이 있을 수 있는가? 그것은 성경에 계시된 하나님의 뜻을 거역하는 사상과 태도이다. 침례교회가 성경적인 교회로 올바름을 유지하기 위해서 가장 먼저 해야 할 일은 평신도라는 용어를 없애는 것이다. 목산교회는 일 년에 한두 번 평신도 기간을 갑자기 선포하고 실행한다. 평신도 기간의 목적은, 역설적으로 평신도라는 용어와 개념을 없애기 위한 것이다. 교회의 전임목회자들이 평신도 기간 동안에는 사역을 하지 않고 모든 교회의 업무와 목회를 교인들이 담당한다. 이것이 가능한 이유는 평소에도 그렇게 모든 교인들에게 분담목회가 이루어져 있기 때문이다. 전임목회자는 교인들의 목회를 대행하는 사람들이 아니다. 전임목회자의 올바른 뜻은, 모든 교인들이 자신의 재능과 은사와 부르심에 합당한 목회를 할 수 있도록 훈련시키고 인도하며 모범을 보여주는 지도자이다. 전임목회자도 자신에게 주어진 역할에 따라 일인분의 목회를 해야지 교인들 몇십 명 분의 목회를 대신 감당해서는 안 된다. 만신자 목회자주의라는 성경적인 목회관에 따라서, 목산교회는 950명(성인 550명)의 구성원을 돌보는 70명의 목자들이 있고 그들을 목자로 키워주고 그들의 목회를 안내해 주는 전임목회자는 3명이다. 그러므로 전임목회자 3명의 결원이 생기더라도 평소에 하던 대로 교인들이 목회를 하면 큰 변화가 생기지 않는다. 평신도 기간 중에는 새벽기도 인도, 주일예배 인도, 설교, 중보기도모임 인도, 전도, 상담, 목회 등 모든 교회의 상황을 목자들이 중심이 되어 모든 교인들이 감당한다. 때로는 '작은공동체 예배'라 하여, 주일예배를 한꺼번에 드리지 않고 각 반별(그룹별)로 가정집에서 주일예배를 드린다. 교회가 창립된 지 4년째인 1992년부터 매년 시행하고 있다. 짧게는 한 달에서 길게는 여섯 달의 기간 동안 전임목회자 없이 교인들끼리 교회의 모든 목회와 행정을 담당했다. 평신도 기간의 의미를 좀더 자세히 알 수 있도록 교인들에게 배부되는 홍보자료의 내용은 다음과 같다.

평신도 기간이란 전임목회자가 활동하지 않고, 교회를 운영하는 기간을 가리킵니다. 사실, 평신도라는 말 자체가 어불성설(語不成說)입니다. 평신도가 있으면 특신도(特信徒)가 있다는 말인데, 이는 "신자 위에 신자 없고 신자 밑에 신자 없다"는 성경적 창조질서를 거스를 뿐만 아니라 교인 각자를 통해서 활동하시는 성령님의 자유하심을 방해하는 일이기 때문입니다. 단지, 이미 보편적으로 사용하고 있는 평신도라는 용어가 전시간(full-time) 목회자와의 기능의 차이나 입장의 차이를 나타내기 위해서 사용될 수는 있으나, 교회 내 계급의 차이를 합리화시키고, 목회의 책임을 면제 받기 위한 수단으로 사용되어서는 안 될 것입니다.

평신도 기간을 실시하는 취지는 침례교 신앙정신 중 하나인 "성직자 계급주의를 배격하고 성령께서 회중을 통해 교회를 운영할 수 있도록 해야 한다"는 '전신자목회자주의'에 입각한 교회론을 확인하고 피부로 실감하기 위한 것입니다. 역설적이게도, 결국 평신도라는 용어가 교회에 적합하지 않다는 것을 보여 주는 것이 평신도 기간의 목적입니다.

인본주의자들에 의해 로마 가톨릭교라는 새로운 종교가 만들어지고 예수 공동체에서, 예루살렘 공동체에서, 바울 공동체에서는 찾아볼 수 없는 성직자라는 계층이 신자의 세계를 주도하게 됩니다.

종교의식(儀式)이 본질(本質)을 대체(代替)한 것을 타락이라고 말합니다. 오늘날 교계에서는 의식(儀式), 그것도 잘못된 의식(儀式)이 예수님이 의도한 공동체의 본질(本質)을 잠식해 버린 현상을 곳곳에서 목격하게 됩니다. 타락의 기운은 목회자는 물론 교인들에게도 퍼져 있습니다. 직분을 통해 스스로 계급의식을 갖고 교인관계를 맺어 가고, 목사가 등장해야 뭔가 돌보아지는 것 같고, 목사가 방문해야 집안 일이 풀리는 것 같고, 목사가 설교해야 설교 같이 느끼는, 이런 증세는 예수님이 의도한 공동체에서는 일어날 수 없는 것입니다.

교회에는 직분(職分)은 있을지언정 직급(職級)은 있을 수 없습니다. 하나님께서 심부름시킨 바 자기 소임이 다를 뿐이지 교인 간에 높낮이가 있다거나 할 일, 못할 일이 있는 것이 아닙니다. 많은 기독교인들이 목회자를 성직 고위층으로 떠받들어 놓고는 그 뒤에서 하나님의 뜻에 순종하지 않고 변화 없는 삶을 즐기고 있는지도 모릅니다. 모든 교인이 각자의 은사와 재능과 소명에 따라 목회적 사명을 감당하는 교회와 모든 교인들은 굿이나 보고 떡이나 먹으며 목사 몇 사람이 노동하듯 사역하는 교회를 비교해서 생각해 보십시오. 예수님이 의도한 공동체는 어떤 것이겠습니까?

3월~5월 3개월 동안 예배의식과 교회의 모든 프로그램은 파트타임 목회자인 여러분에 의해 운영될 것입니다. 평소에 했던 것처럼 말입니다. 앞으로 우리교회에서 만일 평신도라는 말을 사용하게 된다면 그 뜻은 '평소에 목회하는 신도들' 을 의미하는 것이 되기를 바랍니다.

Ⅶ. 회중정신이 배어있는 예배의식

주일에 있는 목산교회 공동체 예배의식의 순서를 보면 유난히 '다같이'가 많다. 의도적으로 하나님을 향한 표현을 다같이 하도록 하기 위함이다. 기도도 다같이, 찬양도 다같이, 감사도 다같이, 성경읽기도 다같이, 혹시 축도라는 용어를 사용하여 서로를 축복하는 기도를 한다면 그것도 다같이 하도록 한다. 그렇게 함으로써 공동체 예배의식은 말 그대로 그리스도의 몸인 회중 모두가 함께 실행하는 것임을 일깨워 주었다. 대표기도라든지, 개인의 특송이라든지 하는 순서는 거의 찾아 볼 수 없다. 실제로는 찬양대도 없다. 찬양대가 없는 이유는 여러 가지이지만, 혹시 필요에 따라 찬양대가 구성되어 있었다고 해도 그들이 예배의식 순서 중에 특별찬송을 부르도록 하지는 않았을 것이다. 회중의 찬송을 고양시키기 위해서 찬송가를 다같이 부를 때 음악적으로 지원해 주는 역할의 찬양대가 되었을 것이다. 결코 특별한 일을 담당하는 특별한 사람들로는 역할 배당을 하지 않았을 것이다. 찬양대가 있어야 하는 이유를 구약성경의 성전 찬양대에서 그 근거를 찾는데 이것은 신학적으로 잘못된 발상이다. 구약시대에는 하나님과 백성 사이에 중보가 필요하다는 신학을 시사하기 위해서 모든 제의적 절차를 레위지파에게 위임했다. 그러므로 찬양도 백성을 대신해서 레위지파가 담당했던 것이다. 그러나 실제적인 중보자로서 예수 그리스도께서 구속사역을 감당하신 이후로는 교육적 효과를 의도한 대행체제를 사용할 필요가 없어졌다. 이러한 현실에서 구약의 성전 찬양대와 현대교회의 찬양대를 신학적으로 연결시키는 것은 옳지 않다. 모든 신자 한 사람, 한 사람이 주님으로 믿은 예수 그리스도의 은혜로 각자 하나님을 일대일로 상대하며 교제할 수 있다는 복음이 분명하다면, 예배의식에서도 특정인의 특정 순서는 배제되어야 마땅하다.

Ⅷ. 사무처리회 의장직은 담임목사의 당연직이 아니다

대부분의 교회에서 사무처리회 의장직을 담임목사가 맡고 있는 것을 발견하게 된다. 담임목사에게 사무처리회 의장직은 당연직이라고 생각하는 사람들이 더 많을지도 모른다. 이것은 장로교회의 당회장과 침례교회의 사무처리회 의장이 같은 역할이라고 착각했기 때문이다. 간접민주주의를 채택한 장로교회에서는 대의기구(代議機構)인 당회에서 담임목사가 당회장을 맡는 것을 당연시한다. 그러나 직접민주주의를 채택한 침례교회에서의 사무처리회 의장은 당회장과는 개념이 다르다. 의장(議長)은 회중의 의사결정 회의인 사무처리회의 사회자 역할이다. 의장으로 번역된 영어 용어는 moderator로서 사회자, 또는 회의진행자라는 의미가 더 잘 드러나 있다. 사무처리회 의장이 어떤 권력직도 아니고 권위직도 아니기 때문에 구태여 담임목사가 그 역할을 맡아야 할 행정적인 이유는 없다. 의장은 중립적인 입장에서 회의 진행만 할 뿐 개인의 의견을 개진할 수 없기 때문에 고견(高見)을 가지고 있는 담임목사가 의장이 아닌 회원의 자리에서 발언하는 것이 교회에는 더 보탬이 될 수 있다. 목산교회는 개척 후 7년까지 회원들의 추천과 투표 결과 담임목사가 사무처리회 의장으로 선출되었지만 그 이후에는 입후보가 되는 경우에도 다른 회원이 사무처리회 의장으로 선출되었다. 그러나 개척 초기부터 무조건 담임목사가 아닌 다른 회원이 사무처리회 의장을 맡는 것은 바람직하지 않다. 담임목사가 어느 정도 기간은 교회의 정신과 직접민주주의의 의사결정 과정을 인도하는 모범을 보인 이후에 교인들도 훈련이 된 상태에서 담임목사가 아닌 다른 회원이 사무처리회 의장을 맡는 것이 가능하고 바람직하다. 이런 내용인 목산교회 규약에는 반영되어서 개척 이후 최소한 3년은 담임목사가 사무처리회 의장을 당연직으로 담당하고 그 이후에는 다른 회원도 사무처리회 의장이 될 수 있도록 명문화되어 있다.

Ⅸ. 목사는 어디서 구하나

가룟 유다의 결원을 보충하기 위해서 추가로 한 명의 사도를 선출할 때 열한 명의 사도는 결정권을 행사하지 않았다. 함께 기도하던 회중에게 사도를 추천하도록 위임했다. 그 때 기존의 사도들이 회중에게 제시한 사도 추천지침이 성경에 명시되어 있다. "주 예수께서 우리와 함께 지내시는 동안에, 곧 요한이 침례를 주던 때로부터 예수께서 우리를 떠나 하늘로 올라가신 날까지 늘 우리와 함께 다니던 사람 가운데서 한 사람을 뽑아서, 우리와 더불어 부활의 증인으로 삼아야 할 것입니다"(새번역, 사도행전 1:21-22). 부활하신 예수님을 체험한 신자이면서 다른 신자들과 함께 지냈던 교인들 가운데서 사도를 세우도록 했다. 지도자로서의 권위는 사회적 자격에서 발생하는 것이 아니라 함께 공동생활을 하는 가운데 확인된 영성과 인성을 다른 교인들이 인정하는 데서 생기는 것이기 때문에 교회 교인들 가운데서 목사가 세워져야 한다는 취지이다.

교회의 필요를 따라 집사(구제담당 재정관리인)를 뽑을 때도 사도들이 집사를 뽑은 것이 아니라 교인들이 교인들 가운데서 뽑았다. "형제 여러분, 신망이 있고 성령과 지혜가 충만한 사람 일곱을 여러분 가운데서 뽑으십시오"(행 6:3). 이와 같이 초대교회의 올바른 전통은 개교회가 지도자를 교인들 가운데서 발견하여 세우는 것이었다.

교회 회중들과 인격적인 교제도 없었고 영적인 체험의 교감도 없는 사람을 어떻게 서류와 면접을 통해서 지도자로 확정지을 수 있겠는가? 로마제국에서 로마 가톨릭교를 국교로 정한 다음에 다급하게 필요해진 것은 교회 지도자들이었다. 통치하는 세계 전역에 교회를 조직하고 인구수에 비례하여 지도자를 임명해야 하는데 그것은 산술적으로 불가능한 것이었다. 그러므로 지도자 양성기관이 필요했고, 지도자 양성소에서 일정한 자격을 취득하면 지도자로서 중앙정부의 임명에 따라 각 지역교회에 파송되어 지도자 역할을 하게 되었다. 교회가 지도자를 세우는 것이 아니라 정부가 지도자를 파견했다. 로마제국에서 정부가 교회지도자를 양성해서 개교회에 배치했던 증세가 현재의 기독교에도 그대로 남아 있지 않은가 반성해야 한다. 목사는 신학교에서 배출되는 것이 아니다. 신학교 졸업이 목사 자격증이 될 수 없다. 목사는 개교회에서 회중에 의해 발견되어 세워지는 것이다. 신학수업은 필요에 따라 결정하는 이차적인 절차이다. 이것은 침례교회의 정신이기 이전에 성경적인 정신이다. 미국 남침례교단이 이른바 '평신도'를 목사로 세우는 전통을 한국교회에도 소개했지만 어느덧 그런 전통은 사라지고 점점 장로교회처럼 개교회 밖의 인물과 개교회 밖의 조직이 목사임명권을 갖게 되는 쪽으로 변화가 일어나고 있다.

목산교회에서는 교인들이 교인 중에서 목사를 추천하고 투표하여 결정했다. 먼저 교회 정회원들이 정회원 중에서 자신이 목사로서 권위를 인정할만한 대상자를 추천한다. 이 추천투표 결과를 담임목회자인선위원회나 인사위원회에서 논의하여 후보자를 선정한다.[7] 위원회가 후보자를 섭외하여 교회의 뜻을 수락하면 최종 후보자로서 공고한다. 교인들은 숙고기간을 가진 후 사무처리회에서 확정투표를 하여 출석 정회원 4분의 3 이상의 찬성을 얻었을 때 목사로 확정된다. 이런 3단계의 선출과정은 교인들의 개인의견을 충분히 개진하면서도 개인 신상에 미치는 부정적인 영향을 최소화하는 이상적인 절차로 목산교회는 경험했다.

전임목회자를 꼭 교인들 중에서만 세워야 하는 것이 철칙은 아니다. 안디옥교회의 영적인 필요에 비해 성경을 가르칠 지도자가 부족하다고 판단해서 바나바가 터키 다소에서 바울을 스카웃해서 안디옥교회로 데려왔듯이 특별한 상황에서는 외부 인사를 지도자로 영입해야 할 때도 있을 것이다. 이런 상황을 고려해서 목산교회 규약에는 외부 인사를 목사로 세우는 경우도 내용으로 담고 있다. 그러나 특별한 상황이 아니라면, 일반적으로는 교회 내부에서 영적인 지도자를 세우는 것이 목산교회의 기본 입장이다.

X. 목사는 누가 임명하나

이 문제는 개교회와 개교회, 개교회와 지방회, 개교회와 총회의 관계를 어떻게 설정할 것인가와 직결된 것이다. 신자 개인 간에 있어서 신자 위에 신자 없고, 신자 밑에 신자 없듯이, 마찬가지로 집단 간에 있어서도 교회 위에 교회 없고 교회 밑에 교회 없다. 따라서 교회 위에 지방회 없고,

교회 아래 지방회 없다. 교회 위에 총회 없고, 교회 아래 총회 없다. 개교회 회중의 의사결정이 최고, 최종의 권위를 가진다. 이것을 개교회주의라고 하고, 그것이 침례교회의 특성 중의 하나이다. 그러므로 개교회가 목사를 선출했을 때 당연히 개교회가 목사를 임명(안수)하는 것이 상식이다. 지방회나 총회를 상급기관으로 오해하고 있다면, 지방회나 총회가 목사 임명권을 가지고 개교회는 지방회나 총회가 임명한 목사를 그대로 목사로 받아들일 수밖에 없겠지만 그런 교권정치를 거절하는 침례교회에서는 일어날 수 없는 일이다. 목사안수식의 주체는 개교회이어야 한다. 그리스도의 몸인 교회에서 목사를 안수하는 일을 그 몸된 교회 교인들이 해야 하는지, 아니면 예전에는 잘 알지 못하다가 최근에 알게 된 다른 몸의 목사들이 해야 하는지, 그 대답은 명확하다. 그러나 안타깝게도 노회가 목사임명의 권한을 행사하는 장로교회의 방식을 한국침례교회가 채택하고 있는 분위기를 부정하기가 어렵다.

목산교회는 지금까지 네 번의 목사안수식이 있었는데 모두 개교회에서 목사안수식을 했고, 안수 받는 목사 자신이 원하고 존경하는 교인들을 안수위원으로 지정했다. 목사들의 개교회뿐만 아니라 대외활동도 하기 때문에 지방회가 원할 경우, 개교회 안수식에 이어서 지방회 대의원들을 모신 가운데 또 한 번의 안수식을 한 경우가 네 번 가운데 두 번 있었다.

대외활동을 거의 하지 않는 개교회의 집사를 임명하는 일을 지방회가 관장한다는 것은 이해의 한계를 넘어서는 일이다. 평소에 관계도 없었을 뿐더러 향후에도 인적인 교류가 없을 지방회 목사님들이 다른 교회의 집사대상자를 시취(試取 tested and approved)한다는 것은 교회-지방회 관계를 상하권력구조로 오해하고 있다는 반증이다.

XI. 회중주의를 적용하는 범위

회중주의에 근거한 직접정치의 적용범위는 교회행정이다. 목회는 회중주의로 하면 안 된다. 행정을 회중민주주의로 한다는 뜻은, 교회의 정보를 모든 교인이 공유하고, 교회행정을 결정할 때 교인들이 의사를 개진할 수 있고, 의사결정 과정에 참여하며, 결정사항에 대하여 모든 교인이 책임을 지고 결정사항을 수행한다는 것이다. 행정과는 달리 목회의 영역에서는 회중민주주의를 적용하는 것이 적절하지 않다. 모든 신자가 제 몫의 목회적 역할을 한다는 개념은 회중주의의 연장선에 있다고 할 수 있으나, 영적인 지도자가 맡겨진 예수님의 양을 돌보는 일을 민주주의적인 결의에 의해서 할 수는 없다. 지도자가 교인들의 영성을 살피고 돌보고 훈련하는 일은 하나님으로부터 부여된 영적인 권위와 은사를 사용해서 실행해야 하는 것이지 회중의 다수결 의견에 따라 할 수는 없는 일이며 그렇게 해서도 안 된다. 예를 들어, 회중이 다수결로 성경공부를 하지 않는 것이 좋겠다는 결의를 했다고 목회자나 목자가 회중의 의견을 따라 성경공부를 포기할 수는 없는 일이다. 회중주의는 교회를 유기적 공동체로 존속하도록 하는 하나님의 아이디어이다. 교인과 교인 사이에 지위나 등급을 두지 않도록 하는 하나님의 아이디어이다. 그러나 개인과 개인 사이에는 영적 성숙도에 차이가 있기 때문에 영적인 목회, 즉 전도, 양육, 훈련, 상담, 치리 등에 관해서는 회중민주주의를 적용하지 않고 각 교인에게 부여된 목회의 책임에 따라 자신의 역할을 담당해야 한다.

XII. 결론

집단의 행동방침을 결정하는 정치방식에는 직접민주주의(회중민주주의)와 간접민주주의(대의민주주의)가 있다. 교회는 그 둘 중에서 하나를 선택할 수 있는 자유가 있는 것인가? 그렇지 않다. 사도행전과 서신서를 통해서 계시된 하나님의 의도는 교회 공동체는 행정에 있어서는 회중민주주의에 근거해서 지체들의 지위를 동등하게 인정해야 한다는 것이다. 그러므로 성경적인 교회 정치방식은 직접민주주의이고, 침례교회는 회중주의에 입각해서 직접민주주의를 선택한 것이 아니라 당연시했다. 그러나 전세계의 교회들은 1,600년 동안 가톨릭 문화에 영향을 받은 상태에 있기 때문에 간접민주주의를 훨씬 더 선호하고 있다. 세속의 세계에서는 모든 사회집단이 권위구조가 아니라 권력구조로 되어 있고, 상하계급제도로 조직화되어 있기 때문에 계서제(hierarchy)가 이미 몸에 배인 상태이다. 이런 상태에서 예수님을 믿어 구원 받아 교회라는 하나님의 가족공동체에 들어왔을 때 거기에도 계서제를 만나기가 쉽다. 그런데 반발감을 느끼는 것이 아니라 이질감 없이 계서제를 받아들이게 된다. 아직 교회의 거룩성(차별성)을 알지 못하고 체험하지 못한 상태이기 때문에 가능한 일이다. 누군가 회중주의를 소개했을 때 도리어 의구심을 품게 되는 것이 현실이다. 이와 같이 몸에 밴 가톨릭주의로부터 벗어나는 것이 기독교 교회의 정체성을 확립하는 데 있어서 관건이다. 성직자 계급의식에 의해서 직분이 직급으로 바뀌었고 그로 인해 교회는 타락했다. 복음의 순수성을 상실하고 교회의 본질이 왜곡되었다. 모든 신자들이 각자 자신의 목회적 역할이 있음에도 불구하고 일부 극소수만을 성직자 취급하므로 교회는 생명력과 역동

성과 역량을 잃어버렸다. 소중한 신자이요 목회자인 교인 한 사람, 한 사람이 특정인의 도움을 받지 않고는 어떤 영적인 활동도 할 수 없는 영적 식물인간 상태가 되었다. 교인 스스로가 깨어서 하나님이 주시는 소명에 따라 영적인 활동을 하려고 해도 교권이라는 이름의 제동장치가 그런 행위를 허용하지 않는 경우가 대부분이다.

침례교회가 성경적인 신앙생활을 하고 있다고 자부하는 근거는 그가 지향하는 교회철학인 회중주의, 만신자 제사장주의, 만신자 목회자주의, 개교회주의이다. 그러나 2009년 현재의 한국침례교회는 어떠한가? 다른 교파들이 경험을 통해 잘못되었다고 진단하고 벗어 던진 낡은 전통의 옷을 다시 주워 입고 있다고 진단이 된다. 해가 바뀔수록 권위구조가 아니라 권력구조로 교단이 개편되고 있다. 하나님께서 기독교한국침례회를 보시고 "너희들은 회중주의 침례교인들이다"라고 말씀하시겠는지를 질문하고 대답이 부정적이라면 다시 원점으로 돌아가서 침례교회의 정체성을 회중주의로부터 회복해야 한다.

목산교회는 같은 침례교회들부터도 "이상하다"는 비난을 감수하면서 성경적인 원칙과 침례교회의 특성을 포기하지 않으려고 노력했고, 그 결과 21년의 역사를 경험하면서 얻은 교훈들이 있다.

침례교회라기보다 성경적인 교회를 이루기 위해서 가장 필요한 전제조건은 교회의 본질이 올바로 소개되고 모든 교인들이 교회관에 순종하는 것이다. 교회가 기독교학원이나 종교기관이 아니라 하나님의 가족공동체라는 것을 이해하고 순종할 때까지 끊임없이 교육하고 신앙의 선배들이 실제 가족관계로 생활하는 것을 보여주어야 한다. 자기의 인생을 평생토록 교회와 연결시키는 가족으로서의 헌신이 전제되지 않고는 어떤 철학이나 정신도 적용될 수 없다.

회중주의는 성숙한 시민교양에 기초한다. 따라서 교회가 무엇인지에 대해서 수많은 교육과 설교가 필요하다. 또한 교회라는 신비공동체는 인간의 예상이나 상상 밖에 있는 것이기 때문에 10년 이상의 지속적인 목격과 경험을 하지 않고는 이해에 한계가 있다. 따라서 교회를 영적으로 지도하는 목회자들이 성경적인 교회정신과 예수님의 목회철학을 고수한 채 상당기간 인내하며 기다려야 열매를 볼 수 있는 것이 회중주의 가족공동체 교인인 것이다. 직접민주주의를 시행하려면 종이가 많이 필요하다. 모든 교회의 정보를 실시간으로 공유하기 위해서 그만큼 많은 자료가 필요하다는 뜻이다. 회중 500명 전체가 정치에 참여하는 집단과 대의원 5명이 정치를 하는 집단과는 종이 사용량의 차이가 현격하게 있을 것이다.

회중주의를 말살한 배경은 인본주의이기 때문에 교회사 2000년 동안 어떻게 복음의 순수성과 교회의 본질이 손상되었는지 역사를 교육해야 한다. 로마 가톨릭교를 구교, 기독교를 신교라고 구분하거나 호칭하는 것이 오류인 것을 모르는 채 어떻게 올바른 교회를 이룰 수 있겠는가?[8] 우리의 신앙체계를 기독교가 아니라 개신교라고 일컫는 것이 잘못이라는 것을 모르면서 어떻게 교회를 가르칠 수 있겠는가?[9] 침례교회의 특성을 침수침례 주는 것이라는 유치한 수준의 이해를 하는 사람들로서는 성경적인 교회를 이루는 데 한계가 있다. 침례교회의 특성이 무엇인가를 물었을 때 올바로 대답하는 교인이나 목사를 만나기가 그렇게 쉽지는 않은 것이 현실이다. 그러므로 교회에 이미 들어와 있는 인본주의가 어떤 것인지와 교회가 지향해야 할 신본주의가 어떤 것인지를 교인들에게 철저히 교육시켜서 자신이 가고 있는 길에 대해서 신념을 지니게 될 때 성경적인 침례교회를 이룰 수 있다.

회중주의 가족공동체로서의 침례교회를 이루기 위해서 담임목회자의 영적인 카리스마가 절대적으로 필요하다. 역설적이다. 교회 구성원인 모든 교인들이 차별 없이 서로를 대우하고 모든 교인들이 자신의 역할을 책임 있게 담당하는 지체로서 결속되어 있으려면 전체를 대표하는 담임목회자의 권위가 모든 교인들로부터 인정되어야 한다. 권위가 없는 목회라는 것을 성립될 수 없기 때문이다. 세계의 모든 가족공동체의 특성을 살펴보면 교인들이 현재의 담임목회자를 신뢰하며 존경한다는 공통점을 발견할 수 있다. 만일 담임목회자가 권위를 인정받지 못한 채 목회를 지속하려면 권위 대신에 권력을 사용하게 되고, 권력을 사용하면 교회의 본질은 상실되고 만다.

교회가 기도하는 영성을 지니고 있어야 침례교회를 유지할 수 있다. 영적인 영웅 몇 사람이 교회의 행정을 결정하는 것이 아니라 모든 회중이 의사결정에 참여하기 때문이다. 만일 교회 향방의 대세를 기도하지 않는 미숙한 신자들이 결정한다면 교회의 미래를 장담할 수 없다. 그 인원의 많고 적음에 관계없이 교회의 대세가 기도하는 성숙한 신자들의 의견과 발언이 영적인 영향력을 가지고 있다면, 회중주의 가족공동체로서의 소망이 있다. 그러므로 교회의 담임목회자는 설교자나 상담자나 책임자라는 역할 이전에 기도 인도자라는 역할을 최우선으로 해야 한다. 담임목회자의 기도하는 모습을 보지 못한다면, 담임목회자가 기도가 무엇인지를 가르쳐 주지 않는다면, 교인들은 기도하지 않을 것이며 기도하지 않는 교인들이 회중민주주의에 입각해서 의사결정을 했을 때 그 결과는 인본주의적인 것이 될 것이다.

체스터튼(G.K. Chesterton) 경은 1930년대에 세계의 교회를 다음과 같이 진단했습니다: "기독교는 시도된 적도, 부족함이 드러난 적도 없다. 다만 어렵다고 여겨져 시도되지 않았을 뿐이다."[10] 이 발언은 "교회란 무엇인가?"라는 질문으로 압축할 수 있다. '아직 시도되지 않은 기독교,' 그러나 이제는 그 기독교를 믿음과 용기를 가지고 시도해야 한다. 부르심 받았다고 확신하고 있는 목회자들이 원시 기독교 교회를 이루어내지 못하고 여전히 가톨릭적인 목회를 한다면 불신자들은 교회의 거룩성이 무엇인지를 모르겠다고 회의할 것이다. 교회를 조롱거리로 여기고 있는 한국에서 진짜 기독교 교회를 보여주지 못한다면, 얼마 후 교회는 유적으로만 남게 될 것이다.

주

1) 목산교회는 홍이석 목사와 김현철 전도사가 합심해서 공동으로 창립한 특별한 경우의 개척교회이다. 제1대 담임목회자는 홍이석 목사로 하고 행정과 교육은 김현철 전도사가 담당했다. 1989년 8월 홍이석 목사가 자동차 추락사고로 1급 장애를 입어 담임목회자의 공백이 있다가 1990년 12월 김현철 전도사가 제2대 담임목회자로서 18년 간 목회를 했다.

2) 목산교회 「헌장과 규약」은 교회에 요청하면 우편으로 발송해 드림(02-2654-3697).

3) 교육이수가 침례의 조건은 아니다. 예수님을 믿은 직후에 본인이 침례의 의미를 알고 침례를 요청하면 즉시 시행할 수 있다. 그러나 기독교 박해기 때처럼 시간적으로 급박함이 있는 것이 아니므로 충분히 교육 받고 교회의 역사와 침례의 의미를 더 자세히 알고 난 이후에 침례를 받도록 안내하고 있다. 일종의 '침례간격'(baptism gap)을 두고 있다.

4) 부록1 교인이 된다는 것.

5) 부록2 회원인준의뢰서.

6) 권력의 권을 발음 나는 대로 적어서 인간의 권력주의적 사고방식을 강조한 것이다.

7) 담임목회자의 경우는 임시위원회로서 담임목회자후보선정위원회를 구성하여 그 위원회가 인선과정을 행정적으로 담당하도록 하고, 담임목회자 외의 전임목회자는 상임위원회인 인사위원회가 행정절차를 담당한다.

8) 구태여 新舊를 따진다면, 기원후 4세기 말에 기독교로부터 정치적으로 파생되어 나온 로마 가톨릭교가 신흥종교일 것이다. 로마 가톨릭교는 같은 기독교 신앙체계의 또 다른 표현방식이 아니다. 교리의 출발점이 기독교와는 다른 이교(다른 종교)이다. 성경책을 경전으로 사용하는 유대교나 이슬람교를 교파로 보지 않고 이교로 보는 것과 같은 이치이다.

9) 기독교 내에 개신교파가 있는 것이지 기독교 전체가 개신교는 아니다. 개신교라는 용어는 로마 가톨릭교의 관점에서 볼 때 사용할 수 있는 용어이다. 16세기 이후 기존의 로마 가톨릭교로부터 개혁하여 탈출한 신자들의 무리들이 있기에 그들을 일컬어 개신교파라고 부를 수는 있겠으나, 전혀 바꾸거나(改) 새롭게 할(新) 필요가 없이 자신의 성경적인 신앙을 유지해 온 수많은 신자들이 있다. 그들을 한데 묶어 개신교라고 부르는 것은 옳지 않다.

10) 존스, 마틴 로이드. 「진정한 기독교」, 전의우 역 (서울: 복있는 사람, 2003), 12.

부록1. 교인이 된다는 것

한 교회의 교인이 된다는 것, 너무나 기쁘고 좋은 일입니다. 영광을 누리는 일입니다. 또한 교회와 함께 해야 하는 것은 하나님의 명령입니다. 그러므로 예수님을 주님으로 고백한 모든 신자는 반드시 한 교회의 교인이 되어야 합니다. 교회 없는(교회와 인격적인 관계가 없는) 신자란 몸과 지체의 관계를 고려할 때 상상할 수 없습니다.

한 교회의 교인이 된다는 것, 평생의 결정입니다. 예수님을 주님으로 고백하는 것은 영생의 결정이요, 예수님이 머리이신 몸된 교회를 결정하는 것은 평생의 헌신입니다. 그러므로 자신의 영혼을 살피고 나서야 헌신할 수 있을 것입니다. 그동안 당신은 자신의 구원과 교회와의 관계에 대해 심사숙고하고 목산교회의 교인되기를 신청하기에 이르렀을 것으로 짐작합니다. 이제 교회회원권을 신청하면서 다시 한 번 자신의 마음을 살펴 점검해 주시기를 바랍니다.

"나는 예수님의 십자가 사건을 '나의 사건'으로 믿는가?" – 십자가 앞에 섰을 때 겸손해지지 않는 사람은 섬김의 집단인 교회와 연합될 수가 없습니다.

"나는 예수님의 부활을 믿는가?" – 교회의 머리가 예수님인데 그 분의 오늘 살아계심을 체험적으로 믿고 느끼지 못한다면 예수님의 몸인 교회와 책임 있는 관계를 유지할 수 없습니다.

"나는 성령님의 동행을 믿는가?"– 교회를 통해서 활동하시고, 교회를 하나 되게 하시는 성령님의 내주 · 동행 · 역사(役事)를 믿고 체험하지 못한다면 성령님의 지시에 의해 움직이는 지체가 아니라 육신의 감각에 따라 움직이는 이질적인 지체가 되기 십상입니다.

"성령님께서 붙어 있으라고 명령하신 교회가 이 교회 맞는가? 나는 그리스도의 몸된 교회를 위해 목숨을 거는 헌신을 하겠는가?" – 교회는 사명, 즉 주님의 부르심에 따라 선택하는 것이지, 개인의 취향과 기호에 따라 선택하는 것이 아닙니다. 내가 기대하는 교회를 고르는 것이 아니라 주님이 기대하는 내가 되기를 헌신하는 것입니다. 무엇을 얻고자 하는 동기를 가지고는 교회생활이 오래 가지 못합니다. "내가 너희를 사랑한 것같이 너희도 서로 사랑하라"는 예수님의 명령에 따라 하나님의 가족인 목산교회를 희생하며 사랑하겠다는 동기 외의 다른 동기로는 교회생활이 불편합니다.

"나는 내 감정과 관계없이 성경의 말씀과 기도 중 확신을 주시는 성령님의 감동에 순종하는가, 아니면 내 판단을 옳다고 믿는가?" – 사무처리회가 인본주의적으로 흐르는가, 신본주의적으로 흐르는가는 당신의 영성에 달려 있습니다. 사무처리회를 통해서 거룩한 교회의 결정들이 내려지는데 지금의 영적인 판단력으로 교회를 영적으로 도울 수 있겠습니까?

한 교회의 교인이 된다는 것, 예수님을 주님으로 믿기로 결단한 후에 뒤따라야 하는 인생 최대의 결정입니다. 마치 결혼하는 것과 같은 것입니다. 그러므로 목산교회가 '주님의 교회' 인가를 면밀히 관찰, 경험하시고, 한편 당신이 '주님의 자녀' 로서 몸에 붙어 있을 지체인가도 면밀히 확인해 보십시오. 교인들도 당신의 신앙고백과 교회에 대한 헌신을 주목해 볼 것입니다. 교인이 된다는 것은 이토록 하나님의 인도하심에 따라 '쌍방이 결정하는 것' 입니다. 그러므로 때로는 회원을 신청했으나 기회원들의 3/4이상의 찬성을 얻지 못해 보류될 수도 있습니다. 이런 결정을 하나님의 뜻으로 받아들이는 성숙한 사람이 정말 회원자격이 있는 것입니다.

다음의 성경구절들을 읽으면서 교회관을 다시 한 번 정립한 후 마음에 결정을 하시기 바랍니다.

에베소서 4:15-16

> [15]오직 사랑 안에서 참된 것을 하여 범사에 그에게까지 자랄지라. 그는 머리니 곧 그리스도라. [16]그에게서 온 몸이 각 마디를 통하여 도움을 입음으로 연락(連絡)하고 상합(相合)하여 각 지체의 분량대로 역사(役事)하여 그 몸을 자라게 하며 사랑 안에서 스스로 세우느니라.

교회란, 여러 지체로 구성된 몸을 의미합니다. 혼자서는 교회가 될 수 없습니다. 머리이신 예수 그리스도의 명령과 도우심을 원활히 받기 위해서는 당연히 몸에 붙어 있는 지체이어야 합니다. 이렇게, 몸(교회)과의 연합이 곧 그리스도와의 연합임을 깨달아 한 지체로서 몸에 붙어서 예수님의 지시를 받기를 원하는 사람만이 교인되기를 신청할 수 있습니다.

마태복음 12:49-50

> [49]손을 내밀어 제자들을 가리켜 가라사대 나의 모친과 나의 동생들을 보
> 라. [50]누구든지 하늘에 계신 내 아버지의 뜻대로 하는 자가 내 형제요 자
> 매요 모친이니라 하시더라.

교회란, 종교기관이 아니라 하나님께서 구성하시는 새 가족입니다. 형제같이 지내는 집단이 아니고 형제입니다. 아비-자녀 같은 관계로 만나는 집단이 아니고 아비-자녀 관계입니다. 이렇게 '하나님의 가족' 개념을 가지고 교인들을 위해서 목숨을 버리는 것이 마땅하다고 헌신한 사람만이 교인되기를 신청할 수 있습니다. 재산과 시간과 정력과 감정을 가족의 영적인 유익을 위해서 사용하는 사람들이 교회입니다.

요한일서 3:16

> [16]그가 우리를 위하여 목숨을 버리셨으니 우리가 이로써 사랑을 알고 우리도 형제들을 위하여 목숨을 버리는 것이 마땅하니라.

사도행전 4:32

> [32]믿는 무리가 한 마음과 한 뜻이 되어 모든 물건을 서로 통용하고 제 재물을 조금이라도 제 것이라 하는 이가 하나도 없더라.

교회란, 생활공동체입니다. 흩어졌다가 주말에 한번 만나서 안부나 묻고 교육이나 받는 종교클럽이 아닙니다. 프라이버시(사생활)가 죄의 증세

임을 깨달아 프라이버시를 포기한 사람들을 교회라 합니다. 따라서 자신의 삶을 다른 교인(가족)과 공유하기로 헌신한 사람만이 교인되기를 신청할 수 있습니다.

마가복음 3:13-15

> [13]또 산에 오르사 자기의 원하는 자들을 부르시니 나아온지라. [14]이에 열
> 둘을 세우셨으니 이는 자기와 함께 있게 하시고 또 보내사 전도도 하며
> [15]귀신을 내어쫓는 권세도 있게 하려 하심이러라.

교회는, 예수님께서 보여 주신 '함께 함'의 원리를 따릅니다. 함께 하지 않으면 서로의 육적, 영적인 필요를 알 수도 없고 채워 줄 수도 없기에 인격적으로 함께 할 기회를 많이 가지며 성령님의 간섭을 받습니다. 함께 함의 원리를 실천하는 예수공동체의 모델이 바로 셀입니다. 목자-양의 관계를 분명히 하는 소그룹의 생활공동체를 지향합니다. 따라서 셀모임의 필요를 당연시하여 충실히 셀모임에 참석하기를 희망하는 사람만이 교인되기를 신청할 수 있습니다.

고린도전서 4:15-16

> [15]그리스도 안에서 일만 스승이 있으되 아비는 많지 아니하니 그리스도
> 예수 안에서 복음으로써 내가 너희를 낳았음이라. [16]그러므로 내가 너희
> 에게 권하노니 너희는 나를 본받는 자 되라.

교회는, 교육 프로그램을 통해서 제자를 성숙시키는 기관이 아니고 하나님께서 세우신 신앙의 선배를 본받음으로 지체들이 건강해지는 가족입

니다. 그러므로 당신은 꼭 영적인 아비, 어미가 필요합니다. 교회를 통해 하나님께서 세우시는 어떠한 목자도 영적인 아비로, 어미로 받아들일 수 있는 사람만이 교인되기를 신청할 수 있습니다.

요한복음 13:34-35

> 34 새 계명을 너희에게 주노니 서로 사랑하라. 내가 너희를 사랑한 것 같
> 이 너희도 서로 사랑하라. 35 너희가 서로 사랑하면 이로써 모든 사람이
> 너희가 내 제자인줄 알리라.

교회는, 예수님을 모방하는 제자들입니다. 예수님이 자기를 배반하고 부인할 자들까지도 끝까지 섬긴 것처럼 이해 안 되는 교인들도 용납하겠다는 사람만이 교인되기를 신청할 수 있습니다. 누구나가 우리를 예수님 흉내 내는 사람으로 알아차릴 수 있도록 이 세상에는 없는 사랑을 실현할 것입니다. 그리고 나서야 예수님이 세상을 떠나기 전에 말씀하신 전도의 명령도 제대로 수행하게 될 것을 믿습니다.

목산교회 생활에 있어서 회원인 사람과 회원이 아닌 사람에게 영적인 공급의 차이는 전혀 없습니다. 어떤 면에서는 회원이 아닌 사람이 훨씬 더 많은 서비스를 받습니다. 회원인 사람과 회원이 아닌 사람 사이에 차별대우가 없습니다. 회원이 된다는 것은 자신이 손해를 보면서까지라도 교회를 위해서 공동체 질서를 따라 섬기겠다는 헌신입니다.

부록2. 회원인준의뢰서

회원인준의뢰서

正會員用

제112회 사무처리회 用

(2007년 10월 21일)

목산교회 정회원에게

아래 사람들이 교회회원권을 신청했으니 규약 제1조~제7조에 준하여 심사하시고 찬 · 반을 표시해 주십시오. 엄밀한 회원권 심사는 기회원의 권리이자 의무입니다. 아래 사람들이 정말 하나님 나라의 일을 감당하며 목산교회의 청지기된 일원으로서 충실히 자신의 몫을 수행할 수 있는지 심사숙고해 주시기 바랍니다. 교회의 기본 프로그램에 정규적으로 출석하고 있는지, 셀모임에 성실히 참석할 의지가 있는지, 주인의식을 가지고 교회의 일에 관심을 갖고 있는지, 말씀과 기도에 생활의 기초를 두고 있는지, 분명한 '예수 · 성경'의 신앙정신을 소유하고 있는지 평가해 주시기 바랍니다.

646. 정유진(鄭有珍) - 청년7반(오효실)

① 1984년 11월 20일 (23세)

② 1997년 9월부터 저희 집에 변화가 일어나기 시작했습니다. 그 누구도 예수님 믿는 사람이 없는 저희 집에서 어머니가, 이어서 아버지가, 또 이어서 언니가 예수님을 믿게 되었습니다. 가족의 변화를 보면서 그동안 가지고 있던 기독교에 대한 부정적인 생각이 사라졌고 저도 따라서 목산교회를 출석하게 되었습니다. 2000년 4월 2일 청소년 친구 초청 복음집회가 있었는데 거기서 복음을 듣고 죄인임을 회개하고 부활하신 예수님을 제 인생의 주님으로 영접했습니다.

③ 2004년 8월 22일 목산교회에서 침례 받음

④ 1997년 9월 14일~ 목산교회 출석

⑤ 2004년 9월 12일~2005년 1월 9일「신앙생활입문」수료

⑥ 아버지 정부근, 어머니 박금진, 언니 정유선

647. 정은정(鄭銀貞) - 장녀4반(강미경)

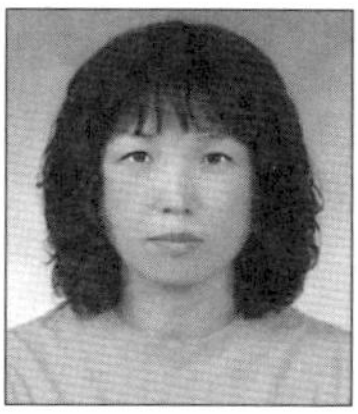

① 1969년 7월 19일 (38세)

② 남편과 함께 일본에 있을 때 1999년 방언이 입에서 터져 나오는 경험을 하면서 하나님이 계시다는 것을 인정하게 되었습니다. 2004년 9월 3일 하미연 자매님으로부터 복음을 듣고 죄인임을 회개하고 부활하신 예수님을 인생의 주님으로 영접했습니다.

③ 1981년 신앙고백 없을 때 광명교회에서 세례 받음
→ 2006년 12월 24일 목산교회에서 침례 받음

④ 2004년 3월 21일~ 목산교회 출석
1995~99년 삼광장로교회, 1999~2004년 동경 에코다장로교회

⑤ 2005년 2월 13일~5월 29일 「신앙생활입문」 수료

⑥ 남편 박병은, 딸 박도연, 아들 박정하, 박현하

648. 이원권(李源勸) - 장남8반(조진구)

① 1960년 3월 14일 (47세)

② 2006년 8월 11일 목산가족교회 연합수양회 「예수님은 나에게 누구신가」에서 복음을 듣고 죄인임을 회개하고 부활하신 예수님을 인생의 주님으로 영접했습니다.

③ 2007년 4월 8일 목산교회에서 침례 받음

④ 2006년 3월 26일~ 목산교회 출석 2004~06년 온

누리교회

⑤ 2006년 9월 24일~2007년 2월 4일 「신앙생활입문」 수료

⑥ 아내 유재임, 아들 이동환, 이동민

649. 유재임(柳載任) - 장녀5반(이경옥)

① 1964년 8월 8일 (43세)

② 10년 전 부천의 어느 교회를 1년 쯤 다니자 세례를 받으라고 해서 교리문답을 하고 세례를 받았습니다. 물론 예수님을 믿는 것과 관련 없는 일이었습니다. 2004년 12월 가정적인 어려움 때문에 기도하기 위해 강남기도원을 찾았습니다. 내 주변 사람들의 죄로 인해 받고 있는 나의 고통을 하나님께 아뢰러 갔는데 정작 그곳에서 하나님께서는 저의 죄를 밝혀주셨습니다. 요한복음 6장 63절 말씀 "생명을 주는 것은 영이다. 육은 아무 데도 소용이 없다"는 말씀을 보고, 육신은 멀쩡하게 살아있지만 내 영혼이 하나님을 만난 적이 없기 때문에 아직 생명이 없는 상태라는 것을 알게 되었습니다. 그동안 생명을 창조하신 분을 믿지 않고 살았던 나의 죄인됨을 회개하고 부활하신 예수님을 주님으로 모셨습니다.

③ 기억이 잘 나지 않는 교회에서 신앙고백 없을 때 세례 받음

→ 2007년 7월 8일 목산교회에서 침례 받음

④ 2006년 3월 26일~ 목산교회 출석

1995~97년 참된교회, 1998~2000년 부산 호산나교회, 2001~04년 온누리교회

⑤ 2006년 9월 24일~2007년 2월 4일 「신앙생활입문」 수료

⑥ 남편 이원권, 아들 이동환, 이동민

650. 조명숙(曺明淑) - 장녀18반(박효순)

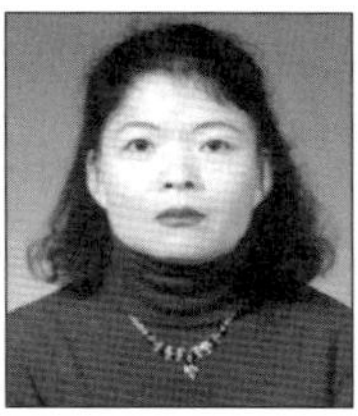

① 1962년 1월 5일 (45세)

② 중학교 때부터 가톨릭 성당을 다녔고 1990년 3월 영세를 받았습니다. 2005년부터 성경을 읽으면서 하나님의 존재를 느끼고 인정하기 시작했습니다. 목산교회를 나온 지 얼마 안 된 8월 20일 주일 오후 성경공부 후에 박효순 자매님으로부터 복음을 소개 받고 죄인임을 회개하고 부활하신 예수님을 인생의 주님으로 영접했습니다.

③ 2006년 12월 24일 목산교회에서 침례 받음

④ 2006년 7월 30일~ 목산교회 출석

⑤ 2006년 9월 24일~2007년 2월 4일 「신앙생활입문」 수료

* 투표지는 각 셀그룹으로 배부됩니다. 앞으로 석 달간 신청자들의 교회생활을 지켜 보시기 바랍니다. 개인적으로 교제할 기회도 있었으면 좋겠습니다. 회원인준투표는 셀별로 해서 투표지가 2007년 10월 7일까지는 사무실에 도착하도록 해 주십시오.

"하나님의 나라는 말에 있지 아니하고 오직 능력에 있음이라"
고린도전서 4장 20절

다문화 시대에 다시 보는 한국침례교회

초판발행 2009. 2. 28

펴낸이 침례교신학연구소

발행인 도 한 호

등록번호 출판 제6호 (1979. 9. 22)

발행처 침례신학대학교 출판부

주소 대전광역시 유성구 하기동 산14 (305-358)

전화 (042)828-3255, 3257 / **E-mail**: public@kbtus.ac.kr

FAX (042)825-1354 / **홈페이지** http://www.kbtus.ac.kr

〈값 12,000원〉

ISBN 978-89-93630-01-5 93230